Hans Brandenburg

Georg von Viebahn

General und Evangelist

Georg von Viebahn

„Wer den Sohn Gottes liebt, fragt täglich: Womit kann ich Dir, o mein Herr, dienen?“

Georg von Viebahn

General und Evangelist

Hans Brandenburg

Verlag des Diakonissenmutterhauses Aidlingen
R. Brockhaus Verlag Wuppertal

Grafische Gestaltung Hans Hug
Herstellung Papierhaus Mack Grafischer Betrieb Schönaich
ISBN 3-922161-01-4 (Aidlingen)
ISBN 3-417-24034-4 (Wuppertal)

Inhalt

Vorwort 7

Einleitung 9

1. Kindheit und Jugend 15

2. Der Soldat 21

3. Die Verlobung — und der Tod des Vaters 27

4. Das Familienleben 115

5. Sein Glaubensleben 163

6. Der Zeuge unter den Offizieren 189

7. Der Schriftsteller 211

8. Zeugnisse eines alten Soldaten 231

9. Der Bruder unter Brüdern 239

10. Der General und seine Bibel 253

11. Hinauf zur Herrlichkeit 261

12. Zeittafel 275

13. Anmerkungen 279

14. Personenverzeichnis 281

Vorwort

Dieses Buch ist ein unmodernes Buch. Wer in Büchern nur die Bestätigung oder Wiederholung der eigenen Gedanken sucht, lasse die Finger davon! Wer aber in das Leben eines Christen hineinlauschen möchte, der greife zu! Hier wird nicht die Legende von einem fehlerfreien Christen erzählt, sondern das Bild eines willensstarken Charakters gezeichnet, der im Dienste Christi gelernt hat, der erkannten Wahrheit bedingungslos zu folgen. In seinem Soldatendienst war Georg von Viebahn von überdurchschnittlicher Tüchtigkeit. So wurde er allseitig anerkannt. Was veranlaßte ihn, auf der Höhe seiner Offizierskarriere seinen Abschied einzureichen? Viele Tausende dankten ihm und seinem Christuszeugnis das neue Leben, das Jesus Christus seinen Glaubenden schenkt.

Einleitung

Seit der Zeit des Großen Kurfürsten, des Hohenzollern Friedrich Wilhelm von Brandenburg (1640–1688)[1], waren Volk, Staat und Heer in Preußen unter einem gezielt sittlich-religiösen Einfluß. Die furchtbare Zeit des Dreißigjährigen Krieges ging zu Ende. Das Land hatte schwer gelitten. Der junge Kurfürst stand unter dem Einfluß der erweckten Niederländischen Reformierten Kirche. Er wußte sich als ein Werkzeug Gottes. Gewiß war die Zahl lebendiger Christen sehr gering in seinem Lande. Aber selbst in Erweckungszeiten ist ja immer nur eine kleine Minderheit vom Heiligen Geist bewegt und geführt.

Der Sohn des Großen Kurfürsten, Friedrich I. (1688–1713), setzte sich in Königsberg die Königskrone Preußens aufs Haupt. Er reichte nicht an die Größe des Vaters heran. Aber die Berufung Philipp Jakob Speners, des Vaters des Pietismus, als Propst an St. Nikolai und damit zum führenden Kirchenmann in Berlin, hatte eine segensreiche Folge: der Erweckung durch den Pietismus wurde in keinem Land Deutschlands so weit die Tür aufgetan wie im neuen Königreich Preußen.

Des Königs Sohn, Friedrich Wilhelm I. (1713–1740) — oft „der Vater" genannt —, hat zwar in seiner strengen Gesetzlichkeit auf seine Kinder, besonders auf den Kronprinzen Friedrich, eine verhängnisvolle Wirkung gehabt, doch seine eigene sittliche Haltung und der Ernst seiner Frömmigkeit machten ihn zum Erzieher seines Volkes. Gewissenhaftigkeit, Sparsamkeit, Treue bis zum kleinsten wurden von nun an die vielgerühmten preußischen Tugenden. Friedrich Wilhelm I. berief keinen Lehrer an die Schulen seines Landes, der nicht durch die Schule August Hermann Franckes gegangen war. Die Wirkung dieses Königs war ein Jahrhundert lang spürbar.

Als sich Friedrich der Große (1740–1786) „den ersten Diener seines Staates" nannte und das nach den Kriegen weithin zerstörte Land wieder aufbaute, zeigte er trotz seines Unglaubens doch die Frucht der elterlichen Erziehung. Wie hätten die Soldaten nach der Schlacht bei Leuthen den Choral „Nun danket alle Gott" singen können, wenn sie nicht von der Schulzeit an im Gesangbuch unterrichtet gewesen wären!

Der nächste König, Friedrich Wilhelm II. (1786–1797), war ein schwacher Regent und in seiner Lebensführung keine Empfehlung für seine Kirchenpolitik: Er versuchte vergeblich, die sogenannte „Neologie", wie man damals den Vernunftglauben nannte, in der Kirche zu bekämpfen. Dessen Sohn, Friedrich Wilhelm III. (1797–1840), der Mann der Königin Luise, erlebte die napoleonische Notzeit und die Befreiungskriege. Er war persönlich am kirchlichen Leben stark interessiert, ein Freund der Liturgie, ein Verehrer und eifriger Leser der Bibel! Unter ihm erlebte sein Volk die große Erweckungszeit, die in den Jahren 1820–1830 seine Residenzstadt Berlin so sehr mit Lobliedern Jesu Christi erfüllte, daß man es ein neues Herrnhut nannte. Die Wilhelmstraße wurde von den Zeitungen spottweise „die Lämmleingasse" genannt, weil sonntags aus vielen Fenstern das Loblied des Lammes erscholl. Diese Erweckung erfaßte in Preußen vor allem den Adel und das junge Offizierskorps. Männer mit Namen wie Baron von Kottwitz, von Thadden-Trieglaff, von Puttkamer, von Below, die Brüder von Gerlach — um nur einige zu nennen — erlebten Bekehrungen und wurden Zeugen des Auferstandenen. In Berlin wirkten Pfarrer wie Jänicke, Goßner, Knak. Durch ganz Europa ging eine Welle der Buße und des Glaubens. Eine neue Frömmigkeit erfaßte das Offizierskorps. Man mag die Verbindung der Erweckung mit dem politischen Konservatismus heute bedauern, doch war sie eine geschichtliche Tatsache. Diese Frömmigkeit gipfelte in dem Satz: „Mit Gott für König und Vaterland."

Dieser Ausdruck bedarf heutzutage einer Überprüfung. Es ist jedoch zu billig, darüber zu lächeln oder die Nase zu rümpfen. Gewiß ist das Wort für uns schon darum nicht zeitgemäß, weil wir keinen König haben. Auch die Verbindung von religiöser Glaubensüberzeugung mit der Liebe zum Vaterland ist seit den bitteren Jahren des Nationalsozialismus für uns anrüchig geworden. Andererseits ist es ein folgenschwerer Mangel, daß die Freude an Volk und Heimat nichts mehr gilt und nicht mehr mit dem Dank an den Schöpfer verbunden ist. Da liegt eine ungelöste Aufgabe vor uns.

Doch müssen Formulierungen, wie die oben genannte, historisch verstanden werden. Uns ist das geschichtliche Denken weithin verlorengegangen. Wer eine Erscheinung vergangener Zeit nur vom Jetzt und Heute aus beurteilen will, verrät, daß ihm das geschichtliche Urteilsvermögen fehlt. Der Ruf „Mit Gott für König und Vaterland" entstand in den quälenden Besatzungsjahren unter der napoleonischen Regierung in der Zeit nach 1806. Die Freiheitsbewegung, die während dieser Notzeit entstand, war eine aus tiefer politischer Demütigung erwachsene Neubelebung des Nationalgefühls. Fast gleichzeitig erwachte nach der dürren Zeit der Aufklärung und des Rationalismus mit seiner Verachtung alles geschichtlich Gewordenen ein neues religiöses Empfinden, das bald zu einer Glaubenserweckung führte. Man lernte wieder, den Alltag aus Gottes Händen zu nehmen und unter seinen Augen zu leben. Man erkannte die Bedeutung Jesu Christi für den Glauben. Das neue Nationalbewußtsein, die Freude an Heimat und Vaterland verband sich mit der neuen Glaubensbewegung. Diese Haltung erneuerte und vertiefte die alte preußische Disziplin durch das biblische Evangelium.

Doch wie alles in Natur und Geschichte welk wird und veraltet, so ging es auch mit dieser Doppelbewegung religiöser und nationaler Erneuerung. Bald war jene Begeisterung der Freiheitskriege erloschen. Andere politische Aufgaben und Nöte bewegten das Volk. Neue Parteien bildeten sich und hatten ihre eigenen Parolen.

„Alles vergehet, Gott aber stehet ohn alles Wanken!
Seine Gedanken, sein Wort und Wille hat ewigen Grund.
Sein Heil und Gnaden, die nehmen nicht Schaden,
heilen im Herzen die tödlichen Schmerzen,
machen uns zeitlich und ewig gesund."

Es überrascht nicht, daß Friedrich Wilhelm IV. (1840–1861) selbst ein Vertreter der Erweckung war. Bei aller Kritik, die dieser „Romantiker auf Preußens Thron" erfährt, ist es gewiß, daß er ein am Evangelium geschärftes Gewissen hatte und die Erweckungsbewegung nach Kräften unterstützte.

Bis in die Generation des Ersten Weltkriegs gilt, daß viele hohe Offiziere im preußischen Heer bewußte Christen waren. Einige, die im Krieg Heerführer waren, sah man sonntags oft in der Berliner Stadtmissionskirche, in der evangelistisch gepredigt wurde. Auch die Kaiserin Auguste Viktoria meldete sich häufig zur Predigt in der alten Stöcker-Kirche an.

Ob der junge Nachwuchs der Offiziere an diesem Segen teilhatte, ist freilich die Frage. Im Bürgertum und weithin auch im jungen Adel war der Substanzverlust an christlichem Glauben und kirchlicher Frömmigkeit nach den sogenannten Gründerjahren verheerend. Wurden die Arbeiter von Haeckels Monismus vergiftet, so erlagen das Bürgertum und weithin die sogenannten „Gebildeten" dem Liberalismus und dem Atheismus.

General Georg von Viebahn hatte dafür ein scharfes Gemerk. Die schmerzliche Erfahrung, die er unter seinen Kameraden machte, hat ihn zum Evangelisten der Offiziere werden lassen. Er hatte erkannt, daß die alte konservative Frömmigkeit zu einer inneren Erneuerung nicht mehr ausreichte. Man lebte zwar noch aus den Quellen der alten Erweckungszeit, und viele nahmen es ernst damit. Aber ihre missionarische Kraft reichte zur Gewinnung der jungen Generation nicht mehr aus. Das Motto „Mit Gott für König und Vaterland" hatte seine Kraft und innere Wahrheit nicht bewahren können. Politische Überzeugung und persönlicher Christenglaube deckten sich nicht mehr. Der Liberalismus der Gebildeten kannte keine absoluten Wahrheiten und verfiel dem Relativismus. Die Gleichgültigkeit in Glaubensfragen, auch in kirchlichen Familien, nahm zu, und der Atheismus gewann an Boden.

Alle diese Nöte konnten nur durch eine Erweckung in biblischer Tiefe überwunden werden. Schon vor der Jahrhundertwende war die neue Gemeinschaftsbewegung entstanden. Viele Pfarrer, auch viele Vertreter des Adels und weite Kreise des Bürgertums, öffneten sich ihrer Botschaft. Viebahn wurde zu Gottes Werkzeug in einer neuen Zeit.

Es mag uns heute erstaunen, daß Georg von Viebahn damals schrieb: „Noch niemals ist in Deutschland in so weiten Kreisen und so deutlich das biblische Evangelium verkündet worden." Er sah die Versammlungen, wo Tausende in den Großstädten die größten Säle füllten. Doch längst nicht alle Erwartungen Viebahns hat die Gemeinschaftsbewegung erfüllt.

Er erkannte, daß nichts Halbes, sondern nur eine mutige Entschiedenheit helfen konnte. Er fürchtete keinen Widerspruch. Sein Bekennermut war unbegrenzt. Er traute nicht nur persönlich der Wahrheit der Bibel als irrtumsloser Offenbarung Gottes, er glaubte auch an die Lebenswirkung eines biblischen Zeugnisses.

Als General in Stettin hat er wiederholt die Pfarrerschaft daran erinnert, daß die Kirche das biblische Bekenntnis verlassen habe. Aber er fand taube Ohren und hörte lahme Ausreden. Das hat seine Stellung zur Landeskirche bestimmt.

Durch seine Ehe war er in Beziehung zu entschlossenen Christenkreisen Hollands getreten und hatte sich der „Versammlung" angeschlossen, den sogenannten Darbysten. Diesen Kreisen blieb er dankbar, auch als er aus anderen Gründen die „Versammlung" verließ.

Er nannte sich einen „kirchenfreien Christen". Das war eine Anklage und wurde damals auch so verstanden. Er entzog sich der unverbindlichen Mitgliedschaft in einer verflachenden Kirche, floh aber auch die gesetzliche Engigkeit, die die volle Bruderschaft jenseits der eigenen Grenze nicht finden konnte. Er wußte: nur eine biblische Bekehrung, echte Wiedergeburt aus dem Heiligen Geist und die dadurch entstehende Bruderschaft aller lebendigen Christen konnte die Erneuerung bringen, die er sich ersehnte.

Vom Weg dieses eigenständigen, originellen Christen soll hier erzählt werden.

1. Kindheit und Jugend

Georg von Viebahn entstammte einer preußischen Beamtenfamilie, die durch Friedrich Wilhelm I. (1740) aufgrund der hohen Verdienste eines Ahnen geadelt worden war.[2] Der Vater Georgs hatte teil an der oben geschilderten Frömmigkeit und an den preußischen Tugenden wie Gewissenhaftigkeit, Treue, Einfachheit und Sparsamkeit. Der junge Viebahn wurde von klein auf in allen diesen Eigenschaften erzogen. Echtes Gottvertrauen und Treue zum Überkommenen prägten die Familie.

Georgs Vater, Johann Georg von Viebahn, teilte das Schicksal der meisten Beamten: er wurde sehr oft versetzt. Als promovierter Jurist hatte er nacheinander Regierungsämter in Arnsberg, Minden, Posen, Düsseldorf und Berlin inne. Als ihm sein dritter Sohn Georg am 15. November 1840 geboren wurde, war er Oberregierungsrat in Arnsberg. Zwei Jahre später jedoch schon Geheimer Finanzrat im damaligen Finanzministerium in Berlin. Und hier verlebte Georg den größten Teil seiner Kindheit mit drei Brüdern und einer Schwester.

Es liegt eine Niederschrift Georg von Viebahns vor, der begonnen hatte, seine Lebenserinnerungen zu schreiben. Leider fand sich die Zeit zur Fortsetzung nicht. So haben wir nur kurze Notizen. Er schreibt:

„Ich weiß, daß *meine Mutter* jeden Abend, wenn wir Kinder zu Bett gebracht waren, zu uns kam und wir ein Gebet sagen mußten; es lautete:

Der Vater Johann Georg von Viebahn

,Lieber Gott, ich bet zu dir,
mach ein frommes Kind aus mir,
und sollte ich es nicht werden,
nimm mich lieber von der Erden! Amen.'

Alsdann sagte sie uns gute Nacht.

Deutlicher werden meine Erinnerungen von der Zeit an, wo meine Eltern in Berlin die Wohnung in der Lenné-Str. 8, eine Treppe hoch, bezogen (nahe dem Brandenburger Tor). Wir wohnten dort wunderhübsch, gegenüber dem Tiergarten, mit Balkon. Unsere Kinderstube, welche zugleich das Eßzimmer war, hatte zwei Fenster nach den Gärten der Nachbarschaft hinaus.

Die Mutter Auguste von Viebahn geb. Bitter

Meine Erziehung lag hauptsächlich in den Händen meiner Mutter, da mein Vater den Tag über sehr beschäftigt war und in den wenigen Stunden, welche er in seiner Familie verleben konnte, sich an derselben erfreuen und erquicken wollte.

Des Morgens frühstückten wir alle zusammen; im Sommer ging Papa vorher zum Schwimmen und nahm uns vom achten Jahre an dazu mit hinaus. Auf dem Hin- oder Rückwege las er uns ein Gedicht von Schiller oder Uhland vor, dessen einzelne Verse wir dabei auswendig lernen sollten, was immer sehr fatal war. Dennoch tat mein Vater in seiner großen Freundlichkeit dasselbe stets, ohne ungeduldig zu werden. Überhaupt war er sehr gütig; trotzdem hatte ich als Kind und Junge eigentlich mehr Furcht und Respekt vor meinem Vater als Liebe, obwohl er uns nur sehr selten, in ganz außerordentlichen Fällen, strafte. Wenn er strafte, so tat er es allerdings sehr tüchtig, und deshalb war das Wort ‚du sollst zu Papa in die Schreibstube kommen' ein Donnerwort des Gerichtes.

Meine Mutter erzog uns ziemlich streng, insofern, als wir nicht unbeschränkt in Essen und Trinken, Herauslaufen und Daheimbleiben waren, sondern alles mußte seine bestimmte Ordnung haben.

Ich erinnere mich, schon als Kind den Wunsch gehabt zu haben, Soldat zu werden; und zwar zog mich seit der Kinderzeit die Uniform der Schwarzen Dragoner an, in der ich den alten Prinzen Wilhelm im Tiergarten täglich spazierengehen sah. Auch für alles, was mit Pferd und Wagen zusammenhing, hatte ich ein sehr großes Interesse, daher außer den Zinnsoldaten, Säbel und Gewehr namentlich ein kleiner, gelber Postwagen mein Lieblingsspielzeug war, an dem aber die Pferde zum Ausspannen sein mußten.

Ich weiß aber auch, daß Ehrfurcht vor Gott und dem Könige uns Kindern von Vater und Mutter eingepflanzt wurde, und dafür sei ihnen besonders gedankt.

Als ich noch ein Kind war, schrieb mir meine teure Mutter auf die erste Seite eines kleinen Stammbuches am 17. November 1849:

‚Du weintest einst, als du die Welt erblicktest,
doch aller Augen Lächeln grüßte dein Erscheinen.
Gott gebe, daß, wenn sich dein Auge schließt,
du lächelst, während alle weinen.'"

Georg war zum Unterschied von seinen Brüdern von Kind auf nicht kräftig. Auch beim Knaben konnte man die Leistungsfähigkeit des Mannes noch nicht erkennen. Es hing wohl mit seiner schwachen Konstitution zusammen, daß er einst beim Baden fast ertrunken wäre, als er sich im Schlinggewächs verfangen hatte. Sein Freund von Prittwitz, der Sohn des Generals von Prittwitz und Gaffron, rettete ihn damals. Doch im Kampf mit seiner körperlichen Schwachheit entfaltete sich die Energie des späteren Offiziers.

Er besuchte das Friedrich-Wilhelm-Gymnasium in Berlin, bis der Vater 1858 Regierungspräsident in Oppeln/Oberschlesien wurde. Hier schließt Georg die Schule 1859 mit dem Abitur ab.

Schon als Gymnasiast begann er nach einem festen Fundament seines Glaubens zu suchen. Offenbar genügte ihm eine traditionelle Frömmigkeit nicht. Etwa in der Zeit seines Konfirmandenunterrichtes hatte er ein Gespräch mit seinem Mitschüler Walther von Prittwitz. Dieser fragte ihn, warum er immer so traurig aussähe. Die Antwort lautete überraschenderweise:

„Es bekümmert mich, daß ich Gott nicht so liebe, wie ich sollte."

Eine seltsame Antwort, die eine unerwartete Reife zeigt! Die Frage des jungen von Prittwitz, der ihn dann auf Jesus hinwies, hat Viebahn lange nicht losgelassen.

Seinem jüngsten Sohn Bernd hat er später erzählt, daß er in der Zeit des Konfirmationsunterrichts beim Domprediger Snethlage eine Stunde der Erweckung erlebte, die wir wohl seine Bekehrung nennen dürfen. Snethlage war von König Friedrich Wilhelm IV. aus dem Wuppertal an den Berliner Dom berufen worden. Im Wuppertal war damals eine tiefgehende Erweckung im Gange, und der neue Domprediger vertrat die lebendige Botschaft dieser Bewegung. Georg von Viebahn erzählt, mit fünfzehn Jahren habe er abends kniend vor seinem Bett gebetet und sein Leben bewußt Jesus übergeben. Ein Bibelwort hat damals eine entscheidende Bedeutung für ihn bekommen. Es ist das Wort aus dem Buch Jesaja (54, 10): „Es sollen wohl Berge weichen und Hügel hinfallen, aber meine Gnade soll nicht von dir weichen, und der Bund meines Friedens soll nicht hinfallen, spricht der Herr, dein Erbarmer." Diese große Zusage seines Gottes ging der eigenen Lebensübergabe voraus. Dadurch entstand wirklicher Glaube.

Die verheißene Treue des Herrn hat diesen jungen Menschen überwunden. Viebahn hat sie sein Leben lang gepriesen. Treue wurde der besondere Charakterzug sowohl seines beruflichen wie seines geistlichen Lebens.

Georg und seine Brüder wurden von ihren soldatischen Vorgesetzten als hochgebildet bezeichnet. Das Elternhaus hatte offenbar auch außerhalb der Schule für eine geschichtsfrohe und literarische Bildung gesorgt, die über den normalen Durchschnitt hinausging. Das reichste Erbe aus der Kinderzeit war jedoch der entschlossene Glaube seit jener Stunde, als der Fünfzehnjährige den Weg zu Jesus fand. Dieses Erleben, da er sich mit seiner ganzen Existenz dem Auferstandenen übergab, hat sein weiteres Leben geprägt.

Daß ihm dieser Gewinn aus der Entwicklungszeit in der Kaserne nicht verlorenging, verdankte er den Freunden, die Gott ihm zuführte. Aber zugleich war es doch die Treue, die aus dem Wort seiner Erweckung zu ihm gesprochen hatte: „Es sollen wohl Berge weichen und Hügel hinfallen, aber meine Gnade soll nicht von dir weichen." Diese Zusage seines Gottes, die er ganz persönlich für sich in Anspruch genommen hatte, verpflichtete den jungen Mann zu gleicher Treue. So blieb es durch sein ganzes Leben: Treue gegen sein Volk und gegenüber seinem König, Treue zu seiner Frau — und über allem die Treue zu seinem Gott und Heiland!

Der Verlust dieser Treuebegriffe, den wir heute weithin in unserem Volk feststellen müssen, ist der größte Verlust, der nur durch eine tiefe geistliche Erweckung in den Gewissen durch Gott geheilt werden kann. Geschieht das nicht, so ist der Untergang des deutschen Volkes nicht mehr aufzuhalten. Gott schenke uns Väter und Mütter, die sich zur Treue bekennen und in ihren Kindern die Bereitschaft dazu stärken und die damit Abbild und Hinweis auf die Treue Gottes sind, welche Georg von Viebahn so ergriffen und dann durch sein ganzes Leben durchgetragen hat.

2. Der Soldat

Die Familie von Viebahn war seit dem Anfang des 18. Jahrhunderts eine preußische Beamtenfamilie. Das war gleichbedeutend mit konservativ und königstreu. Doch interessanterweise hatte gerade der Vater Georg von Viebahns als ehemaliger Burschenschaftler in der Zeit der sogenannten „Demagogenverfolgung" mehrere Jahre Festungshaft zu erleiden. Die Burschenschaftsbewegung war eine nationale Bewegung unter den Studenten, die über alle Grenzen der deutschen Kleinstaaterei hinweg die jungen Intellektuellen verband und wegen ihrer reformerischen Ideen das Mißtrauen der Regierungen auf sich gezogen hatte. Trotz der Restauration und der erlebten Diskriminierung war es für den Vater Johann Georg eine Freude, daß drei seiner Söhne Berufsoffiziere wurden und alle drei es bis zum General brachten.

Der Älteste, Rudolf, war zwei Jahre älter als Georg. Er war 1838 in Berlin geboren und trat nach kurzem Philosophiestudium in Bonn und Berlin als Einjährigfreiwilliger in das Alexander-Gardegrenadierregiment ein. Nach den Feldzügen von 1866 und 1870/71 wurde er schnell befördert. Bei dem Angriff der Kavallerie bei Gravelotte wurde sein Pferd unter ihm erschossen. Zwanzig Jahre später war er Generalmajor, 1896 Generalleutnant, 1900 kommandierender General und 1901 als General der Infanterie zur Disposition gestellt. Er galt im Heer als ein „aufrechter Mann, ein Christ", von dem folgendes Wort überliefert ist: „Die Pastore machen die christliche Lehre künstlich schwierig, sie ist doch im Grunde so einfach und leicht zu verstehen."

Georgs jüngster Bruder, Hermann, trat ebenfalls nach kurzer Studienzeit in Berlin ins Alexander-Gardegrenadierregiment ein und machte wie seine Brüder den Österreichischen Feldzug mit. Er war als Leutnant Lehrer an der Kriegsschule in Engers bei Koblenz, wo später der sieben Jahre ältere Bruder Georg Direktor der Schule wurde. Hermann wurde 1901 Generalmajor und zwei Jahre später zur Disposition gestellt. Er starb im November 1919 in Meiningen, wohin er sich im Ruhestand zurückgezogen hatte — in Erinnerung an seine glückliche Zeit als Oberst und Regimentskommandeur in dieser Stadt Thüringens. Der Zusammenbruch Deutschlands nach dem Ersten Weltkrieg hatte seine Lebenskraft gebrochen. Auch von ihm wird gesagt: „Er war ein überzeugter Christ."

Zwischen diesen beiden Brüdern stand nun Georg. Im Unterschied zu seinen Brüdern hatte er sich nicht erst während eines Studiums zur militärischen Laufbahn entschlossen, sondern trat gleich in dasselbe Alexander-Gardegrenadierregiment ein. Er erzählt, daß er Gott ernsthaft darum gebeten habe, ihm zu helfen, daß er sich im Soldatenberuf als rechter Christ erweise und daß sein Herr ihn in seinem Beruf segne.

Die Bitte des jungen Viebahn fand schon sehr bald dadurch ihre erste Erhörung, daß er als Fahnenjunker in der Kaserne einen Freund und Glaubensbruder fand. Bernd von Lettow-Vorbeck war bis zu seinem Tod sein treuer Freund. In jener Anfangszeit in der Kaserne, die gewiß nicht leicht war, haben die beiden treu zusammengehalten und sich oft im gemeinsamen Gebet gestärkt.

Als einziger unter seinen Brüdern nahm Georg am Dänischen Feldzug 1864 teil, obwohl sein Regiment nicht ausgerückt war. Er hatte ausdrücklich darum gebeten und wurde einem Feldregiment attachiert. Aus freien Stücken kam er einige Tage früher aus dem Urlaub zurück und kämpfte vier Wochen an den Düppeler Schanzen.

Sowohl seine Tapferkeit beim Einsatz als auch seine eigenmäch-

Premierleutnant Georg von Viebahn

tige Urlaubsverkürzung sollten nach dem Sieg Folgen haben:

Der König von Preußen verleiht ihm zur Anerkennung seiner Tapferkeit einen Orden. Der Kommandeur des Regiments, Prinz Friedrich der Niederlande, beantragt drei Tage Stubenarrest für den Leutnant Georg von Viebahn wegen eigenmächtiger Urlaubsverkürzung. Ordnung mußte sein im preußischen Heer!

Oberst von Clausewitz zeigt sich als Prophet, als er 1860 den Leutnant von Viebahn folgendermaßen beurteilt: „Ein ernsthafter, strebsamer junger Mann, der bei einer sorgfältig geleiteten, sehr guten Schulbildung sich überall vorteilhaft hervortut. Er verspricht, ein sehr guter Offizier zu werden."

Von 1863 bis 1866 war Viebahn auf die Kriegsakademie kommandiert. Dort führte ihn Bernd von Lettow-Vorbeck in einen kleinen Kreis gläubiger junger Männer ein, der den Spottnamen „Nasser Engel" trug, weil die Teilnehmer keine alkoholischen Getränke zu sich nahmen.

Im Österreichischen Feldzug 1866 nahm Georg von Viebahn in der Armee des Kronprinzen Friedrich an der Schlacht von Königgrätz teil, erhielt den Kronenorden vierter Klasse mit Schwertern und wurde nach dem Feldzug zum Großen Generalstab versetzt.

So nahm er im Krieg gegen Frankreich 1870 als Generalstabsoffizier beim Oberkommando der dritten Armee teil. Zwischen dessen Führer, dem schon genannten Kronprinzen Friedrich, dem späteren Kaiser von „neunundneunzig Tagen", und dem Premierleutnant Viebahn bestand ein herzliches Verhältnis, was sich unter anderem auch darin zeigte, daß Georg wie der Kronprinz nun einen Vollbart trug. Ein Foto zeigt ihn als Doppelgänger des Kronprinzen.

Am Abend des 5. August wird Georg mit einer wichtigen Meldung nach vorn gesandt. Er kommt in starkes feindliches Feuer. Sein Pferd wird unter ihm erschossen. Schwimmend durchquert er den an Stromschnellen reichen Sauerbach, entgeht so der sicheren Gefangennahme und kann seine Meldung ausrichten. Die Nachrichten, die er zurückbrachte, waren für das Armeekommando äußerst wichtig. Er empfängt das Eiserne Kreuz.

Am nächsten Tag schlägt die dritte Armee die Truppen MacMahons bei Wörth. Hier wurde der Freund, Bernd von Lettow-Vorbeck, schwer verwundet. Georg nimmt für wenige Stunden Urlaub und reitet hinüber, um dem treuen Kameraden noch einmal ins Auge zu schauen und dessen letzte Botschaft für die junge Frau im fernen Pommernland entgegenzunehmen. Doch in der Mühle, in der Leutnant von Lettow-Vorbeck liegen soll, kann er ihn nicht finden. Der aufgeregte Müller hat vergessen, daß auch in einer kleinen Dachkammer noch ein sterbender Offizier liegt. So sah er den geliebten Freund nicht mehr auf Erden.

Mit Frau von Lettow blieb er in Verbindung. Am 25. August 1871 schrieb er an seine Braut: „Ich habe Frau von Lettow noch besonders versprochen, daß ich bis an mein Ende ihren Sohn so lieb haben wolle, wie ich ihren Mann lieb habe, daß ich für sein zeitliches und ewiges Wohlergehen sorgen will, soviel der Herr mir Gelegenheit schenkt."

Nachdem Viebahn an der Entscheidungsschlacht bei Sedan und auch an der Belagerung von Paris teilgenommen hatte, erlebte er die Kaiserproklamation im Schloß von Versailles. Auf dem bekannten Bild Anton Werners, der sich bemühte, recht viele Anwesende zu porträtieren, sieht man auch Hauptmann von Viebahns Kopf. Inzwischen war er zum Hauptmann avanciert — er war gerade dreißig Jahre alt.

Im Jahre 1879 wurde er in Hannover Major und vier Jahre später Direktor der Kriegsschule in Engers am Rhein.

Über Viebahns Wirksamkeit als Direktor an der Kriegsschule wird berichtet: „Hier war er auf dem rechten Platz. Er leitete die Kriegsschule mit großem Verantwortungsbewußtsein und treuer Hingabe, immer bestrebt, sie auf allen Gebieten zu heben. Er suchte die eigene ritterliche, tief religiöse, patriotische Gesinnung auch seinen Zöglingen einzupflanzen und überwachte das Ganze wie das Einzelne mit pflichtbewußter Sorgfalt, so daß er sehr gute Resultate erzielte. Jede Besichtigung durch die höheren Vorgesetzten gab diesen nur die günstigsten Eindrücke. Der General der Infanterie von Strumbberg, der damalige General-Inspekteur des Bildungswesens, empfahl den verdienten Offizier erneut für eine Verwendung im Kriegsministerium oder im Generalstab."

1889 führte von Viebahn als Oberst das 29. Infanterieregiment in Trier. Hier heißt es: „Ein vorzüglicher Soldat bildete das ihm unterstellte Regiment vortrefflich aus. In der Rede wie in der Feder gewandt, besaß er eine große Gabe, erziehend zu wirken. In religiöser Beziehung huldigte er streng eigenen Ansichten, war seinen Offizieren ein vorzüglicher Lehrer und guter Kamerad."

Das Regiment befand sich unter seiner Leitung auf hohem Ausbildungsniveau, so daß der kommandierende General des VIII. Armeekorps, Freiherr von Loê, am Schluß seiner Beurteilung über den Oberst von Viebahn am 1. 1. 1892 sagen konnte: „Dies glänzende, bis in die untersten Chargen durchgeführte Resultat ist die beste Probe auf das neue Exerzier-Reglement, welche mir bis jetzt geboten wurde, aber gleichzeitig der Beweis, daß der Stamm, welcher solche Früchte zeitigt, ein energischer und verständnisvoller Lehrmeister ist."

Am 17. 12. 1892 wird Georg von Viebahn Generalmajor und

übernimmt in Stettin die 50. Großinfanteriebrigade. Der General des II. Armeekorps von Blomberg sagte von ihm: „Ein fester Charakter von vorzüglichen Kenntnissen und praktischer Begabung, besitzt General von Viebahn eine seltene Schaffensfreudigkeit und ist unermüdlich bestrebt, seine Untergebenen in der Ausbildung zu fördern. Ein hervorragendes Lehrtalent und eine seltene Vortragsgabe zeichnet ihn aus. Seine taktischen Übungen und die daran geknüpften Belehrungen sind mustergültig. Bei der strengsten Auffassung seiner und anderer Pflichten ist er wohlwollend gegen seine Untergebenen. Mehr Wert als auf die Ausbildung der Truppe legt er auf solche der Führer. Er selbst besitzt hervorragende Führereigenschaften. Ich erachte den Generalmajor von Viebahn für einen hervorragend tüchtigen Brigadekommandeur, der sich bedingungslos zum Divisionskommandeur eignet und zu den besten Erwartungen für die Zukunft berechtigt."

All das hohe Lob, das Viebahn durch seine Vorgesetzten erfuhr, konnte ihn nicht hindern, dem Ruf von allerhöchster Stelle, nämlich von Christus selbst, zu folgen. Im Frühjahr 1896 erhielt er auf seinen Wunsch die Entlassung aus dem aktiven Heeresdienst, um für Seelsorge und Evangelisation unter seinen Kameraden seine volle Zeit und Kraft einzusetzen.

Inzwischen waren aus der fleißigen Feder Georg von Viebahns auch eine Reihe militärwissenschaftlicher Bücher erschienen:

Geschichte des Gardegrenadierregiments
(eine für Mannschaften bestimmte Geschichte).

Erhöhung des Armee-Budgets und Lösung der Unteroffiziersfrage.

Die Angriffe des Reichstagsabgeordneten Richter gegen die Armee, beleuchtet von einem deutschen Soldaten.

Die zweijährige Dienstzeit der Infanterie, beleuchtet aus der Praxis des Soldatenlebens.[3]

3. Die Verlobung — und der Tod des Vaters

Verhältnismäßig spät fand Georg von Viebahn Zeit und Gelegenheit, die ihm von Gott bestimmte Lebensgefährtin zu suchen und um sie zu werben. Es war der bewährte Freund von Lettow-Vorbeck, der ihm einen folgenreichen Wink gab. Noch war Viebahn mit neunundzwanzig Jahren Premierleutnant und als solcher Brigadeadjutant in Frankfurt am Main.

Lettow-Vorbeck lud ihn ein, das ländliche Pfarrhaus in Groß-Karben, nördlich von Frankfurt, zu besuchen. Die Frau des Pfarrers Schüler, Henriette geborene Ankersmit, war Holländerin. Bei ihr befand sich die jüngere Schwester Christine aus Amsterdam zu Besuch. Lettow-Vorbeck hatte sie bei einem Aufenthalt in Bad Kreuznach kennengelernt, und sie schien ihm eine passende Ehegefährtin für seinen Kameraden von Viebahn zu sein. Viebahn folgte der Einladung und machte seinen Besuch in Groß-Karben. Es war nur eine flüchtige Begegnung, sie hinterließ aber einen tiefen Eindruck im Herzen des Oberleutnants. Ehe er Hauptmann wurde, war aber an eine Verlobung kaum zu denken. Erst als er aus dem französischen Feldzug 1870/71 als junger Hauptmann heimgekehrt war, bat er um die Hand seiner Christine. Die Verlobung fand am 10. August 1871 in Breungeshain statt, wohin Schülers kurz vorher versetzt worden waren.

Auf das junge Glück fiel nun der tiefe Schatten der schweren Erkrankung von Georgs Vater in Oppeln. Der begeisterte Schwim-

Georg von Viebahn

mer hatte sich in der Oder infiziert. Am Tage nach der Verlobung mußte Viebahn an das Krankenbett des an Typhus Darniederliegenden eilen.

Eine Reise vom Vogelsberg in Hessen nach Oberschlesien dauerte damals mehrere Tage. Schon von unterwegs, vom Bahnhof in Schotten am Vogelsberg, dann vom Bahnhof Gelnhausen und schließlich am Tag darauf vom Bahnhof in Leipzig kamen die Briefe des glücklichen Bräutigams an seine Verlobte.

Vom 11. bis zum 29. August dauert der Briefwechsel des jungen Paares. Fast täglich gehen Briefe hin und her, manchmal sogar zwei bis drei Briefe am Tage. Über zwei Wochen muß die Familie des Regierungspräsidenten auf den Ausgang der Krankheit warten. Täglich kommen zwei Ärzte an das Krankenbett. Trotz vieler Rückschläge machen sie der Familie immer neue Hoffnung auf eine Genesung des Kranken. So schwankt die Stimmung in den Briefen zwischen ernster Sorge und froher Hoffnung.

Die uns erhaltenen Briefe müssen von diesem ernsten Hinter-

Christine Ankersmit

grund aus verstanden werden. Das tiefe Glück einer ersten jungen Liebe ist von der bangen Frage durchzogen, was Gott mit dem Vater vorhabe.

Christine Ankersmit und Georg von Viebahn hatten sich vor ihrer Verlobung noch kaum gesehen und wenig gesprochen. Es war auf beiden Seiten eine Liebe auf den ersten Blick, die nie enttäuscht hat. Aber das tiefste Band, das die beiden jungen Menschen verband, war die brennende Liebe zum Heiland und der Entschluß, das ganze Leben ihm zu leben. Wir dürfen uns darum nicht wundern, daß in den Briefen mehr Raum für Glaubensfragen als für Zukunftspläne ist.

Auch Christine Ankersmit war von ihrem Glaubensverhältnis zu Jesus geprägt. Bei einem längeren Aufenthalt in England hatte sie sich den Kreisen der „Versammlung" angeschlossen. Diese Gemeinschaft ist stark von der Bibel geprägt, der man einen unbeschränkten Einfluß auf das Leben einräumen will. Nachdem die beiden als Jünger Jesu zueinander gefunden, hatten sie das Bedürfnis, nun einander im Glauben zu stärken. Christine war sieben Jahre jünger als ihr Verlobter, aber im Glauben nicht weniger gereift als er.

Ihr Vater war der sehr vermögende Amsterdamer Patrizier Ankersmit, der in den niederländischen Kolonien Indonesiens Besitzungen hatte und durch Tabakgroßhandel reich geworden war. Aber von all diesem lesen wir in den Briefen nichts, zumal der Vater in Amsterdam sich bei aller lebhafter Zustimmung zum Weg seiner Tochter gehemmt fühlte, einen deutschen Brief an seinen künftigen Schwiegersohn zu schreiben, so daß dieser schon in Sorge war, ob er seinen Schwiegereltern genehm sei. Darüber konnte Christine ihn freilich beruhigen. Das Verhältnis zu den Schwiegereltern wurde sehr herzlich.

Wir bringen nun, mit nur wenigen Kürzungen, in der Reihenfolge der Absendedaten die Briefe der beiden Verlobten aus jenen schweren Wochen. Sie sprechen für sich selber und bedürfen keiner Erklärung. Wir lernen den aufrechten, entschiedenen Glauben beider junger Menschen kennen, die sich bewußt sind, einander durch die Hand ihres Herrn geschenkt zu sein. Neben den Sorgen um den Zustand des Vaters, die so oft durch Hoffnungsblicke auf seine Genesung unterbrochen werden, sind die Erfahrungen, die sie mit Jesus machen, der Hauptstoff dieser einzigartigen Briefe.

Schotten, den 11. 8. 71
Abends 12 ¾ Uhr

Meine vom Herrn mir geschenkte, liebe, liebe Christine!
Dich grüße der Herr Jesus mit Seinem seligen Frieden.

Laß uns nicht aufhören, füreinander dies zu beten, daß der Herr Jesus uns losmache von allem Wesen und Willen des natürlichen Herzens und die Gluth Seiner Liebe in uns entzünde und uns so unauflöslich an Sein Jesus-Herz ziehe, daß unser ganzes Leben Ihm diene, daß wir Zeugen Seiner Wahrheit, Verkündiger Seiner Wunder und Barmherzigkeit bleiben bis an das Ende.

Ich bin soeben hier angekommen und habe hier im Gasthof zur

Post meine Stube eingenommen. Morgen früh fahre ich, so Gott will, um ½5 Uhr von hier nach Nidda, von da per Bahn nach Gelnhausen und dann weiter über Bebra, Leipzig, Dresden, Breslau.

Eine soeben eingetroffene Karte, die mein Bruder in der Stunde unserer Verlobung geschrieben hat, lege ich bei.

Nun ade, mein lieb, lieb Christinchen, ich küsse Dich tausendmal. *Der Herr sei Deine einzige Sonne und Liebe,* Er sei hochgelobt, der gnädige, gütige Herr Jesus.

Grüße alle und sage ihnen aus diesem Brief, was sie interessieren wird.

Telegramme an mich sollst Du aufmachen, meine Briefe bitte ich aufzuheben, bis sich über meine Rückkehr etwas entscheidet.

Dein Bräutigam
Georg von Viebahn

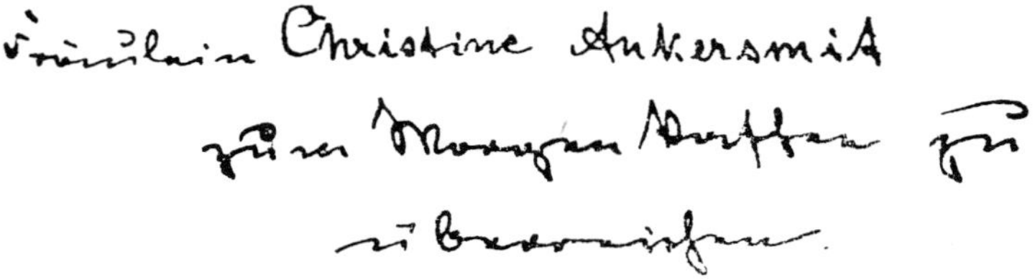

Bahnhof Gelnhausen, den 12. August 1871

Mir ist es so wunderbar, daß wir uns ewig lieb haben werden, und doch ist es ja die Wahrheit, o welche selige Wahrheit, welch unerschütterlicher, felsenfester Trost, daß der Herr uns lieben lehrt, weil wir es nicht vermögen. Ich würde mit banger Sorge in die Zukunft sehen wegen meines ungetreuen, wankelmüthigen Herzens, wenn nicht der wahrhaftige Gott uns verbürgte, daß Er in den Schwachen mächtig ist, daß Er Gebete erhört. Er hat unsere Wege von Anfang geführt, Er führt uns auch hindurch in das Himmelreich. In Seiner Gnade gebietet Er uns, daß wir uns lieb haben, mehr als uns selbst, ja wir dienen Ihm, indem wir uns lieben, nur daß Er uns alles sein und bleiben muß, unser Licht, unser

Leben, unser Trost, unser Friede, unsere Freude. Wir dürfen an uns selbst gegenseitig keinen andern Gefallen finden, als daß einer in dem andern das liebste Geschenk sieht, das der Herr uns für unser Leben beschert.

Wir freuen uns heute unsrer herrlichen Losung. Ich bin um ½8 Uhr hier angekommen, der Zug, den ich erwarte, kommt um 9 Uhr 8 M. Ich bin im offenen Wagen an dem köstlichen Morgen von Schotten nach Nidda gefahren. Wie hättest Du Dich gefreut, die herrlichen Werke des Herrn im Morgensonnenschein zu sehen. Gestern abend habe ich versäumt, die Correspondenz-Karte meines Bruders einzulegen, sie folgt hier nach. Achte auf Deinen Husten, und sei recht vorsichtig, daß Du Dich nicht erkältest, hoffentlich nimmt der Herr bald den Husten ganz fort.

Wenn Du an Deine liebe Schwester Marie schreibst, so sage ihr, daß sie von Oppeln aus einen Brief von mir erhält, oder schiebst Du Deinen Brief an Marie auf, bis der meinige bei Dir ist? Doch dauert das wohl zu lange, sie möchte es für einen Mangel an Liebe Dir auslegen, wenn sie so lange keinen Brief von Dir hat.

Meine liebe Braut, Du sollst nun sehen, was ich für ein armer Mensch bin, sieh, ich habe gestern abend in meinem Brief an einer Stelle nicht offen gesagt, was ich dachte, aber der Herr hat mich heute morgen daran erinnert, und Deine Liebe hat es sicher sogleich herausgefunden. Ich schrieb: Lies den andern vor, was sie interessieren wird; ich hatte aber dabei gedacht: mein lieb Christinchen gibt vielleicht in ihrer Freude den Brief an unsern lieben August und Henriette zu lesen; und das wollte ich nicht gern und wollte es Dir nicht offen schreiben, weil ich dachte, sie wird vielleicht schmerzlich berührt sein, daß du ihr das zugetraut hast. Nun schreib mir nur alles, was Dein lieb Köpfchen dabei gedacht und Dein Herz dabei gefühlt hat, und sage nur dem Herrn, daß Du mir das ganz vergibst.

Dich segne und behüte der Herr! Er trage uns arme, schwache Kinder mit Geduld. Seine Liebe sei in unsere Herzen ausgegossen.

Meine liebe, süße Braut, lebe wohl. Gott ist mit uns; der König aller Könige, Herr aller Herren, ist unser lieber Vater, und der

Herr Jesus sagt am Ende des Hohenpriesterlichen Gebetes, daß uns der Vater liebt, gleichwie Er den Herrn Jesum liebt.

Dein Bräutigam
Georg von Viebahn

Leipzig, den 12. 8. 1871

Der Friede des Herrn sei mit Dir!
Jetzt nur einen kurzen Gruß vom Bahnhof in Leipzig, wo ich soeben ankam und einen längeren Aufenthalt habe, den letzten vor meiner Ankunft im Vaterhause, so der Herr will. Die Umgebungen sind hier nicht gerade zum Briefschreiben geeignet, da viele Menschen um mich her laufen, doch habe ich einen Fensterplatz erwischt, wo mir wenigstens niemand in den Brief sehen kann. Deinen Antheil an einer Flasche Sodawasser, die ich soeben erhalte, siehst Du über den Brief gegossen, Du mußt die Flecken entschuldigen.

Ich will noch etwas hinausgehen, um frische Luft zu schöpfen, da es den Tag über sehr heiß war und ich nicht allein im Coupé saß, so daß ich mich nach Einsamkeit sehne. Wenn ich hernach wieder einsteige, dann beginnt unsere Gebetsstunde, und wir liegen vereinigt vor unserm barmherzigen Herrn.

Sage August und Henriette, daß ich in meinem Brief heute morgen aus Gelnhausen die Grüße an sie nicht vergessen hatte; ich wollte an sie noch einen besonderen Zettel schreiben, der aber nicht fertig wurde, weil der Zug kam. Nun hole ich jetzt diese Grüße nach, der Herr wolle sie und die Kinder und das ganze Haus mit Seiner reichsten Gnade segnen.

Der Herr ziehe uns zu Sich und gebe uns einen starken Glauben an die Unendlichkeit der Gnade, die im Namen Jesu uns geschenkt ist. Ich befehle Dich in die durchgrabenen Hände des Herrn, Er schütze und segne Dich. Lebe wohl.

Dein Bräutigam
Georg von Viebahn

„Siehe, um Trost war mir sehr bange, Du aber hast Dich meiner Seele herzlich angenommen, daß sie nicht verdürbe; *denn* Du wirfst alle meine Sünde hinter Dich zurück!"

Und ferner die Losung für heute,
den 12. August 1871

Mein im Herrn innig geliebter Georg!

Der Herr segne Dich mit allen himmlischen Gütern in Jesu Christo, unserem Heilande! Wie Er Seine irdische Sonne heute über Dich, Sein geliebtes Kind, scheinen läßt, so erleuchte Er, der *unsre Sonne* ist, Deine Seele *ganz* und gar und lasse Dich *ruhen* und weiden unter Seinen sanften Gnadenstrahlen!

Wie Er uns aus lauter Gnade zu Sich gezogen hat, so mache Er uns immer fester in Ihm. Bitten wir Ihn, daß Er in uns täglich mehr ein herzliches, inniges Verlangen nach Ihm und nach Seiner Gemeinschaft erwecke, so daß *nichts* uns *so* sehr am Herzen liege, als *Sein* zu sein mit Leib und Leben, uns *ganz* Ihm hinzugeben, uns fortwährend in Seinen Dienst zu stellen. Das alles will Er uns geben, wenn wir nur im Glauben anhalten im Gebet. Dazu helfe Er uns.

Wie glücklich war ich, wie Dein erster Brief mich diesen Morgen begrüßte. Wie danke ich Dir für Deine Liebe. Ob Du auch fort bist, ich kann nicht betrübt sein, denn ich bin zu glücklich. Unser Herr theilt unsre Freude, wie Er sie uns auch Selbst gegeben hat; und wenn Er, der uns so lieb hat und uns im Geiste auch jetzt vereinigt, Sich mit uns freut, dann können wir tiefen, innigen, stillen Frieden und reine Freude im Herzen haben, nicht wahr, mein Herzens-Lieberchen?

Wie folge ich Dir heute auf die weite Reise, der Herr sei Dein und Deiner Seele Schutz und Schirm! Und wie oft sind meine Gedanken schon hinübergeflogen nach dem lieben Elternhaus in Oppeln. Wie sieht es da aus? Wie gern wüßte ich das jetzt. Der Herr indessen weiß es, und in Seiner Hand liegt alles *gut,* so werde ich denn ruhig abwarten bis morgen und mittlerweile wachen im Gebet.

Heute schreibe ich auch an die Eltern in Amsterdam und schicke Deinen Brief. Bete viel mit mir für sie, daß der Herr sie zu Sich ziehe, und für mein liebes Mißchen, daß der Herr ihr nahe sei, ihr Tröster.

Gott segne Dich, Er gehe mit Dir und bleibe bei Dir alle Tage!

Deine Christine

Oppeln, den 13. August 1871

Meine liebe, vom Herrn mir geschenkte theure Christine!

Der Herr segne diesen Brief, Er grüße Dich mit Seinem Frieden. Wir betten uns von neuem in Seine Hände, wir rufen im Staube, Herr halte uns fest.

Mir ist bange, daß uns die Inbrunst des Geistes verlassen könnte, aber der Herr wird uns ja täglich mehr zu Sich ziehen, je mehr wir Ihn suchen, darum laß uns auch besonders bitten. Gestern abend, als ich den Brief in Leipzig beendet, fuhr ich, da ich Leipzig noch nicht kannte, in einer Droschke durch die Stadt, nahm ein herrliches Schwimmbad, aß dann auf dem Bahnhof zur Erinnerung an Breungeshain einen Hering mit Kartoffeln und fuhr 9 Uhr 50 mit der Eisenbahn weiter.

Ich war wohl sehr müde, ich sah zum schönen Sternenhimmel und begann meine Fürbitte; als ich für Dich gebetet hatte, bin ich eingeschlafen. Ich wachte plötzlich mitten in der Nacht in Dresden auf und schämte mich, denn es war schon Mitternacht vorüber, aber ich holte die versäumte Fürbitte nach.

Gegen ¾9 Uhr kam ich hier an, ich begegnete sogleich einem der beiden Ärzte, die Papa behandeln, der mir sagte, daß sie mit dem Verlaufe der Krankheit sehr zufrieden wären und im Laufe dieser Woche eine entscheidende Besserung erwarteten. Der Herr sei für Seine Gnade gelobt. Als ich in das Haus trat, sah ich zuerst Helene, die zuerst vielmehr erschreckt als erfreut war, ebenso Mama, die eben mit dem kleinen Helenchen im Garten war. Sie hatten mir geschrieben, ich solle nicht kommen, die Briefe müssen sich verspätet haben, nun fürchteten sie die Anstrengung der Reise für mich und beklagten, daß wir beide getrennt wären. Aber nun freuen sie sich doch, und es ist sehr gut, daß ich hier bin, denn ich merke, daß Mama meine Abreise damals noch viel schwerer gewesen ist, als ich es dachte. Mama ist sehr angegriffen und elend, der Herr wolle sie stärken, auch die kleine Helene war die letzten Tage nicht wohl und sieht blaß aus.

Papa weiß noch nicht, daß ich hier bin, ich habe ihn nur im Schlafe durch die Thürspalte gesehen, ehe ich das Telegramm abschickte, das wohl nun bald bei Euch ankommen wird.

Ich denke, daß ich am Nachmittag werde zu Papa hineingehen dürfen. Jetzt sitze ich hier im Garten unter schönen schattigen Kastanien, es ist still unter der Mittagsgluth. Ich wohne oben im Haus neben Papas Krankenstube.

Ich frug Dich neulich, ob Dir goldene Verlobungsringe mit einem kleinen blauen Stein darin recht wären, ich wollte sie dann hier nach dem Maß machen lassen und unsere Anfangsbuchstaben und den 10. August 71 in die inwendige Seite gravieren lassen; meine Schwester und mein Schwager haben es ebenso. Jedoch wurden wir damals im Gespräch unterbrochen, und es kam mir vor, als hättest Du darin andere Wünsche. Man trägt wohl in Holland keine Verlobungsringe?

Schreibe mir es nur ganz aufrichtig, wie Du es gern hast, so möchte ich es auch; unsere Liebe beruht nicht auf dem Ringe, sondern auf dem Herrn Jesus; mein lieb Christinchen muß immer offen sagen, was sie gern will, schreibe mir, ob Du das thun willst; wenn unsere Wünsche auseinandergehen, wollen wir dann besprechen, was geschehen soll.

Nun wiederum lebe wohl, meine liebe, liebe Christine, unser großer, barmherziger Heiland wird alle unsere Gebete erhören. Er sei gelobt, Er segne Dich tausendfältig.

Dein Bräutigam Georg von Viebahn

Habe ich die Bezeichnung Eures Hauses in Amsterdam recht behalten: Singel G 261?

Oppeln, den 13. 8. 71
Abends ½6 Uhr

Der Herr sei mit uns, Sein Name sei hochgelobt. Lies einmal im Buche Ruth Cap. 1, V. 16 u. 17.

Meine liebe Mama hat noch heute an Dich geschrieben, da will ich helfen, die Briefmarke auszunutzen. Gib nun Mamas und Helenes Brief den Geschwistern zu lesen, oder lies ihnen etwas daraus vor, wenn Dir das besser scheint, damit sie die Meinigen ein wenig kennenlernen.

Heute nachmittag war ich bei Papa, er freute sich sehr, daß ich kam, aber seine Kräfte reichten doch nicht aus, länger mit mir zu sprechen. Doch nannte er gleich Deinen Namen. Wenn der Herr Papa wieder gesund macht und Du, mein lieb Christinchen, bist dann noch in Breungeshain, so glaube ich jetzt, daß meine Eltern die Einladung von August und Henriette befolgen werden. Sage ihnen nur das alles, und grüße sie abermals herzlich von mir!

Die beiden Bilder, die Du mir geschenkt, habe ich schon Mama und Helene gezeigt. Ich hatte am Freitag bei dem Einpacken gar nicht gesehen, daß Du hinten darauf geschrieben hattest, aber heute habe ich mich darüber gefreut. Helene zeigt eben ihrer Kleinen das Bild der neuen Tante.

Ich denke, daß Ihr Euch jetzt zu einem schönen Spaziergang in den Wald aufmacht. Der Herr sei mit Euch und mit uns allen. Sein Friede mache unsere Herzen fröhlich!

Kennst Du Paul Gerhardts Lied: Sollt ich meinem Gott nicht singen?

Lebe wohl, es grüßt Dich tausendmal

Dein Bräutigam
Georg von Viebahn

N.S. Ich komme soeben von Papas Bett, er trug mir die herzlichsten Grüße an Dich auf und frug, ob Du wohl eine Vorstellung davon haben würdest, wie es in Oberschlesien aussieht?

Oppeln, den 14. 8. 71 vormittags

Ich habe vorhin eine schöne Predigt über das Wort gelesen: Sorget nichts! Das ist für mich ein sehr wichtiges Wort, und Du wirst gewiß sehr oft mich daran erinnern müssen, daß der Apostel gebietet in des Herrn Namen:
Freuet Euch in dem Herrn allewege, und abermals sage ich, freuet Euch!

Der Herr gebe, daß ich es recht aus dem Grunde lerne, wir wollen Ihn zusammen darum bitten. Ich vergesse so oft, daß der Herr will, daß wir fröhlich sein sollen in Seiner Gnade, daß auch, wenn Er Leiden schickt, Er dennoch uns fröhlich haben will.

Gewiß wäre ich in den vergangenen Jahren meines Lebens nicht so oft von dem Herrn gewichen, wenn nicht so oft Sorgen und Eigenwillen mich aus Seiner Gnade gedrängt hätten. Eigentlich hat mir der Herr von Natur ein recht fröhliches Herz gegeben, daß ich immer singen und mich freuen möchte. Das wird Er mir nun von neuem schenken, das bitte ich demüthig. Wenn aber Sorgen und Grämen kommen will, dann wollen wir unserm Heiland sagen: Thue mit uns, wie Du willst, Du *mußt* uns segnen, Du kannst nicht anders, weil Du unser Jesus bist, und darum ruhen wir fröhlich in Deinen Händen.

Als wir neulich, am Tage vor unsrer Verlobung, im Walde saßen, da hast Du richtig in meinem Gesichte gelesen und stimmtest an: Befiehl Du Deine Wege. Dafür habe ich Dir noch gar nicht gedankt.

Seit gestern, Sonntagnachmittag, geht es Papa weniger gut. Das Fieber ist sehr viel stärker geworden, die Ärzte finden das natürlich und nicht besonders beängstigend, sagen aber, daß die Tage dieser Woche und namentlich Freitag oder Sonnabend über den Verlauf der Krankheit entscheidend sein werden. Der Herr wird alles wohl machen. Er stärke nur meine liebe Mama, die ich sehr angegriffen finde. Meine Schwester ist auch vom Herrn noch besonders geprüft, da das kleine Lenchen seit drei Tagen recht unwohl ist, doch schien die Kleine heute schon etwas besser, sie wird wohl einige neue Zähne bekommen. Für meine Mutter ist das auch schwer, sie liebt die Kleine so sehr, aber der Herr wird ja in allem helfen.

Und nun vielen, herzlichen Dank, meine liebe Christine, für Deinen ersten Brief, der vor einer Stunde ankam, wie ist er mir so werth! Ja, Du hast recht, wir wollen den Herrn inbrünstig bitten, daß wir nicht mehr ohne Ihn leben können, daß Er es uns unerträglich mache, Seine Nähe nicht zu fühlen, und daß wir nichts mehr wollen als Ihm dienen. Wir haben in Ihm unsern Bund geschlossen, oder vielmehr, Er selbst hat unsern Bund gemacht. Es ist ein wunderbares Werk Seiner gnädigen Hand, daß Er uns zusammengeführt hat, Menschen hätten das ja gar nicht vermocht. Nun wird er auch geben, daß wir Ihm dienen, wir haben ja nichts anderes von Anfang von Ihm erbeten, als daß Er unser ganzes Leben in Seinen Dienst stelle. Er wird es thun, so wahr Er Jesus heißt.

Meine Mutter möchte gern, daß wir unsere Verlobung *bald* veröffentlichen sollen; wenn Deine lieben Eltern geschrieben haben, so können wir sie vielleicht darum bitten, und ich will gern versprechen, daß ich später, wenn Du nach Amsterdam zurückgekehrt sein wirst, sobald *als möglich* dorthin komme. Aber für die nächste Zeit wollen wir den Herrn bitten, daß Du noch recht lange in Deutschland bleibst, damit wir uns noch öfter sehen können und damit Du Deinen Husten ganz verlierst; schreibe mir, wie es damit geht.

An den Flecken ist der Wind schuld, der mir eben den ganzen Brief auf die Erde werfen wollte.

Nun willst Du wissen, wie es hier aussieht, ich will es Dir ein wenig beschreiben. Wenn man vom Bahnhof eine lange Straße in die Stadt geht, so kommt man an einen Platz mit Gartenanlagen, an dem liegt ein sehr großes, hohes Haus, vor dem steht in der Mitte eine Schildwache, die die Regierungskasse bewacht, vor dem Portal. Wir lassen aber die Schildwache stehen und wandern nach der Giebelseite des großen Hauses, da führt eine breite Steintreppe zu einer Hausthür, an der unser Name angeschrieben ist und wo ein blanker Messingknopf die Glocke zieht. Wenn uns die Thür geöffnet wird, dann treten wir auf einen großen Hausflur, mit Steinfliesen gepflastert, in den die Thüren der Zimmer dieses Stockwerkes münden und von wo man auf einer Treppe heraufsteigen kann in das obere Stockwerk und auf einer anderen Treppe hinabsteigen kann in das untere, wo sich Küche und Wirthschaftsräume zu ebener Erde befinden.

Du sollst aber zuerst von dem Steinflur in die Zimmer sehen.

Jetzt augenblicklich wohnt Helene mit ihrer Kleinen in der Eltern Schlafstube, weil die Eltern oben in der Fremdenstube schlafen, die nun schon so lange Papas Krankenstube ist.

Nun wollen wir die Treppe in die Höhe steigen. Da sind oben ein paar ganz riesengroße alte Ölbilder von früheren Herzögen von Oppeln und von einer Bärenjagd, die im Walde hier abgehalten wurde.

Papas Stube ist sehr hübsch. Dort wird im Winter der Morgenkaffee getrunken. Die Gesellschaftszimmer werden fast nie gebraucht, es sind gar keine Möbel darin, sie dienen aber oft zu Ausstellungen für Lotterien zu wohltätigen Zwecken.

In der Fremdenstube neben meinem Zimmer liegt Papa, ich habe früher oft auch dort gewohnt. Es ist ein sehr hübsches, großes Zimmer, in der Mitte durch einen Vorhang getheilt, die Fenster gehen über den Hof und Garten nach der Oder zu. Man sieht über viele Bäume hinweg bis in das freie Feld, und in den Bäumen sieht man einen hübschen alten Schloßthurm vom Schloß der alten Herzöge, welches jetzt aber gar nicht mehr schön ist.

Wenn meine Eltern Gesellschaften geben, was Papa sehr liebt, so finden die unten in Mamas Zimmern statt; Du brauchst Dich aber davor nicht zu fürchten, es kommt nicht gar zu oft vor.

Nun wollen wir heruntergehen in den Garten.

Der Stall steht leer, da meine Eltern keine Wagen und Pferde halten. In dem Gartenhaus, welches dicht am Hofe liegt, wird im Sommer morgens Kaffee getrunken, Mittag- und Abendbrot gegessen; nachmittags wird unter den Linden Kaffee getrunken; das hat nun aber alles seit Papas Krankheit aufgehört.

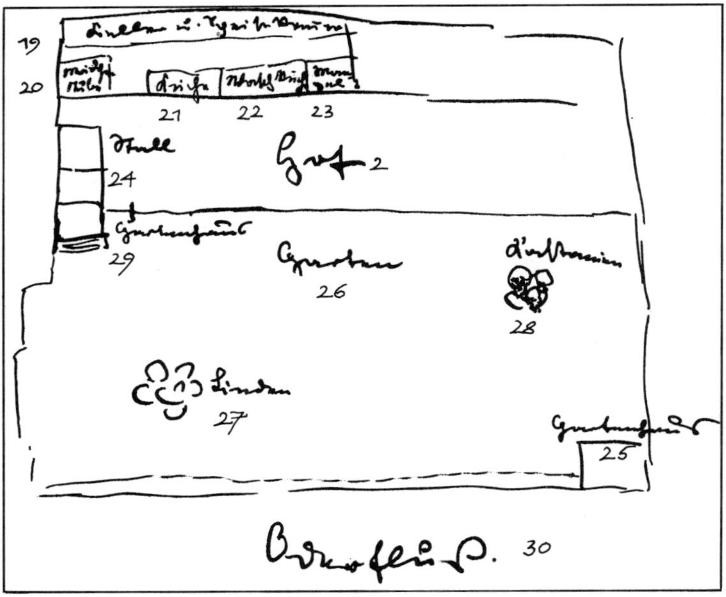

2 Hof
19 Keller und Speisekammer
20 Mädchenstube
21 Küche
22 Waschküche
23 Mangel
24 Stall
25 Gartenhaus
26 Garten
27 Linden
28 Kastanien
29 Gartenhaus
30 Oderfluß

Unter den Kastanien ist mein Lieblingsplatz, da sitze ich auch jetzt und schreibe an meine liebe Christine.

Nun denke nur nicht etwa, Deine Eltern in Oppeln wären sehr vornehme Leute, weil der König dem Papa eine so große Wohnung gegeben hat; das Schönste an dem Hause ist, daß Gottes Segen darauf geruht hat, solange wir hier wohnen, und daß der Herr Jesus noch immer bei uns war. Er wird uns auch jetzt nicht verlassen.

Papa frug auch gestern, ob Deine Eltern und Schwestern in Breungeshain gewesen wären. Aber heute ist er sehr, sehr matt. Wenn Du gesehen hättest, wie Papa sich damals freute, als ich zuerst nach dem Kriege nach Haus kam und den Eltern von Dir erzählte und von dem, was Gottes Wille war. Es war ihm gewiß das Liebste, was ich ihm erzählen konnte.

Nun mußt Du mir, wenn Du Zeit hast, auch von unserm Vaterhaus in Amsterdam erzählen. Etwas weiß ich zwar wohl davon, aber noch nicht viel, und wie es in einem holländischen Hause zugeht, davon habe ich gar keine rechte Vorstellung.

Der Herr behüte Dich, Seine Gnade, Sein Friede sei Dir geschenkt.

Dein Bräutigam
Georg von Viebahn

Oppeln, den 14. 8. 71
Nachmittags

Der Herr sei mit uns, Er sei hochgepriesen! Ich schreibe Dir noch in Eile diese Zeilen, Papa ließ mich eben zu sich rufen. Er hatte geschlafen und sah kräftiger aus. Ich sagte ihm, daß Du ihn grüßen lassest und ihm baldige Besserung wünschest. Er drückte mir die Hand und sagte sehr freundlich: Ich bedanke mich doch, das ist sehr freundlich von Christinchen, daß sie meiner gedenkt, obwohl sie mich noch nicht kennt. Er frug auch, ob Du noch in Breungeshain seist, und ich mußte ihm die Karte holen, um ihm zu zeigen, wo es liegt. Die Karte holte ich zwar und beschrieb es ihm, aber er durfte nicht auf die Karte sehen, das hätte seinen Kopf zu sehr angestrengt.

Ich schreibe soeben an meine Brüder und sage denselben einen schwesterlichen Gruß von Dir.

Nun ist bald wieder ein Trennungstag vorüber, doch ist es ja ein Tag voll Freude und Gnade, wir dürfen ja nur loben und danken. Nächsten Sonntag schon wieder bei Euch zu sein, darf ich nicht hoffen, nach dem, was die Ärzte heute gesagt haben. Wir wollen nicht in die Zukunft rechnen, sondern Stunde um Stunde, Tag um Tag aus der Gnade und dem Erbarmen Jesu Christi leben. Er führe uns nach Seinem Willen.

Auch dem kleinen Helenchen geht es heute abend besser, sie lachte eben ganz vergnügt.

Vielleicht können wir morgen Papa aus Deinem Briefe vorlesen, den Du an die Eltern geschrieben hast. Er wird sich sehr darüber freuen, doch müssen wir sehr vorsichtig sein, seinen Geist nicht zu sehr anzuregen, er würde sonst wieder kränker werden.

Der Herr Jesus sei unser Ein und Alles, Er behüte Dich!

Dein Bräutigam
Georg von Viebahn

Mein in Jesum sehr lieber Georg,

Deinen Namen kann ich besser schreiben als aussprechen, das Letzte muß ich noch lernen. Deshalb hoffe ich, daß Du mit Gottes Hilfe bald wieder hierher kommen kannst.

Heute würde ich Dir eigentlich nicht wieder geschrieben haben, nur hatte ich Dir etwas Nöthiges zu sagen, nämlich folgendes: Die Kapitel, die wir abends zusammen lesen, können wir wohl eintheilen für den Tag und z.B. morgens und mittags schon einen Theil des Kapitels lesen, so wird es uns vielleicht von größerem Segen sein. Ich denke mir, daß Du es so auch lieber thun wirst.

Darf ich Dir auch noch was anderes sagen (vielleicht bräuchte ich es nicht zu erwähnen, weil Du es wahrscheinlich wohl thust): ich empfinde das Bedürfnis, immer, ehe ich Gottes Wort lese, Seines Geistes Licht und Unterweisung und Seinen Segen abzuflehen, so daß ich mir seit etwa anderthalb Jahren eine Regel daraus gemacht habe, *nie* zu lesen, ohne erst gebetet zu haben. So gebe denn der Herr uns immerfort offene Herzen, um Sein Wort in uns aufzunehmen, damit es immer tiefer in uns hineinleuchte.

Noch dieses wollte ich Dir heut schreiben, daß ich doch vorziehe, einen ganz einfachen, glatten Trauring zu tragen, wenn Du wenigstens keine entscheidenden Schritte in der Hinsicht schon gethan hast; innerhalb unserer Ringe können wir dann das Datum und vielleicht noch etwas gravieren lassen. — Ich weiß nicht, wie die Sitte bei Euch ist, ich glaube, sie ist verschieden. Wie es aber auch sei, ich halte es für viel schöner und viel mehr der Sache angemessen, auch meinem besonderen Gefühl viel entsprechender, wenn *wir uns gegenseitig* den Ring schenken und ich Dir also den Deinen machen lasse. Willst Du, wenn Du damit einverstanden bist, mir Dein Maß sehr genau aufgeben und mir auch, wie ich es Dir gegenüber thue, ganz einfach sagen, welche Art Ring Du liebst.

Ich habe heut angefangen, mich ganz besonders in der Küche zu beschäftigen, damit mir die deutsche Kochkunst eigen werde, ich will sie so gründlich wie möglich *kennen* und *ausüben können;* wenn ich es auch später nicht immer selbst zu thun brauche, so gehört das doch wohl zu den nöthigsten Kenntnissen einer guten Hausfrau. Man kann dann doch wenigstens alles beaufsichtigen und braucht sich nichts sagen zu lassen von der Magd.

Eben muß ich wieder an die Arbeit, schließe deshalb jetzt mit einem innigen Kuß für Dich, *meinen* Georg. Sage unsern Lieben in Oppeln die herzlichsten Grüße auch von August und Henriette. Namentlich meine kindliche Liebe sollst Du den lieben Eltern aussprechen und mir oft Nachricht geben über den Verlauf der Krankheit. Ich halte an in heißer Fürbitte.

Unser treuer Herr und Heiland lasse Dich ruhen in *Seiner* Liebe. „*Unsre Liebe* ist *Jesus Christ!*“

Deine Dir innigst verbundene Braut
Christine

Breungeshain, den 14. August 1871, heute Offenbarung 2

Oppeln, den 15. 8. 1871

Jesum laß ich nimmer nicht, weil ich soll auf Erden leben: Ihm hab ich voll Zuversicht, was ich bin und hab, gegeben; alles ist auf Ihn gericht: *Meinen Jesum laß ich nicht.*

Meine vom Herrn mir geschenkte, innig geliebte Christine!

Dich grüße der Herr mit Seinem seligen Frieden. Er hat hier seit gestern nachmittag schon wunderbar geholfen. Laß uns recht loben und danken!

Papa habe ich heute noch wenig gesehen, er frug aber heute morgen schon, ob ich einen Brief aus Breungeshain hätte. Der kam auch bald nachher an; hab viel herzlichen Dank dafür. Sollte der Telegraphenbote oder der Postbote wohl denken, was eigentlich für eine Briefstellerin hinter den Couverts sich verbirgt?

Unterwegs auf der Reise war mir immer so zu Muthe, als müßten mir alle Leute ansehen, daß ich ein Bräutigam wäre.

Daß am lieben Sonntage der Briefbote nicht nach Breungeshain kommt, hatte ich nicht bedacht, da hast Du also auch keinen Brief von mir erhalten, um so mehr wirst Du für mich gebetet haben. So wollen wir es immer halten, mein lieb Christinchen, daß, wenn durch des Herrn Fügung an einem Tage ein äußeres Zeichen der Liebe ausbleibt, wir im Gebet um so mehr uns Liebe erzeigen. Daß mir Dein lieber Brief viel zu kurz war, brauche ich nicht zu sagen, er wäre mir auch zu kurz gewesen, wenn er sehr lang gewesen wäre. Daran war aber nun gewiß die Ungeduld des Telegraphenboten schuld. Wenn ich erst wieder in Wiesbaden im Dienste sein werde, dann werden vielleicht auch meine Briefe manchen Tag kurz sein, aber das schadet nichts, dann freuen wir uns desto mehr auf das Wiedersehen.

Jetzt aber will ich die kurze Zeit meiner Freiheit nutzen, Dir recht, recht viel zu erzählen. Als ich im Jahre 1867 in Carlsbad war, wo es mir leiblich schlecht und geistlich gut ging, fing ich an, mein Leben zu beschreiben mit der Idee, es später meiner Frau einmal zu lesen zu geben. Es ist aber nicht weiter fortgeführt als bis in meine Knabenzeit, Du sollst es später von Wiesbaden aus haben.

Es ist jetzt nachmittags 3 Uhr, ich sitze im Garten unter der Veranda vor dem Gartenhaus, dicht am Hofe, es zieht eben ein Gewitter herauf. Mama und Helene ruhen sich ein wenig aus, die katholische Schwester aus dem Kloster ist bei Papa, der auch schläft.

Von meinem Freunde Prittwitz hast Du neulich das Bild gesehen, er ist mein ältester Freund und der erste, der mich zur Zeit seiner Confirmation zum Herrn gewiesen hat. Er steht aber noch immer in schweren Kämpfen und ist oft ohne Frieden, wir müssen sehr für ihn bitten. Ich habe ihm geschrieben, er möchte doch gegen Ende des Monats auf ein paar Tage nach Breungeshain kommen, was mir August ja neulich gestattete. Ich glaube, es würde sehr zu meines lieben Walthers Heil sein, wenn er zu uns käme, doch weiß ich nicht, ob er Zeit finden wird. Auch habe ich ihm von unserer Verlobung geschrieben, jedoch mit der Bitte, es nicht weiterzuerzählen.

Ich will heute auch noch an meinen lieben Burt schreiben, der sich unendlich mit uns freuen wird. Mit ihm bin ich befreundet seit 1864, wo wir uns vor den Düppeler Schanzen kennenlernten. Er hat eine liebe, fromme Mutter und Schwester. Die letztere hatte ihm den 91. Psalm aufgeschrieben, damit er ihn immer auf dem Herzen trüge. Er war Adjutant damals bei einem lieben, frommen Oberst, Freiherr v.d.Goltz, jetzt General in Berlin. Zu dem kam ich damals auch, und wir waren vier Wochen zusammen. Gleich am Nachmittag des ersten Tages frug mich Burt, ob ich auch wisse, daß ich dort unter die Mucker gerathen sei. Da fanden wir uns denn in dem Herrn und verlebten damals eine köstliche Zeit.

Der Herr hat es so gefügt, daß in den letzten Jahren seit Lettows Verheirathung ich diesem so besonders nahe trat, namentlich seit 1867, wo Prittwitz und Burt in Berlin blieben. Doch stehen wir uns alle vier sehr nahe.

Mit Lettow bin ich seit 1860 befreundet und erinnere mich noch des Nachmittagsspazierganges im Thiergarten, wo wir uns zuerst näherkamen. Lettow, Prittwitz und ich standen nämlich seit 1859 im Kaiser Alexander-Gardegrenadierregiment in Berlin, wo Prittwitz und meine beiden Brüder noch jetzt sind. Unser altes, liebes Regiment tragen wir alle sehr im Herzen, das ist unser soldatisches Vaterhaus, wo wir für unsern Beruf erzogen sind. Davon erzähle ich Dir einmal später mündlich.

Mit Prittwitz, Lettow und mir gleich befreundet ist auch der Hauptmann von Schmidt, er stand auch im Alexander-Regiment. Seine Frau ist eine Cousine von mir und war sehr befreundet mit

Ein Freund
Henry von Burt

Frau von Lettow. Seit jener Zeit haben Schmidts den Herrn auch gesucht, und, wie ich glaube, auch gefunden. Sie wohnen in Meiningen, er ist aber jetzt noch in Frankreich mit seinem Regiment.

Von meinen Verwandten will ich Dir lieber nichts schreiben, das ist zu compliciert, das können wir uns später einmal gegenseitig mündlich erzählen.

Gestern und heute bin ich morgens früh vor dem Kaffee zum Schwimmen gewesen, den Tag über habe ich meist geschrieben.

Wenn ich Dein liebes Bild ansehe, so kann ich Dich immer gar nicht darin erkennen, und daraus sehe ich, daß das Bild nicht gut ist. Ich suche in den Zügen immer meine liebe Christine und finde sie nicht. Ich weiß aber, daß ich Dich finde und mit Dir vereint bin vor dem Angesicht des Herrn.

Vor Ihm laß uns niedersinken und laß uns beten: Herr Jesu, unser Trost und Frieden bist Du, in Dir ruhen wir, aus Deinen Händen kann niemand uns reißen, Dein Auge wacht über uns, führe uns, wie Du willst, nur daß wir bei Dir bleiben und zu Dir einst kommen. Reiße das irdische Wesen aus unseren Herzen aus, pflanze das ewige hinein, laß uns nicht auf uns, sondern auf Dich blicken, an Deinem Kreuze genesen wir von allen Schmerzen. Heilige uns ganz zu Deinem Eigenthum, nimm unser ganzes Leben in Deinen Dienst, laß nicht zu, daß jemals uns etwas von Dir scheide; wir wollen nichts mehr, als Dein eigen sein, alles andere geben wir fröhlich in Deinen gnädigen Willen. Amen.

Und dann lies den 91. Psalm.

Ich lege Dich und mich in Jesu Hände.

Lebe wohl.

Dein Bräutigam
Georg von Viebahn

Oppeln, den 15. 8. 71

Jesus Christus sei und bleibe bei uns!

In aller Eile vor dem Abgang des Zuges noch folgendes zu Deiner und Euer aller Freude: Papa ließ mich vor einer halben Stunde wieder zu sich rufen. Ich durfte ihm einige Worte aus Deinem Briefe an die Eltern vorlesen, über den er sich sehr freute, auch sah er lange Dein Bild an. Er ergriff mit Freuden den Gedanken, nach seiner Genesung mit Mama nach Breungeshain zu kommen und sich dort von Dir pflegen zu lassen und mit Dir Bergluft zu genießen. Er ließ sich die Reise dorthin von mir beschreiben. Sage an August und Henriette, daß, wenn der Herr Genesung schenkt, ich jetzt sicher glaube, daß die Eltern gegen Anfang September kommen.

Wenn unser Heiland so unendlich freundlich ist, Papas Besserung weiter zunehmen zu lassen, so darf ich nach Meinung der Ärzte vielleicht schon am Freitagabend ohne Besorgnisse abreisen, doch alles, wie der Herr es fügt. Höre nicht auf, meine liebe Christine, den Herrn für mich anzuflehen, daß Er mir ein Herz schenkt, das ganz in Ihm *ruhe* und fest *an Seine Gnade glaube; das* darf ich Ihm sagen aus tiefstem Herzensgrund, daß meine Seele nur nach Ihm verlangt. Möchte es uns beiden immer unerträglicher werden, Seine Nähe nicht zu empfinden.

Er gieße Seinen Frieden in Deine Seele, Er stelle Seine Engel an Deine Seite; ja Er selbst halte Dich an Seiner Hand und an Seinem Herzen!

Dein Bräutigam
Georg von Viebahn

Breungeshain, den 15. August 1871

Mein mir vom Herrn geschenkter, innig geliebter Bräutigam.

Der treue Herr Jesus sei mit Dir heute und alle Tage und mit allen unseren Lieben und mit uns; Er gieße Seine reichste Gnade über uns aus und fördere Sein Werk in uns!

Ich hätte Dir so viel zu sagen und werde wahrscheinlich wenig Gelegenheit haben. Gestern abend spät entschlossen wir uns, heute nach Schotten zu fahren, um Verschiedenes zu besorgen, und müssen jetzt schon um 6 Uhr fort. Ich nehme diesen Brief gerade so mit und kann Dir in Schotten vielleicht noch etwas hinzuschreiben...

Es war eigentlich nicht mein Vorhaben, Dir jeden Tag einen Brief zu schicken; nicht daß ich solches nicht gerne thäte, aber ich dachte, ich wollte mich so viel wie nur möglich mit nützlichen Sachen in dem Haushalt beschäftigen; ich darf Dir doch wohl gerade sagen, was ich denke, nicht wahr, mein Georg! Seit gestern die Post mir so manches Liebliche gebracht, muß ich aber schreiben.

Schotten, ½11 Uhr. Eben habe ich noch etwas ruhige Zeit, ich bin hier allein mit meinem Gott in einem oberen Zimmer an der Post. Mein theurer, lieber Bräutigam, wie soll ich dem Herrn danken, daß Er Dich mir gegeben hat. Ich wünsche, Ihm meinen aufrichtigsten Dank in meinem Leben darzubringen, und nur wünschen kann ich's, das Thun ist so unendlich mangelhaft und armselig, ich müßte ganz an mir selbst verzagen und will das auch nur thun und nur auf Seine allgewaltige Kraft hoffen und mich stützen.

Wie sehr habe ich mich gefreut über die Postkarte, am 11. von Deiner lieben Mutter geschrieben; dieselbe war wohl für Dich bestimmt, ich habe sie indessen als *mein* betrachtet und die liebe Schrift gelesen. Diese Karte kam gestern an, zu gleicher Zeit auch ein Militärbrief an Dich, diesen haben wir heute morgen hier wieder auf die Post gegeben. Das war wohl etwas gegen Deinen Befehl, die Briefe zu behalten, bis Deine Rückkehr festgestellt ist; weil es ein Dienstbrief war, meinten wir, es wäre besser, daß Du ihn nachgeschickt bekämst.

Jetzt habe ich noch eine Sache zu erledigen, die mir gar nicht so wichtig war. Es betrifft den Satz: „Lies ihnen vor, was sie interessieren wird." Ich dachte, interessieren würde sie am Ende wohl der ganze Brief, aber das wird mein Viebähnchen (so muß ich dem süßen Friedie oft nachsagen) wohl nicht meinen, das will ich selbst auch nicht gern, denn der Brief ist doch für *mich* geschrieben. So las ich denn nur die *irdischen* Thatsachen daraus vor, war Dir aber im Herzen nicht im geringsten böse, ich verstand Dich nur nicht ganz, suchte, Dich zu verstehen und nach Deinem Wunsche zu handeln. Aber was sage ich „böse"? Wie könnte ich Dir jetzt schon böse sein; ich bin aber schlecht genug, vielleicht später Dir einmal böse zu sein. Wenn ich das je bin, so mußt Du mich nur fragen, ob das vor Gott recht wäre und ob ich es später nicht bereuen würde, wenn ich in einem unbewachten Augenblick ein unfreundliches Wort sage.

Ich hoffe zu Gott, daß mein Herz durch Seine Gnade immer offen stehen wird für jede Ermahnung, die Er mir durch Dich gibt. O mein lieber, lieber Georg, Du wirst mir sehr treu sein müssen und mich oft und immer wieder ermahnen. Ich könnte Dir eine ganze Liste von Fehlern und Gebrechen sagen, die meinem bösen Herzen ankleben, und ich will sie Dir auch bekennen, wenn Du nicht vorziehst, sie selbst kennenzulernen.

Eben kommt der Wagen wieder vor, August und Henriette eilen etwas.

Ich darf nicht mehr schreiben. — „Immanuel!"

Deine Christine

„Herr, öffne mir die *Tiefe meiner* Sünden — laß mich auch sehn die *Tiefe Deiner* Gnad! — Laß keine Ruh' mich suchen oder finden, — als nur bei Dir, der solche für mich hat."

Mein innigst geliebter Bräutigam, mein Georg!

Auf dem Wege von Schotten hierher begegnete uns der Postbote, er sagte uns, zwei Briefe lägen zu Hause, einer von dem Herrn Hauptmann und einer für mich. Ich dachte mir gleich, das sind also *zwei* für mich und besann mich, von wem der an mich adressierte Brief sein könnte. Beim Hereintreten sagte mir das liebe Stempel von Oppeln, daß ich von dort aus noch mehr zu erwarten hatte als Briefe von meinem guten, lieben Bräutigam.

Wie sehr glücklich machen mich die sämtlichen Briefe. O könnte ich nur recht dankbar sein! Wie reich bin ich mit so vielen neuen, liebenden Herzen, noch reicher insbesondere mit Deinem Herzen, das mich lieben und sich mir schenken wollte, und am allerreichsten mit dem treuen, liebevollen Herzen unsres Heilandes! Was Du schreibst von der Furcht, daß uns die Inbrunst verließe, habe ich dasselbe schon den ganzen Tag gefühlt; mir ist oft bange vor meiner Untreue. Mein lieber Georg, bete nur recht viel für mich in dieser Hinsicht, ich thue es für Dich. O welch ein Trost ist es, daß wir füreinander beten können und *zusammen* es thun; das ist mir eine der herrlichsten Gnaden Gottes; Er mache uns treu im Gebet!

Der Herr gibt und wird uns durch Deinen Beruf oft tiefe, ernste Mahnungen geben; wir können nicht tief genug ergriffen sein von der hohen Bedeutung unsrer Verbindung, wir haben eine heilige Pflicht gegeneinander, gegenseitig uns zu helfen auf dem Wege zum Himmel. Dazu muß unser Herr Jesus recht *dicht bei* uns bleiben und *in uns* immer mehr Wohnung machen, sonst fehlen wir ganz. Der rechte Ernst ist nicht immer bei mir; nach *Gott* mußt *Du* mich ermahnen und mich lieben.

Ich möchte immer so über diese wichtigsten Dinge schreiben, ich habe aber noch einiges zu beantworten. Meinen Wunsch über die Ringe wirst Du jetzt schon bald wissen, gestern schrieb ich darüber. Damit die Ringe aber gleich seien, ist es wohl besser, Du läßt sie beide zusammen machen. Dann kannst Du mir den Deinigen übergeben. Ich möchte ihn Dir schenken und an den Finger thun. Wenn Du sie aber vorziehst mit dem blauen Stein, so ist es mir auch lieb; Du hast die von Deinem Schwager und Deiner Schwester gesehen und kannst besser urtheilen, ich überlasse es *Dir* jetzt ganz und bin mit *allem* zufrieden.

Mein innig geliebter, lieber Georg, wie gut sind die Stündchen zusammen, Deine Briefe treiben mich immer ins Gebet, die Correspondenz ist eine kleine, aber doch gute Entschädigung für den persönlichen Umgang. Ich dringe dabei immer tiefer ein in den hohen, heiligen Ernst unsres künftigen Lebens und in die Liebe und Freundlichkeit unsres treuen Herrn, der uns so gut füreinander ausgesucht hat. Ich kann wenigstens Seine Wahl für mich gut heißen, ich will Dich, mein Georg, damit nicht rühmen, das wäre Dir nicht lieb, und das dürfen wir auch nicht, aber die Charaktere sind verschieden, und ich glaube, mein Charakter bedurfte eines Mannes, wie Du bist.

Schließlich habe ich meinen Dank für die lieben Briefe von unserer lieben Mama und von dem guten Schwesterchen noch nicht in *Worten* ausgesprochen. Die liebevollen Grüße von unsrem lieben Vater hatten mich auch innig gefreut, wie gern hätte ich die Lieben alle mit Dir begrüßt. Dem treuen Herrn sei Lob und Dank, daß die Krankheit so weit gut verläuft. Nächsten Freitag ist wohl wieder ein wichtiger, entscheidender Tag, ich bin sehr verlangend, bis diese Tage vorübergehen. Unser Herr höret Gebet, halten wir an. Seine Gnade weichet nicht von uns. Er wird tun, was gut ist. Wenn unser gutes Papachen bald wieder hergestellt wäre, wie würden wir alle uns freuen, wenn die lieben Eltern hierher kämen. Es ist aber eine große Reise, und ich fürchte, es wird zu anstrengend sein. Der geschwächte Körper muß doch erst wieder ganz zu Kräften kommen, sonst bringt es nur Schaden. Ich werde doch einmal nach Oppeln kommen dürfen (das ist *nur Dir* im Vertrauen gesagt) und mich umsehen in Oberschlesien, namentlich in dem lieben

Elternhaus, ob die Wirklichkeit wohl mit meiner Vorstellung übereinstimmt.

War es nicht unvorsichtig von Dir, in Leipzig nach der Ermüdung und namentlich *vor* einer nächtlichen Reise ein Schwimmbad zu nehmen? Du wirst jetzt bedenken müssen, daß Du jetzt auch *mein* bist, mein Lieberchen, Du mußt auf Dich achtgeben um vieler willen, jetzt aber auch um meinetwillen. So werde ich auch denken und werde alles tun, um meinen Husten zu vertreiben. Ängstige Dich deswegen nicht, Gott wird, denke ich, helfen, damit er bald ganz fort sei. Legen wir alles, auch das Geringste, an Sein Herz.

Ich hoffe nur, daß unsere liebe Mama sich nicht zu sehr anstrengt; wird denn nachts gewacht? Wie bist du so nahe bei der Krankenstube, da kannst Du auch zuweilen pflegend eintreten.

Mittwochmorgen. Ich sitze eben vor dem Hause im Hof. Es ist wieder ein herrlicher Tag. Friedie spielt um mich herum und frägt mich eben, was ich mache. Die Antwort lautet: Ich schreibe an Onkelchen Viebahn; er ist an den eben gemachten Flecken schuld, verzeih also.

Es war sehr lieb von Deiner Mama, daß sie Dich hätte hierlassen wollen, ich glaube aber doch auch, es war besser so. Ich meine, Du müßtest jetzt auch bleiben, bis die Krankheit ganz gewichen ist. Von meinen lieben Eltern habe ich noch nichts gehört, ich hoffe, es kommt bald ein Brief.

A Dieu, mein lieber und innig geliebter Georg. Ihm befehle ich Dich, Er gebe uns immer wachsende Gemeinschaft mit Ihm und zusammen in Ihm.

In treuer Liebe
Deine Braut Christine

Oppeln, den 16. August 1871
Mittags

Wie sollt ich nun nicht voller Freuden
In Deinem steten Lobe stehn?
Wie sollt ich auch im tiefsten Leiden
Nicht triumphierend einhergehn?
Und fiele auch der Himmel ein,
So will ich doch nicht traurig sein.

Ich will von Deiner Güte singen,
Solange sich die Zunge regt,
Ich will Dir Freudenopfer bringen,
Solange sich mein Herz bewegt.
Ja, wenn mein Mund wird kraftlos sein,
So stimm ich noch mit Seufzen ein.

Das ist aus dem Liede: O daß ich tausend Zungen hätte, das ist schon 200 Jahre alt.

Meine liebe, vom Herrn mir geschenkte, meine in Jesu innig geliebte Christine!

Der Herr schenke uns in Seiner Gnade recht fröhliche, lobende Herzen! Wir wollen es mit Seiner Hilfe so halten unser Leben lang, daß, wenn uns etwas Schweres vom Herrn auferlegt wird, wir immer zuerst ein Loblied singen, in den guten Tagen und Stunden werden wir ja hoffentlich das Loben und Danken nicht vergessen. Heute ist aber nichts Schweres uns auferlegt, sondern lauter Segen, daß wir uns unaufhörlich freuen sollen, der Herr lehre es mich recht.

Papa geht es heute morgen anscheinend nicht ganz so gut wie gestern, doch meinte der Arzt, daß doch im ganzen die Besserung anhalte und daß das Schwerste überwunden sei.

Vorhin kam Dein lieber Brief, habe Dank dafür. Er ist mir ein so werthes Zeichen Deiner Liebe, daß ich lange über Deine Worte nachgedacht habe: daß Du eigentlich an diesem Tage nicht hattest schreiben wollen. Ich denke mir nun, daß mein lieb Christinchen es für ihre Pflicht gehalten vor unserm Herrn, nur so viel zu schreiben, als eben Arbeit und Gebet die Zeit gestattete, und daß es eine schlechte Liebe wäre, wenn man die geringste Pflicht versäumte, um statt dessen zu schreiben.

Ich meine auch, daß alle äußeren Liebeszeichen, die wir uns scheinbar gegenseitig entziehen, um dem Herrn ausschließlich anzugehören und Ihm zu dienen, daß alle diese scheinbaren kleinen Opfer der Herr uns tausendfältig wieder erstatten wird. Schreibe oder sage mir aber ganz genau, was Du hierüber denkst, und wenn es dem Herrn gefällt, so schreibe mir, wenn wir getrennt sind, stets soviel Du kannst. In der Zeit unsres Brautstandes bedürfen wir dessen auch noch besonders, um uns gegenseitig noch mehr kennenzulernen.

Da ich hoffe, am Freitag noch abreisen zu können, so schreibe ich zunächst nach Ankunft dieses Briefes nicht mehr, es sei denn, daß ich schriftlich oder telegraphisch Dich wissen lasse, daß ich noch nicht reisen darf. Ich will aber den Herrn herzlich bitten, daß Er uns bald ein frohes Wiedersehen schenkt, denn ich habe große Sehnsucht nach Dir; doch weiß ich, daß wir immer vereint sind bei Jesu, wenn wir uns auch nicht sehen. Wie köstlich ist es, daß wir *auf ewig* ungeschieden sind, weil wir in Jesu vereint sind. Ja, wenn es Gottes Wille wäre, daß wir uns auf dieser Erde nicht mehr wiedersehen sollten, dennoch bliebe unsere Liebe in Christo unwandelbar, denn sie ist auf Ihn gegründet, aus Ihm geflossen, von Ihm geschenkt, deshalb muß sie ewig sein. Unter Seiner Gnade wird die Blume dieser Liebe täglich wachsen; ich dachte noch gestern daran, wie lieb wir uns wohl haben werden, wenn wir, falls es des Herrn Wille ist, alt geworden sind.

Mit der Einteilung unsrer Capitel zum täglichen Lesen (heute Offenbarung 4) bin ich einverstanden. Ich bete auch vor dem Lesen in der Schrift; wenn der Herr nicht Herz und Ohren auftut, so verstehen wir es nicht recht, oder wir empfangen nur einen kleinen Teil von dem Segen, der eigentlich da für uns gespendet ist. Doch ist es mir wohl zuweilen begegnet, daß ich das Beten vor dem Lesen versäumt habe, darum danke ich Dir, daß Du mich erinnerst, noch besonders darauf zu achten.

Daß Du in der Küche fleißig bist, freut mich, Du mußt natürlich alles lernen, doch bitte ich Dich, daß Du ja nicht Deine Gesundheit angreifst. Wir wollen den Herrn bitten, daß Er bald Deinen Husten wegnehme, doch mußt Du auch dementsprechend leben.

Ich für meine Person habe nicht viel Sinn für Essen und Trinken, aber ich mag es sehr gern, wenn alles im Hause sehr gut und nett ist und wenn wir selbst und unsere Gäste es bei uns behaglich finden. Ich glaube, daß in diesen Dingen meine Mutter eine ausgezeichnete Lehrmeisterin ist, da kannst Du später, wenn wir einmal zusammen bei meinen Eltern sind, immer noch weiter studieren.

Daß Du meinen Namen nicht gut aussprechen kannst, kann ich mir gar nicht denken, obwohl ich allerdings immer vergebens darauf gewartet habe, wann Du es zum ersten Mal sagen würdest.

Nun laß mich nur in allen Stücken recht tief in Dein liebes Herz hineinsehen, wie ich Dir auch das meinige mit des Herrn Hilfe ganz aufschließen möchte.

Der Herr aber ist unsere Liebe, unsere Stärke, unsere Treue, unser Fels und unsere Hoffnung. In Seine Hände befehle ich Dich.

Dein Bräutigam
Georg von Viebahn

N.S. Papa schläft viel, das Fieber hat wieder nachgelassen. Der Arzt ist befriedigt. Ein Urtheil über den Verlauf des Tages kann man immer erst gegen Abend haben. Nun liegt mir noch eins auf dem Herzen, meine liebe Christine; wir haben uns versprochen, uns alles gegenseitig zu sagen, worin einer den andern wohl anders haben möchte, einander in allen Stücken recht lieb und werth zu sein.

Ich sehe nun an mir so vielerlei, was gewiß anders sein sollte, daß ich ein wenig fürchte, Du könntest mir dies oder jenes verschweigen, wo Du vielleicht einmal nicht angenehm berührt worden bist. Sage es nur immer ganz offen. Ich weiß wohl, daß mich der Herr zu Deinem Herrn gemacht hat[4]), und das ist gewiß ein heiliges Amt, aber das schließt doch nicht aus, daß Du an mir viele Mängel und Schwächen siehst, die wir mit des Herrn Hilfe überwinden könnten. Vor allem, wenn Du meinst, daß ich Dir hier oder dort ein Zeichen der Liebe schuldig geblieben, sage es erst dem Herrn und dann mir, der Herr wird Dich ja lehren, es mir so zu sagen, wie es Ihm gefällt. Solange wir an Jesus bleiben, brauchst Du ja nicht zu fürchten, daß Du vergessen könntest, daß Er mich zu Deinem Herrn gemacht hat.

Sieh, meine liebe Christine, mir ist bange, daß ich jemals könnte Dir wehethun und wüßte es vielleicht nicht; wir dürfen nicht vergessen, was wir für arme, schwache Sünder sind und daß wir gegen den Satan und seine Geister streiten. Ich weiß wohl, wenn wir nicht so fest in Jesu Händen ruhten, so würde der Satan alles daran setzen, uns auch einander zu entfremden, weil wir unsern Bund im Herrn geschlossen haben, um dadurch Gottes Reich zu bauen. — Wir können selbst uns nicht lieben lehren, der Herr muß es uns lehren. Er thut es, so gewiß Er Jesus Christus heißt.

Dein Georg

„Ich hebe meine Augen auf zu den Bergen, von welchen mir Hülfe kommt, meine Hülfe kommt von dem Herrn, der Himmel und Erde gemacht hat. Er wird deinen Fuß nicht gleiten lassen, und der dich behütet, schläft nicht.

Der Herr behüte dich vor allem Übel,
Er behüte deine Seele!"

Breungeshain, den 17. August 1871

Mein theurer, innig geliebter Georg,
mein mir vom Herrn erwählter Bräutigam.

Den ganzen 121. Psalm bete ich Dir zu und weiß gewiß, daß der treue Herr unsere Stimme nach Seiner Gnade erhören wird. Ich hätte Dir wohl gern diesen Morgen geschrieben, ich suchte mich aber zu überwinden, weil ich Henriette bei einiger nützlicher Beschäftigung behilflich sein konnte und auch wollte und dachte, gegen Abend kann ich dann ruhig schreiben.

Es ist jetzt ein herrlicher Nachmittag, ½6 Uhr ungefähr, ich sitze im großen Zimmer oben mit weit geöffneten Fenstern, die übrigen sind auf einem Spaziergang. Gestern abend um diese Zeit machte ich mit August und den Kindern einen Gang den Hohenrothskopf hinauf bis in den Wald droben. Dort hatten wir einen herrlichen Anblick, alles war entzückend, über jede Beschreibung schön; daneben am Wald stand ein alter Hirt mit seinem Hund, und vor ihm graste eine große Herde. Um uns und namentlich dem kleinen Friedie Spaß zu machen, rief der Hirt auf unsere Bitte die Schäfchen zusammen. Ich mußte wohl an den großen Hirten unsrer Seelen denken, da war es nun rührend schön und für mein oft so unwilliges Herz tief beschämend, wie sie alle im selben Augenblick horchten und ihre lieben Köpfchen alle dem Hirten zuwendeten und nun stille standen, um weiter seine Stimme zu vernehmen. Wie tröstlich ist es zu wissen, wenn wir auch oft untreue Schäfchen sind, daß niemand uns aus Seiner und Seines Vaters Hand reißen kann. Wenn Er nicht so treu wäre und uns festhielte, wir wären schon längst verloren. Legen wir uns immer wieder von neuem in Seine Hand, damit Er uns festhalte!

Innig gefreut habe ich mich über den lieben Gruß Deines, ja unsres lieben Vaters. Wie gut sind sie alle, daß sie mich mit so viel Liebe, so viel Freundlichkeit annehmen wollen zu ihrem Kinde und zu ihrer Schwester. Gott sei Lob und Dank, daß Er bis hierher Genesung verliehen! Er helfe auch morgen und übermorgen, ich werde mit Dir ringen im Gebet. Bleibe doch nur ruhig dort, bis Du sicher wissen kannst, daß die Krankheit ein Ende genommen hat, ich glaube, es ist besser; daß wir nacheinander verlangen, darf nicht dazwischen kommen, deiner lieben Mama wird es auch eine Beruhigung sein, wenn Du noch ein paar Tage bleibst.

Ja, für unsren Bruder Hermann werde ich mit Dir beten, es ist eine schöne, aber ernste Pflicht, die uns auferlegt ist, für die Unsren, die noch nicht des Herrn sind, Fürbitte zu tun. Herr Jesu, mache Du selbst uns treu, und gib uns etwas von Deinem Erbarmen, etwas von Deiner Liebe, damit wir andere lieben, wie Du uns geliebt hast. Amen!

Wie glücklich würde ich sein, wenn ich Deinen lieben Papa recht pflegen könnte, und unser gut Mamachen wird auch der Pflege bedürfen nach diesen Anstrengungen. Unendlich glücklich würden wir alle sein, wenn sie hierher kämen; daß sie sich aber nur nicht zu sehr übereilen, Papa wird doch sehr schwach sein, wenn die Krankheit gebrochen ist.

Mit Deiner guten Beschreibung vom Elternhaus kann ich mir jetzt schon ein gutes Bild machen von den lieben Räumen. Mein guter, lieber Georg, Du kennst mich schon so, Du weißt, ich würde mich fürchten vor den Gesellschaften, von denen Du schreibst! Ja, Du hast es recht verstanden, mir kam allerdings eine kleine Angst, denn ich liebe im ganzen die Gesellschaften nicht, indessen in einem christlichen Hause und geschützt von so vielen Lieben wie den Deinen, namentlich von *einem,* wie Du bist, würde ich mich nicht so sehr fürchten wie in einem ganz weltlichen Kreise.

Wir wollen es so machen, wie Du sagst, und um so mehr beten füreinander, wenn wir uns unsre Liebe weniger sagen können in Briefen. Ich könnte wohl halbe Tage lang und länger täglich schreiben, aber ich halte es für Pflicht, mich viel mit anderen Dingen zu beschäftigen; dazu möchte ich die Brautzeit namentlich dienen lassen, daß ich meine Seele vor allem, aber auch den nothwendigen äußeren Teil zu einer guten Hausfrau von dem Herrn ziehen lasse. Ich habe noch sehr viel zu lernen.

Freitagmorgen. Noch einige Worte will ich hinzufügen, mein innig geliebter Georg. Jeden Morgen, wenn ich mein Losungsbuch aufmache und lese, bin ich tief erfreut; noch kein Tag ist vergangen, ohne daß die Losung *uns* jetzt *insbesondere* was gesagt habe, entweder zur Ermahnung, zur Hülfe oder zum Troste. Wie diesen Morgen wieder will der Herr uns auf Ihn weisen, damit wir alles Sorgen lassen und Ihm das *Ende* übergeben, wo Er selbst den Anfang gemacht hat.

12 Uhr.
Gleich wird der Postbote kommen. Der Herr sei mit Dir und uns allen.

Er lasse Seine Gnade über uns walten!

Deine Braut
Christine

Oppeln, den 17. 8. 1871 nachmittags

Ach ich bin viel zu wenig, zu rühmen Seinen Ruhm!
Der Herr allein ist König, ich eine welke Blum.
Jedoch weil ich gehöre gen Zion in Sein Zelt,
Ist's billig, daß ich mehre Sein Lob vor aller Welt.
Von Paul Gerhardt

Meine vom Herrn mir geschenkte, innig geliebte Christine!

Der Herr segne Dich viel tausendmal, Er hält uns fest, täglich empfinde ich es, daß Er uns in Seinen Jesushänden trägt. Er sei hochgelobt. Früher habe ich das Lied „Lobe den Herrn, o meine Seele" nie so ganz verstanden, es gefiel mir sogar nicht besonders gut, ich wunderte mich fast, daß Papa und Frau von Lettow es so besonders zu lieben schienen. Aber jetzt verstehe ich es und habe es sehr lieb gewonnen.

Diese Blüthen sind hier aus dem Garten, ich habe sie soeben gepflückt und sitze wieder unter den Kastanien. Die liebe Mama hat dies Jahr an ihren Blumen nicht viel Freude, und der Garten ist auch nicht so hübsch wie sonst, da sie sich zu wenig darum kümmern kann.

Und nun viel herzlichen Dank für Deinen Brief aus Schotten, der gestern abend schon kam, so daß ich gestern zwei Briefe hatte; dieser hat mich aber so besonders froh gemacht. Wegen der Frage, ob alle Tage schreiben oder nicht, müssen wir uns noch aussprechen, wenn ich wieder bei Dir bin.

Es scheint, als ob Du noch keine Antwort aus Amsterdam hättest. Hier ist auch noch kein Brief von den Eltern gekommen.

Nun komme ich zur letzten Seite Deines lieben Briefes, meine theure Christine, wo Du schreibst, Du könntest vielleicht später mir einmal böse sein oder ein unfreundliches Wort sagen. Meine innig geliebte Christine, ich gestehe Dir offen, ich glaube es Dir nicht. Wenn wir auf uns selbst vertrauten oder auf unsere natürliche Liebe, dann würde ich das auch fürchten, ich würde mit Bangen und Sorgen in die Zukunft sehen. Nun aber haben wir arme, sündige Kinder uns ganz in Jesu Hände gelegt. Er ist unsre Liebe, Er überwindet unser Herz, Er bricht auch unsern eigenen Willen. Darum haben wir Ihn ja von Anfang an gebeten.

Ich komme mir fast anmaßend vor, wenn ich meine, wir sollten einer Gefahr nicht unterliegen, in der so viele gute Christen nicht bestehen. Aber dennoch maße ich Dir und mir damit ja nicht eine Kraft oder Treue oder Demuth oder Sanftmuth an, sondern nur auf des Herrn Jesu immerwährendes Nahesein hoffe ich, daß Er uns bewahrt, Er wird es auch in Gnaden thun.

Es wird Dir wohl zuweilen im Leben schwer werden, Dich meinem Willen zu fügen, aber Du dienst ja darin nicht mir, sondern dem Herrn. Der wird schon helfen. Halten wir das nur fest, *unsere Liebe muß durch des Herrn Gnade immer wachsen.* Der wird es schon geben, wenn wir täglich darum bitten. Deshalb glaube ich um so weniger, daß Du mir später einmal ein unfreundliches Wort sagen kannst, weil Du es ja heute schon nicht kannst. Wenn Du das hättest thun wollen, hättest Du es gleich am ersten Tag thun müssen,wo wir uns sahen, jetzt wirst Du es nicht mehr zustande bekommen, aber nicht weil Du Du und ich ich bin, sondern weil Jesus Jesus ist. Was ich Dir am ersten Tage gesagt, das wollen wir uns immer wiederholen: Wenn Du auf mein natürliches Herz trauen wolltest oder wenn ich auf das Deine trauen wollte, so hätte unsere Liebe keine Dauer; ich wäre wegen meines unbeständigen Herzens schon jetzt in den ersten acht Tagen in fortwährender Angst gewesen, ob ich Dich auch noch lieb hätte. Nun aber haben wir das Haus unserer Liebe auf den Felsen Jesus Christus erbaut. Sein Name sei hochgelobt!

Heute sind wir acht Tage verlobt, meine liebe, liebe Christine, wie ist die Woche schnell vergangen, und doch schien sie mir oft lang, seit ich fort von Dir bin. Papa ging es heute morgen sehr gut, er war fast fieberfrei, und der Arzt, welcher eine Lungen-Entzündung als gewöhnliche Nachkrankheit des Thyphus fürchtet — es ist aber bisher noch kein Grund zu solcher Besorgnis —, ordnete an, daß Papa heute nachmittag ein wenig im Sessel sitzen sollte, um das Blut aus der Brust mehr in Cirkulation zu bringen. Ich schreibe Dir hernach noch ein paar Worte, wie es Papa bekommen ist und wie er sich heute abend befindet.

Ich glaube jetzt nicht mehr, daß ich am Freitagabend abreisen kann, hoffe aber noch auf *Sonntag*abend, so daß ich, wenn ich nicht anders schreibe, am Montagnachmittag in Nidda um 5 Uhr 35 M. ankommen könnte. Doch hängt ja alles von der Gnade und dem Erbarmen des Herrn ab. Wir müßten ja auch dann in demüthigem Danke vor Ihm liegen, wenn Er mich noch bis zum Ende meines Urlaubes hier bleiben hieße. Was Er will, wollen wir auch. Der 30. August ist mein letzter Urlaubstag, am 31. früh muß ich wieder in Wiesbaden im Dienste sein.

Mein innig geliebtes Christinchen, sei herzlich gegrüßt von

Deinem Bräutigam
Georg von Viebahn

Oppeln, den 18. 8. 1871

Laß unser Haus gegründet sein
auf Deine Gnade ganz allein und Deine große Güte.
Auch laß uns in der Nächte Graun
auf Deine treue Hilfe schaun mit kindlichem Gemüthe.
Selig, fröhlich, selbst mit Schmerzen in dem Herzen
Dir uns lassen und dann in Geduld uns fassen.

Und endlich flehn wir allermeist,
daß in dem Haus kein andrer Geist als nur Dein Geist regiere.

Der ist's, der alles wohl bestellt,
der gute Zucht und Ordnung hält, der alles liebreich ziere.
Sende, spende Ihn uns allen, bis wir wallen
heim und oben Dich in Deinem Hause loben!

Von Spitta

Meine vom Herrn mir geschenkte, innig geliebte Christine!

Heute morgen, als ich zum Kaffee kam, fand ich Deinen lieben Brief vom Mittwoch früh. Habe Dank dafür. Der Herr wolle alle unsere Briefe gesegnet sein lassen, wir wollen sie immer mit Gebet schreiben, mit Dank empfangen, mit Gebet lesen.

Ich antworte sogleich, damit mit dem Mittagszuge dieser Brief abgehe. Da Du in betreff der Ringe mir alles überläßt, so will ich also den andern Ring auch hier machen lassen, genau ebenso wie den für Dich, und Du sollst ihn mir dann schenken. Ich nehme nun Dein Anerbieten, daß wir die Ringe mit dem Steinchen tragen, an und war vorhin bei dem Goldschmied. Die Ringe sind ganz einfach, und ich bin gewiß, daß sie Dir gefallen werden. Ich mag auch in diesen Dingen die größte Einfachheit am liebsten. Ich habe nun in beide Ringe das gleiche hineingravieren lassen.

Papa war gestern abend so gut wie noch nie, heute morgen anscheinend etwas weniger gut, doch sitzt er eben wieder ½ Stunde im Sessel. Heute ist wohl der wichtigste Tag der Krankheit, der Herr ist bei uns.

Dem kleinen Lenchen geht es soeben wieder sehr schlecht. Sie hat schon gelernt, mir aus der Brusttasche das Lederfutteral mit Deinem Bild herauszuziehen und dasselbe aufzumachen, sie freute sich vorhin sehr über die Tante Christine.

Ich las eine schöne Predigt von Ahlfeld über das Üben der Barmherzigkeit in einem christlichen Hause. Der Herr muß es uns lehren, daß wir an unsern armen Brüdern und Schwestern Barmherzigkeit üben. Denke schon immer darüber nach, meine liebe Christine, wie wir darin dem Herrn dienen können. Wir haben doch zu viel Liebe vom Herrn empfangen, als daß wir nicht wieder Liebe üben sollten. Wenn ich so stille vor dem Herrn bin und über

Seine Güte nachsinne, dann möchte ich in Freuden weinen über das, was Er an mir gethan. Wie oft Er mich wunderbar errettet und wie Er mich besonders wunderbar gesund gemacht hat, als ich jetzt aus Frankreich zurückkam, hätte ich Dir eigentlich bei unsrer Verlobung erzählen müssen, denn ich hatte es von dem Herrn als ein besonderes Gnadenzeichen dafür erbeten, daß unser Bund wirklich Sein Wille sei.

In meinem Beruf wird ein besonderer Segen für unsere Liebe liegen, wir werden stets doppelte Veranlassung haben, uns zu sagen, wir wissen nicht, wie lange wir einander hier unten angehören, das wird uns noch inniger in *die* Liebe treiben, die alles trägt und duldet, 1. Kor. 13, 4–7, laß uns das mit viel Gebet, aber auch mit viel Lob und Dank lesen. Mein Beruf wird Dir auch manche Opfer auferlegen, aber wenn mein Christinchen meinen irdischen König ihren König nennen wird, so wird sie auch gern etwas für ihn tragen. Wir Soldaten haben sehr viel zu thun und müssen sehr fleißig sein, das sind wir unserm Könige und Vaterlande schuldig. Da wird dann manchen Tag mein lieb Christinchen bis zum Abend allein sein mit ihrem Heiland; und vielleicht wird's ihr auch einmal schwer, wenn ich sie allein lassen muß, weil meine Pflicht ist, auch zuweilen außer dem Dienste mit meinen Kameraden zusammenzusein. Aber dann mußt Du daran denken, daß die Kameraden auch nachher in Noth und Gefahr mit mir zusammenstehn; da muß man sich schon im Frieden kennen und liebhaben lernen.

Du meinst, es könnte Dir wohl manchmal schwer werden, Deine Wünsche ganz offen zu sagen, wir werden es aber hoffentlich alle beide immer besser lernen, wir wollen nur immer daran denken, daß wir durch des Herrn Gnade in den kleinsten Dingen ganz aufrichtig gegeneinander sein müssen, mag die Sache, um die es sich handelt, noch so unwichtig scheinen. Z.B. wenn ich Dir einmal irgendwelche Kleinigkeit schenkte und Du fändest es nicht hübsch oder freutest Dich nicht darüber, so müßtest Du es ganz offen sagen; und ich meine, der Heiland wird mich lehren, in Deiner Aufrichtigkeit die tiefste Liebe zu erkennen und mich darüber zu freuen.

Du schreibst, ob Du einmal hierher kommen dürftest zu meinen Eltern; das wäre mein dringender Wunsch, und für meine Eltern die größte Freude, zumal dieselben, wenn meine Schwester wieder zu ihrem Mann geht, ganz allein sind. Aber ich habe mir gedacht, daß der liebe Herr es so fügen würde, daß unser Brautstand nicht gar zu lange dauern würde. Und dann würdest Du doch gewiß wegen der Ausstattung sehr viel zu thun haben. D.h. ich weiß von unsern lieben Eltern in Amsterdam, daß darin die Sitten bei Euch anders sind und daß nach holländischer Sitte der Mann die Ausstattung beschafft. Aber wie ist es mit Wäsche, Tisch- und Bettzeug und allen diesen Dingen, die so viel Mühe und Zeit kosten; wir müssen uns das alles erst stille untereinander besprechen und dann die Eltern fragen. Gestattet es die Zeit, daß Du im Herbst oder Winter hierher kommst, so wäre es wunderhübsch.

Wenn mein Papa noch längere Zeit braucht, bis er reisefähig wird, so fürchte ich allerdings, daß es auf dem Vogelsberg zu rauh wird. Doch darum wollen wir jetzt nicht sorgen, der Herr muß erst Genesung schenken. Wie es heute steht, so hoffe ich, daß uns der Herr am Montagabend ein Wiedersehn voll Lob und Dank beschert.

Doch wie Er will. Ich erbitte herzlich von Ihm eine baldige Antwort aus Amsterdam, deren Ausbleiben ich mir nicht erklären kann.

Der Herr sei mit Dir und segne Dich.

Dein Bräutigam
Georg von Viebahn

Oppeln, den 19. 8. 1871

Laß uns den Herrn loben, der so gnädig und barmherzig ist, der uns auf so wunderbaren Wegen führt. Papa ist heute ganz auffallend wohl, die Ärzte halten augenblicklich die Krisis für *glücklich* überstanden und warten nur den Nachmittag zur Bestätigung dieser Ansicht ab. So darf ich also hoffen, daß uns der Herr am Montagabend wieder vereint, wie werden wir Ihm danken. Möchte es Seiner Gnade gefallen, auch das Schwere mir noch abzunehmen, was Er durch das Ausbleiben der Antwort der Eltern aus Amsterdam mir bis zur Stunde noch auferlegt hat. Wenn ich nicht wüßte, daß wir in Ihm ruhen, daß Er uns vereint hat, so würde ich sehr beunruhigt sein, weil ich nach dem, was die Eltern mit mir besprochen hatten, mir das Ausbleiben der Antwort so gar nicht erklären kann.

Heute habe ich von meinem lieben Christinchen keinen Brief, aber das schadet nichts, da freue ich mich über den gestrigen mit aller seiner Liebe noch einmal und lerne dabei gleichzeitig noch ein wenig Geduld, was mir sehr heilsam ist. Wie der Herr es darauf abgesehen hat, mich Geduld zu lehren, kann ich beinah mein ganzes Leben hindurch nachrechnen. Ich bin aber leider ein sehr ungelehriger Schüler.

Papa frug heute morgen nach Dir und freute sich in dem Gedanken, nach Breungeshain zu gehen. Er war heute morgen so klar und ruhig wie noch nie während der Krankheit, er frug Mama, ob sie glaube, daß er wieder gesund werden würde, ob er auch ein unfreundlicher, ungeduldiger Kranker gewesen sei.

Heute lesen wir das 7. Kapitel von unsrer dereinstigen Herrlichkeit, von unserem Erscheinen vor unserem Herrn, ach, wir armen Erdenwürmer denken immer viel zu wenig an die selige Zukunft, die uns bevorsteht. Es steht geschrieben, daß kein Auge gesehn und kein Ohr gehört hat, was Gott bereitet hat denen, die Ihn lieben. Also alle selige Freude, alle Worte der Liebe, alles Liebliche dieser unsrer seligen Brauttage, das ist alles nichts gegen die Freude, die uns erwartet. Wir wollen uns mit des Herrn Hülfe immer gegenseitig erinnern, die Augen nach der zukünftigen Herrlichkeit hinzurichten.

Der Brief soll sogleich auf die Eisenbahn. Der Herr segne und behüte Dich. Er halte uns fest!

Es grüßt Dich in herzlicher Liebe

Dein Bräutigam Georg von Viebahn

Grüße August und Henriette und meinen guten Friedie, der so gut bei Deinen Eltern für mich gesprochen hat, und Sophiechen und die Groma.

Oppeln, den 21. August 1871 vormittags 11 Uhr

Meine theure, liebe Christine, meine vom Herrn Jesus Christus mir geschenkte Braut,

laß uns nicht müde werden, immer und immer wieder uns bewußt zu werden, daß der König aller Könige, unser großer Herr selbst unsere Herzen und Hände zusammengefügt hat zu einem ewigen, unvergänglichen Bunde, daß Er selbst uns dazu Liebe und Treue schenkt, daß Er uns alles sein will, weil wir selbst nichts sind.

Der Herr bewahre uns vor der großen Sünde, jemals Seinen heiligen Namen gedankenlos zu schreiben oder zu nennen oder von den heiligen Dingen des Himmelreichs und unseres eigenen Seelenheiles zu reden, um davon zu reden; meine liebe Schwester hat mich gestern vor diesen Gefahren bange gemacht. Aber solange wir Mund oder Feder übergehen lassen von dem, dessen das Herz voll ist, solange wir auch im Reden und Schreiben dem Herrn dienen, so lange dürfen und sollen wir mit Freuden von dem reden, was ja unsres Lebens Leben, unsere Kraft, unser einiger Grund und Fels ist. Aber wir wollen recht wachen, daß ja nichts unter uns eine tote Form werde, sondern alles Leben, Liebe, Kraft in Jesu Christo. (Offenbarung 3, 1)

Papa wurde gestern nachmittag wieder kränker, das Fieber nahm sehr zu, er hustete, sprach sehr heiser und spuckte Blut aus. Die Ärzte schoben dies auf eine Affektion der Lunge und sahen die Sache sehr ernst an, indem sie die Affektion für den Anfang der Lungen-Entzündung hielten. Die zweite Hälfte der Nacht war verhältnismäßig gut, das Fieber nahm gegen Morgen etwas ab. Heute morgen erwies sich bei genauer Untersuchung die Lunge unbeschädigt. Papa, der gestern abend etwas unklar war und zuweilen etwas phantasierte, ist heute ganz klar. Die Ärzte waren heute morgen geneigt, das Ganze mehr für einen Abschluß der

Krisis als für einen Rückfall anzusehen, doch kommt es wohl noch auf den Verlauf des Tages an.

Ich war aber gestern, als der Herr dies Unerwartete schickte, ein sehr untreuer, kalter Christ und Bräutigam; das will ich dem Herrn und Dir, mein liebes Christinchen, bekennen; denn statt dem Herrn zu danken, wurde mein Herz kalt. Ich dachte mehrfach, nun wird es also doch des Herrn Wille sein, daß Papa stirbt, und rang so wenig im Gebet, es war, als könnte ich den Herrn Jesus gar nicht finden; ich gab der Trägheit meines Körpers nach, statt zu überwinden. Aber der Herr hat sich doch heute wieder zu mir gewendet und mich fröhlich gemacht in Seiner Gnade.

Wir wissen nicht, was wir thun sollen, sondern unsere Augen sehen nach Dir. Das lehre uns der Herr.

Daß Du, mein liebes Christinchen, an Helene mit „Sie“ geschrieben, war nicht recht, Du nimmst ihr ja damit ein Stück Schwesternliebe, die Du durch Verehrung nicht ersetzen kannst. Auch sind wir hier bei uns gar nicht gewöhnt, zu hören, daß jemand verehrungswürdig sei, weil ja auch meine Mutter und Schwester ganz arme, sündige Menschenkinder mit vielen Schwächen und Fehlern sind. Darf ich Dir das auch so ganz einfach sagen, mein liebes Christinchen? Ich hätte es lieber gesagt als geschrieben, weil Du nun gewiß denkst, Du hättest einen großen Fehler gemacht, und ist doch nur eine ganz unwesentliche Sache; doch ist es besser, es auszusprechen. Wenn Du das nun gelesen hast, so mußt Du gleich dem Herrn sagen, daß Du das gerne von mir annimmst, und dann mußt Du mich so freundlich ansehen, als ob ich bei Dir säße. Siehst Du auch wohl, daß ich eigentlich noch keinen Muth habe, Dir so etwas zu sagen; das kommt aber daher, weil ich noch nicht weiß, wie schwer oder wie leicht es Dir wird, Dich auf ein Versehen aufmerkam machen zu lassen.

Laß uns, meine innig geliebte Christine, täglich und stündlich unser Leben in die Hände des Herrn legen und beten, daß Er es uns nicht mehr ertragen lasse, Ihn nicht bei uns zu fühlen.

Er segne Dich und behüte Dich.

Dein Bräutigam Georg von Viebahn

Breungeshain, den 21. August
Montagmorgen, halb elf Uhr

Mein innig geliebter Georg.
Gott unser Herr sei bei uns allen mit Seiner Gnade; Er helfe uns allen!

Eben kommt der Bote mit Deinem Telegramm; ich hatte mich schon seit gestern auf solche Nachricht ganz gefaßt gemacht; ich habe es gefühlt, gestern nachmittag schon, oder vielmehr, Er hat es mir wohl sagen wollen. Er thue, was Er gut heißt, und lehre uns, es auch gut zu heißen. Wir wollen immer brünstiger beten.

Diese Zeilen gebe ich dem Boten mit, damit Du baldigst etwas von mir hörst. Aus Amsterdam habe ich gute Briefe, sei deswegen ganz beruhigt. Ich schreibe jetzt gleich Näheres, den folgenden Brief nimmt dann der Postbote in zwei Stunden mit.

Gott sei Euch allen nahe, namentlich dem viel geliebten Papa, möchte der treue Herr ihn uns noch erhalten.

In inniger Fürbitte
Deine Christine

„Ich habe dich je und je geliebt, darum habe Ich dich zu Mir gezogen aus *lauter Liebe!*"
Treuer Heiland, in trüben und in fröhlichen Tagen höre nicht auf, uns zu Dir zu ziehen; schlinge Deine Liebesarme fest um unsre Seelen. Und wenn Du uns jetzt durch Trübsal etwas zu sagen hast, so gib uns genug Liebe zu Dir, um stille zu sein und auf Deine Stimme zu horchen. O Herr, bleibe Du nur bei uns, auch in den bängsten Stunden, und hilf uns, *alles, alle unsere Lieben, uns selbst auch* zu Deinen Füßen zu legen. Amen.

Montagnachmittag

Vor einer halben Stunde schickte ich einen Brief und eine Depesche an Dich ab, jetzt folgt die Fortsetzung des Briefes, weil es eben ruhig ist und ich Zeit habe. Ich sitze wie gewöhnlich, wenn ich

Dir schreibe, auf dem Sofa in unsrem Verlobungszimmer mit offenen Fenstern, so daß ich die volle, frische, irdische Lebensluft einathme. Draußen zu sitzen, dazu ist es mir eben wohl ein wenig zu windig, sonst ist es herrliches Wetter.

Ich weiß gar nicht, wie ich noch fertig werde, Dir alles zu schreiben, was ich möchte; dann denke ich auch fortwährend, wie wird mein lieber Georg, wie werden die Lieben alle gestimmt sein, wenn dieser Brief kommt, und da möchte ich kaum über etwas anderes schreiben als nur über die große Sorge, die wir jetzt auf unsren Herzen tragen und dem Herrn zu übergeben suchen. Und doch habe ich noch so vieles zu beantworten.

Wir wollen immer erst ein Loblied singen, wenn uns Schweres auferlegt wird, hast Du gesagt, mein Georg; das möchte ich auch; das Vollbringen ist aber weniger leicht als das Wollen. Wo der Herr aber das eine gibt, da verleiht Er auch die Kraft zum andern. Wenn die leibliche Stimme dann vielleicht auch nicht kräftig emporsteigen will oder ganz ihren Laut versagt, wird der Herr uns doch helfen, im tiefsten Herzensgrund, auch mit gebrochener Stimme, ein Loblied auszusprechen, wenn es auch nur Hiobs kurze Worte sind; ich bitte den Herrn, daß Er uns sagen lehre: „Der Herr hat gegeben, der Herr hat genommen, der Name des Herrn sei gelobt." Ich weiß wohl, daß es mir nicht so leicht sein wird; erbete Du es für mich, mein Georg. Vielleicht wird es noch schwere Trübsal kosten, bis wir es *ganz* gelernt haben.

Du wünschest, immer tiefer in mein Herz hineinzusehen; dazu hast Du auch das Recht, ich wünsche, daß es Dir eben so offen sei wie dem himmlischen Herrn. Er wird schon helfen dazu und Du auch. Er hat es ja schon gethan! Ich sage es nur, damit Du mit mir danken sollst für Seine Gnade: Ich habe nie mit andern frei beten können, ohne etwas beengt zu sein und mich durch die Gegenwart anderer gestört zu fühlen. Mit Dir aber konnte ich nicht anders als selbst auch beten, ich mußte es thun, der Herr gab mir's ins Herz. Mit Kindern habe ich wohl beten können, nicht mit Großen so gut.

Anderen habe ich auch nie die Geschichte von meinem Leben in England so bis ins kleinste erzählen können, wie der Herr mir half, es Dir gegenüber zu thun. Es war mir auch immer schwer, mit andern über das zu sprechen, was mein Herz im tiefsten Grund bewegte, war es nun Leid oder Freude. Wenn ich auch oft gerne gesprochen hätte mit diesem oder jenem, so brachte ich die Worte nicht über die Lippen; *schreiben,* was mir im Herzen war, konnte ich wohl, Dir aber werde ich wohl alles immer *sagen* können, und wenn Du je meinst, ich hätte was auf dem Herzen, das ich Dir nicht sagte, so fordere es nur heraus; ich glaube aber, daß es mir *leicht* sein wird, Dir *alles* zu sagen.

Auch wenn ich etwas sage oder thue, was Dir nicht lieb ist, mußt Du es mir sagen, ich möchte gerne *alles* für Dich sein, was ein armes Menschenkind durch Gottes Gnade zu sein vermag.

Ich soll *Dir* auch sagen, was ich je in Dir sehen werde; mein innig geliebter Georg, der Herr lehre mich dann, es immer in aller Demuth zu thun. Demuth fehlt mir noch so sehr; erflehe dieselbe für mich.

Du sagst, ich bräuchte nicht zu fürchten, daß ich das je vergessen könnte, daß der Herr Dich zu meinem Herrn gemacht habe; so kann ich weiter gar nichts sagen, als daß der Herr *Dir thue, wie Du geglaubt hast;* dasselbe erwidere ich auch auf die Strophe Deines Briefes, wo Du sagst, Du glaubtest nicht, daß ich Dir je ein unfreundliches Wort sagen könnte: das Unterpfand dazu ist, daß Jesus Jesus ist. Dieser Fels, auf den wir bauen, ist fest genug, und wenn wir von Ihm keinen Augenblick abweichen, sondern fortwährend unter Seiner Liebe Zucht stehen, wird Er die Sünde in uns wohl besiegen. Wenn wir diesen Grund nicht hätten, so dürfte ich auch gar nichts von mir erwarten, jetzt erwarte und glaube ich, daß Er alles in uns vollbringen will.

Vor der Geduld, die ich mit Dir haben werden müßte, wie Du sagst, fürchte ich mich nicht, mein treuer, lieber Georg. Du hättest aber gar nicht ausstreichen müssen, was Du erst geschrieben hattest, daß wir wohl *miteinander* vielleicht Geduld haben müßten. Ich werde nur zu oft Deiner Geduld bedürfen, wie viel unendlich mehr Geduld noch wird unser Herr mit uns haben müssen, legen wir uns nur ganz, wie wir sind, auf Seine Gnade. Es ist ganz richtig, was Du von den kleinen Opfern sagst, die Dein Beruf mir auferlegen wird, die Notwendigkeit derselben verstehe ich sehr gut; ich glaube, ich werde sie mit dem Herrn gerne bringen können; und wenn es zuweilen schwer werden will, so werde ich mich nur tiefer in die Gemeinschaft mit Ihm ziehen lassen, dann kann ich alles überwinden. Den guten Grund (den Du mir so voller Liebe gibst), um gute Kameradschaft zu halten, will ich im Auge behalten.

Deine lieben Freunde von Prittwitz, Burt und alle habe ich auch lieb; ich danke Dir auch noch für alles, was Du über sie schreibst. Deine angefangene Lebensbeschreibung bin ich sehr verlangend zu lesen, später mußt Du sie noch weiter fortsetzen, willst Du?

Unsern lieben Kranken bringen wir aufs neue zu Ihm, *ein Anrühren* Seiner Hand ist genug; da läutet das Abend-Glöckchen... ich habe eben gebetet: „Breit aus die Flügel beide, o Jesu, meine Freude, und nimm Dein Küchlein ein." Der Herr wache bei dem lieben Kranken. Er sei auch bei Dir und bei Euch und uns allen.

Deine Dir im Herrn innig verbundene Braut
Christine

Den 22. August 1871
Morgens

Mein lieber, lieber Georg, eben habe ich den obigen Brief durchgelesen; der Styl ist nicht gerade sehr schön, Du wirst das wohl verzeihen wollen; Du mußt nur die Liebe heraus*lesen* und *fühlen;* Deine Liebe wird schon verstehen, wie ich es meine.

Deine Dich immer mehr liebende Braut
Christine

„Unsere Augen sehen nach Dir!“

„Deine Gnade müsse mein Trost sein, wie Du Deinem Knechte zugesagt hast.“ (Psalm 119, 76)

„Gnade müsse unsrem Herzen leidlich machen alle Schmerzen.“

Mein innig geliebter, theurer Georg!

Es ist mir so leid, daß Du jetzt so lange Zeit nichts von mir hörst, namentlich aber, weil ich vorigen Freitag schon von meiner Mama einen Brief bekam, der zwar von ihr allein geschrieben, indessen doch auch den Segen und die Liebe von meinem Papa uns brachte. Mariechen schrieb mir einen sehr lieben Brief dazu und hat mir seitdem noch zweimal geschrieben und mir in jedem Brief gesagt, wie sehr freudig die Eltern über uns seien, wie liebevoll sie von Dir sprechen.

Mein gut Papachen kenne ich, ich konnte mir das Ausbleiben seines Briefes schon erklären. Erstens war er überhäuft mit Arbeit, so schrieb mir Mama, zweitens kommt er immerhin nicht schnell dazu, daß er sich hinsetzt, um einen Privatbrief zu schreiben, er ist überhaupt etwas phlegmatisch; dann war ihm das Deutsche auch belästigend, er kann in dieser Sprache nicht so sein Herz sprechen lassen wie in der holländischen.

Da hat er sich endlich entschlossen, seinen Brief im Holländischen zu schreiben, eben ist er angekommen, und mein gut Mariechen schreibt dazu, sie wäre fast stolz, daß sie den Brief hätte übersetzen können. Wenn mein gut Papachen holländisch schreiben kann und einmal anfängt, so ist er bald fertig, und weiß er auch, die Liebe recht gut sprechen zu lassen. Du mußt nicht darauf achten, mein Lieberchen, mein Georg, wenn mein Papachen das „von“ jetzt und auch später wegläßt, er hält nicht darauf, später sprechen wir uns darüber.

Wie ich diesen Brief kaum angefangen hatte, kam der Postbote, brachte mir Deine Briefe vom 19., die mir ebenso wie die vom 18., die ich gestern erhielt, so viel Gutes über den Zustand unsres lieben Papas sagen; jetzt habe ich indessen schon die Nachricht von Sonntagabend. Nicht nur Deinetwegen, sondern auch meinetwe-

Henriette Ankersmit
geb. Scheerder

gen würde ich unseren lieben Papa noch so gerne behalten. Der Herr helfe uns, zu jeder Zeit Seinen Namen zu loben und dann Ihm ganz stille zu sein.

Herzlichsten Dank für die lieben Blumen, die herrlichen Lieder! „Ach, daß ich tausend Zungen hätte" war schon lange mein Liebling. Für die wohlthuenden und zahlreichen Briefe, mein guter, lieber, treuer Georg, dem Herrn sei Dank für Seine Liebe, die arme Menschenkinder so reich machen kann, der Dich auch so reich macht. Es ist mir so gut und von so großem Segen, daß Du so ernst alles auffassest und den Dingen so auf den Grund gehst. Ich habe, indem ich das sage, den ganzen Geist Deiner Briefe und einige Punkte besonders im Auge, die ich gehofft hätte, mündlich zu beantworten, jetzt nach und nach schriftlich besprechen werde.

Für die gute Besorgung der Ringe danke ich Dir; ich glaube, auch in solchen Sachen wie Kleidung, Haushalt, Küche sind wir gleicher Wünsche: Alles *einfach,* aber *nett* und *gut,* auch *hübsch.*

In Amsterdam wollten meine Eltern unsere Verlobung veröf-

Jacob Ankersmit

fentlichen, ich glaube aber, sie wollten das thun, wenn sie erst gewiß wüßten, daß wir bald nach Amsterdam kämen. Sie hatten fest gehofft, daß wir noch in dieser Urlaubszeit dort sein könnten. Jetzt aber, wo die Krankheit unsres Vaters anhält, werden sie den Wunsch aufgeben, es geht ja gar nicht mehr.

Schreibe mir einmal, *wann* Du frühestens wieder einen kurzen Urlaub anfragen kannst, auch ob es *wahrscheinlich* ist, daß Dir derselbe *gewährt* wird.

Schreibe mir auch, wie wir es mit den Verlobungskarten oder -anzeigen machen. Wie hast Du sie gern, in welcher Form, das weißt Du am besten. In Holland kennt man die nicht, aber in Deutschland wollen wir die doch herumschicken.

Für August und Henriette sind sie damals in Amsterdam gedruckt; ich bin aber eben hier und kann sie nicht leicht bestellen, ich weiß auch wirklich nicht, ob ich eben nicht in Deine Rechte eingreife, ich bin in diesen Formen noch ganz unerfahren wie ein Kind.

Meine Eltern werden jetzt vielleicht warten wollen, bis sie wissen, wann Du nach Amsterdam kommen kannst. Ich sage vielleicht, weil ich es nicht sicher weiß und weil ich ihnen auch schreiben wollte, daß es doch wohl veröffentlicht werden könnte, wenn Du auch nicht bald kommen kannst; das wäre wenigstens mein Wunsch, ich denke, auch Dein Wunsch. Nur denke ich eben, wenn unser lieber Papa uns jetzt verließe für seine ewige Heimath, würdest Du die Verlobung dann vielleicht lieber noch stille halten, ich wüßte gerne, wie Du darüber denkst.

Ich will erst noch schnell Deine letzten Briefe vom 19. beantworten. Jetzt schreibst Du mir viel, das ist mir ja köstlich und herrlich. Wenn Du später weniger Zeit hast, so mußt Du nie im geringsten fürchten, ich heftete irgend eine Bedeutung daran. Weltliche Liebe könnte da vielleicht im tiefsten Herzensgrund meinen, eine kleine Abkühlung wäre daran schuld, aber wir, die durch die Liebe des Herrn und die Liebe zum Herrn verbunden sind, kennen solche Befürchtungen nicht; was auch geschieht, der Herr wird uns lehren, es uns auch leicht machen, einander immer mehr, ohne irgend einen Zweifel, *in* Ihm selbst zu lieben und nichts zu lieben als *Sein Wesen* in uns, das lasse Er täglich wachsen.

Eben schicke ich ein Telegramm an Dich nach Schotten, damit Dir heute noch die Unsicherheit über die Briefe von Amsterdam genommen werde.

Ich muß jetzt ein Ende machen und kann doch kaum. Gott sei bei Euch und bei uns allen, wir liegen im Staube vor Ihm, wenn es sein möchte, daß Er unsren lieben Papa wieder genesen lasse.

In brünstiger Fürbitte für die Lieben alle in Oppeln, für Dich besonders.

Deine
Christine

Gottes Liebe tröste Euch.

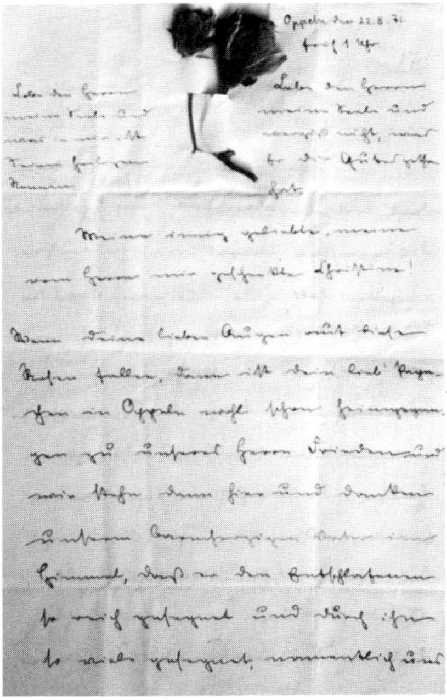

Ausschnitt aus einem Brief des Bräutigams an seine Braut

Oppeln, den 22. 8. 1871 früh 1 Uhr

Lobe den Herrn,
meine Seele, und
was in mir ist,
Seinen heiligen
Namen.

Lobe den Herrn,
meine Seele, und
vergiß nicht, was
Er dir Gutes gethan hat.

Meine innig geliebte, meine
vom Herrn mir geschenkte Christine!

Wenn Deine lieben Augen auf diese Rosen fallen, dann ist Dein lieb Papachen in Oppeln wohl schon heimgegangen zu unseres Herrn Frieden, und wir stehen dann hier und danken unserm barmherzigen Vater im Himmel, daß Er den Entschlafenen so reich gesegnet und durch ihn so viele gesegnet, namentlich uns, seine Kinder.

Seit heute vormittag hat sich herausgestellt, daß bei Papa innere Blutungen infolge der Krankheit eingetreten sind. Die Ärzte meinen nicht, daß er den morgenden Tag überleben werde. Er war heute im Laufe des Tages mehrfach nicht ganz klar, weil Fieber und Schwäche groß waren. Als sich nun heute abend um 11 Uhr herausstellte, daß der Krankheitszustand im Zunehmen ist, hat uns des Herrn Gnade gestattet, Sein heiliges Sakrament mit unserem lieben Papa zu genießen. Er war dabei ganz klar, frug, ob sein Sterben sogleich zu erwarten sei, und begrüßte herzlich den Geistlichen.

Auf einem kleinen Tischchen wurden die Altarkerzen angezündet und die heiligen Geräthe aufgestellt. Mama saß auf Papas Bett und hielt ihn aufrecht, Helene und ich waren neben Papas Bett, die katholische Schwester sah von fern zu. Auf das Sündenbekenntnis antwortete Papa mit einem zweimaligen Ja und nahm den Leib und das Blut des Herrn mit großer Ruhe.

Er legte sich dann wieder auf das Kissen, richtete sich aber selbst zum Schlußgebet und Segen wieder auf und reichte zuletzt dem Pfarrer dankend die Hand, die er alsdann lange in Mamas Hand ruhen ließ.

Meine Brüder habe ich heute nachmittag telegraphisch hergerufen, doch fürchte ich, daß nur noch Hermann seinen Vater lebend antreffen wird, die andern können nicht vor übermorgen früh hier sein.

Die größte Bitte, die ich für meinen lieben Vater heute hatte, war die, daß der Herr ihm ein seliges Ende schenken wolle, wenn Er ihn abriefe; die erhört Er ja nun sichtlich. Bis heute nachmittag glaubte ich noch, der Herr würde ihn uns wiederschenken. Aber es ist ja besser so, wir dürfen für Papa nicht klagen. Er hat seinen Herrn gefunden, er hat im irdischen Leben eine gesegnete Laufbahn zurückgelegt, und der Herr hat durch ihn viel Gutes gethan; er hat den Traum seiner Jugend, die Vereinigung Deutschlands, an der er selbst mitgearbeitet hat und für die er in der Jugend unschuldig gelitten, noch in der Fülle seiner Kraft erleben dürfen, es ist ihm beschert gewesen, mit einem kindlichen, fröhlichen Herzen, mit gesunden Kräften und reichen Geistesgaben seine Jahre zu vollenden, und von seinem Leben dürfen wir sagen, es ist köstlich gewesen, denn es ist Mühe und Arbeit gewesen.

Daß Du seine Tochter werden solltest, ist das letzte freudige Ereignis in der Familie gewesen, das ihn froh bewegt hat. Nun wirst Du ihn wohl erst kennenlernen dort oben im Lichte, wo er verklärt und geheiligt ja noch viel lieber vor uns stehen wird, als er es hier unten ist. Du siehst, mein lieb Christinchen, daß der Herr unsere Gebete und Gelübde in Gnaden angenommen hat, denn Er läßt uns unsern gemeinsamen Lauf im Leiden beginnen. Er wird uns in Seiner Gnade wohl auch von Zeit zu Zeit die irdische Freudensonne scheinen lassen, doch steht geschrieben, daß wir durch viel Trübsal in das Reich Gottes eingehen müssen.

Der Herr mache Dir's recht leicht und erfülle unter dem Kreuz Dein Herz mit Lob und Dank, Er lasse unsere Liebe an Seiner Liebe wachsen von Tag zu Tag.

Sage August herzlichen Dank für seine freundliche Depesche, grüße ihn und Henriette herzlich.

Lebe wohl, mein liebes Herz, meine innig geliebte Braut, Dich küßt

Dein Bräutigam
Georg von Viebahn

Oppeln, den 22. 8. 1871
Abends 7 Uhr

Der Herr sei mit uns!

Papas Zustand schwankt zwischen Hoffnung und hoffnungslos hin und her, indessen die Ärzte halten doch kaum einen günstigen Ausgang der Krankheit für möglich. Wir nun als Christen wissen zwar, daß dem Herrn alle Dinge möglich sind, doch beugen wir uns Seinem Willen. Vielleicht schiebt aber der Herr Papas Ende einige Tage länger hinaus, als wir bisher glaubten. Schreibe mir, *ganz unter uns,* Deine Antwort auf folgende Frage: Wenn Papa heimginge und ich mit Mama nach Breungeshain käme, würde sie dort bei einem vielleicht zwei- bis dreiwöchigen Aufenthalt nicht zur Last sein, würde auch Henriette darüber *nur* Freude, nicht vielleicht auch Unbequemlichkeiten haben? Doch sprich mit niemand darüber.

Hermann kam heute morgen, Rudolf und Gustav erwarten wir morgen, Eduard übermorgen früh.

Der Herr behüte Dich.

Dich grüßt
Dein Bräutigam
Georg von Viebahn

Breungeshain

„Herr, wie Du willst, und wenn das Herz auch bricht,
Du sollst ihn haben, nein, ich halt ihn nicht.
Ich habe ihn geliebt, Du weißt, wie sehr!
O Herr, mein Gott, ich liebe Dich noch mehr!
Ich weiß es jetzt, daß Du mein Alles bist
Und daß mein Herz auch Dein auf ewig ist.
Nimm *alles* hin — nur Deine Liebe nicht!
Herr, wie Du willst! Und wenn das Herz auch bricht."

Mein mir vom treuen Herrn geschenkter, innig geliebter Georg!

Wie ist auch heute wieder unsre Losung so ernst, als ob sie ganz besonders für uns wäre. Erst ruft der Herr uns Trost zu, wir wollen also getrost sein, was auch komme, der Herr helfe uns, ja Er wird es sicher thun.

„Soll Einer ziehn — geleite ihn", so bitte ich brünstiglich. Ich weiß ja nicht, ob unser lieber Vater nicht eben diese besondere Begleitung des treuen Hirten bedarf; schmerzt es Dich, mein Georg, wenn ich so schreibe, ich hoffe nicht; ich kann nicht schweigen, wie es mir im Herzen ist; Deine zweite Depesche war auf alles vorbereitend.

Gott hilft mir und wird mir weiter helfen; ich bin auf die schwerste Nachricht gefaßt, ich werde mich nicht erschrecken oder mich dem Schmerze hingeben, ich werde Ihn fortwährend bitten, uns zu helfen, daß wir Ihn loben können, auch wenn Er das große Opfer fordert. Er lehre dann uns alle, unsre liebe Mama, unsre Schwester und Brüder, Dich, mein theurer Georg, und auch mich, ohne Rückhalt mit der Überschrift dieses Briefes einzustimmen.

Nun will ich, soweit ich kann, Deinen Brief beantworten. Erst sage ich Dir noch kurz, daß meine Eltern in Amsterdam unsere Verlobung veröffentlicht haben; werdet Ihr es aber bei Euch jetzt thun können? Alle derartigen Sachen lassen sich in diesen Tagen so schwer behandeln. Dieser Brief findet Dich vielleicht in tiefem Schmerz, mein so sehr geliebter Georg. Willst Du dann auch unsere Verlobungskarten in Oppeln machen lassen und mir schon vorläufig etwa 30 derselben schicken, d.h. nämlich, wenn Du überhaupt imstande bist, Dich um diese Sachen zu bekümmern, wenn dieser Brief ankommt.

Du fragst mich, ob ich hätte loben und danken können, wie Deine Depesche kam. Ich will Dir sagen, was ich fühlte: Ich wünschte und wollte loben, ich glaubte auch, ich könnte es thun; aber ich fürchtete mich, daß mein Herz am Ende doch vielleicht im tiefsten Grund nicht von so ganz reinem Lob erfüllt wäre, da war ich lieber stille und bat den Herrn inständigst, es uns jetzt zu lehren, mir besonders darin zu helfen. Dich hat Er es vielleicht schon gelehrt.

Eben kommt der Postbote, der will nicht warten, so muß ich diese Zeilen gerade so fortschicken.

Gott mit Dir
Deine treue Christine

Oppeln, den 23. 8. 1871 morgens ½8 Uhr

Meine innig geliebte Christine!

Nach einer Nacht, in der wir fast unausgesetzt an Papas Bett verblieben sind, weil wir seit gestern abend sein Ende erwarteten, sendet der Herr neue Hoffnung, da die inneren Blutungen zu einem Stillstand gekommen zu sein scheinen und der Kräftezustand über Erwarten günstig ist.

Ich habe gestern eine Verlängerung meines Urlaubs bis zum 6. September inclusiv beantragt und zweifle nicht an der Genehmigung.

Dein lieber Brief, den Du am Montagvormittag dem Telegraphenboten mitgegeben hast, kam gestern abend, habe Dank dafür. Zu telegraphieren gedenke ich Dir nicht mehr, nur wenn Papa heimgerufen werden sollte, werde ich es thun.

So mußt Du nun, mein liebes Herz, mit uns tragen, aber, nicht wahr, Du beklagst es nicht, daß Deine Brautzeit so ernst beginnt? Laß uns nur täglich bitten, daß unsere Liebe an der Jesusliebe wachse und wir durch einen starken Glauben an die Gnade in aller unsrer sündigen Schwachheit fröhlich vorwärts schauen.

Dich küßt Dein Bräutigam
Georg von Viebahn

Oppeln, den 23. 8. 1871
Abends 7 Uhr

Seid getrost und unverzagt, alle,
die ihr des Herrn harret.
Der Herr ist nahe allen, die Ihn
anrufen, die Ihn mit Ernst anrufen.

Laß uns vor dem Angesichte unsres Vaters im Himmel in den Staub sinken und Dank stammeln unserm großen, gnädigen Gott, der uns über Bitten und Verstehen segnet. Papa scheint uns erhalten zu werden, wenigstens ist der Verlauf des heutigen Tages so über alles Erwarten günstig, daß uns ganz neue Hoffnung geschenkt ist.

Ich muß diesen Brief sehr beeilen, damit er heute noch abgeht. Habe tausend Dank für alle die guten Nachrichten, die lieben, langersehnten Segensworte der Eltern, den Brief von unserem lieben Mißchen. — Ich habe heute nachmittag zuerst zwei Stunden geschlafen, weil wir ja immer nicht wissen, wieviel Ruhe die Nacht bringt. Mittags kam mein Schwager. Vormittags, nachdem Dein Brief gekommen, war noch ein sehr schlimmer Moment, wo Papa meinte, er sterbe. Er ist noch immer ganz klar und sprach mehrfach von seinem Tode. So sagte er auch gestern abend, als wir um sein Bett standen: Für den Fall, daß ich sterbe, so bleibt allezeit beieinander als einige christliche Geschwister und bedenkt, daß Ihr so Euer zeitliches und ewiges Heil am besten begründet.

Heute vormittag, als er zu sterben meinte, bat er den Vater im Himmel, ihm ein barmherziger Richter zu sein.

Auf alle Anfragen Deines Briefes antworte ich hoffentlich heute abend ausführlich, wenn dieser Brief erst fort ist.

Auch nach Amsterdam gedenke ich noch heute abend zu schreiben.

Mit tausend Grüßen an Euch alle, besonders an meine liebe Christine.

Lebe wohl.

Der Herr trage uns in Geduld, Seine Gnade ist unser Trost.

Dich küßt Dein Bräutigam
Georg von Viebahn

Breungeshain, den 23. August 1871 abends 6 Uhr

Mein lieber, theurer Georg!

Jesu sei über allen Dingen, über *Alles* Deiner und meiner Seelen Bräutigam!

Wie mir mitten in der Nacht die Briefe gebracht wurden, da dachte ich, vielleicht hat der Herr mich in dieser Stunde geweckt, damit ich recht bete mit und für den wahrscheinlich wachenden Lieben in der Krankenstube, und ich war glücklich, daß ich die vielleicht wichtigen Augenblicke nicht verschlafen hatte und nicht nur mit Euch wachen, sondern auch Gottes Hülfe für Euch herabflehen durfte, namentlich für unsre liebe Mama. Ach, Gott gebe ihr Kraft für Seele und Leib!

Die ernste Warnung unsrer lieben Schwester gab mir vieles zu überdenken; ich danke dem Herrn, daß wir treue Herzen haben, die uns warnen wollen. Mir wurde bange, wie ich es gelesen, vielleicht habe ich darin gefehlt. Das kann ich aber aufrichtig sagen, wenn ich fehlte, so war es nicht mit Bewußtsein und ohne es zu wollen. Das erkenne ich wohl. Die Gefahr der toten Form ist sehr naheliegend und groß. Die beste Wacht ist, wenn der Herr selbst, während wir schreiben oder reden, vor uns steht und über uns ist. Im Reden ist, glaube ich, für mich die Gefahr größer noch als im Schreiben. Wenn ich schreibe, kann ich mich ruhiger und völliger vor Ihm prüfen und in Ihm mich sammeln, im Reden habe ich wohl eine Neigung zur Leichtfertigkeit; mache mich nur immer aufmerksam darauf, mein viel geliebter Georg; komme nur immer mit Ernst dazwischen, Du kannst nie zu ernst sein für mich; wir wollen zusammen streben nach rechter Heiligung. Der Herr wird sie uns nicht enthalten, wenn wir ernstlich darum bitten. Offenbarung 3, 1 ist eine unendlich ernste Warnung, o Gott, sei uns gnädig, daß Er das Wort nicht einmal zu uns sagen müsse. Ich habe Ihn gebeten, doch mehr von der göttlichen Traurigkeit über jede Sünde in mir zu wirken, damit ich *wirklich* Leid trage, wenn ich Ihn gekränkt. Unsere Sünde hat Ihn doch viel gekostet. Du hast ganz recht, mein so innig geliebter Georg, daß Du keine Reisepläne mehr machen willst; ich erwarte nicht, Dich noch in dieser Woche hier zu sehen.

Wenn diese Tage besonders schwer sind, was der Herr nur allein weiß, dann glaube ich, mußt Du unsere liebe Mama nicht verlassen, wir müssen ihr ein Opfer bringen.

Donnerstagmorgen

Gestern abend mußte ich aufhören und will jetzt noch einiges hinzufügen.

Mit Sehnsucht erwarte ich Deinen Brief.

Die Beschuldigung, die Du gegen Dich selbst aussprichst, muß ich mir so oft, ja fortwährend machen. Ich mußte meinem Herrn dieser Tage so oft und will Dir jetzt bekennen, daß ich viel zu wenig gebeten und mein Herz oft gar nicht so voller Inbrunst Ihn anflehte, wie ich es thun sollte; ich müßte fortwährend in betender Stimmung sein, und das bin ich leider nicht; aber ich weiß, daß Er die Schuld von mir genommen hat und Euch mehr geben wird, als meine schlechten Bitten für Euch forderten.

In bezug auf das Wörtchen „Sie" an unsere Schwester hast Du gewiß wohl recht, mein treuer und geliebter Georg. Weißt Du, wie es mir war? Wie ich an sie schrieb, fühlte ich, daß, wenn ich sie zuerst sehe von Angesicht zu Angesicht, ich so schüchtern sein werde, daß ich das *„Du"* gar nicht oder, besser gesagt, nur mit Mühe über die Lippen bringen würde. Während ich mir dessen bewußt war, kam es mir gleichsam unwahr vor, im Schreiben nur dreist „Du" zu sagen. Von jetzt ab werde ich es aber doch thun, da wird es auch vielleicht besser gehen, wenn uns der Herr zusammenführt.

Du hättest gar nicht so ängstlich sein müssen, mir den Fehler zu sagen, *mein* Georg, ich habe es gerne von Dir angenommen und danke Dir für Deine Liebe. Ich sage damit nicht, daß ich so demüthig bin, mir immer so still meine Fehler sagen zu lassen; ich bin wohl oft gereizt, nachher aber danke ich es doch dem, der mir die Vorwürfe macht. Nicht daß damit die Gereiztheit des Augenblickes abgebüßt oder ausgewischt sei, o nein, aber ich bitte den Herrn schon lange, *die* Sünde in mir zu besiegen; und ob ich wohl oft noch fehle, dennoch weiß ich gewiß, und Er sagt mir's oft, es *wird* besser: aller Ruhm ist aber Sein.

Damit es Dir aber nicht zu bange werde, mein Georg, bitte hilf mir ringen im Gebet; wenn mir jemand *ruhig* und in Liebe meine Fehler vor Augen stellt, dann bin ich gleich überwunden. Dann ist es auch leicht genug, wirst Du sagen, und das sage ich mit Dir. Der Herr wird mir aber gewiß auch helfen, wenn sich die Liebe nicht so herausfühlen läßt.

Jetzt noch eine Frage: Wenn die Krankheit unsres theuren Vaters anhält und die Gefahr noch nicht vorüber wäre, wird es Dir da nicht sehr schwer sein, Ende dieser Woche nach Wiesbaden abreisen zu müssen; könntest Du nicht wegen Krankheit Deines Vaters um Verlängerung des Urlaubs bitten?

Diese Frage gilt nur Dir und den Lieben in Oppeln, namentlich unserer Mama; *unser* Wiedersehen, wie sehr wir uns auch darnach sehnen, müssen wir wohl jetzt aufgeben, ich habe mich ganz darauf gefaßt gemacht; Gott helfe mir, daß ich doch freudig bin in IHM. Er hat mich in meinem Leben oft lehren wollen, meine Wünsche aufzugeben, jetzt muß und soll ich es immer besser lernen.

Schreibe mir alles ausführlich über unsren geliebten Vater, und sage doch meine herzlichsten Grüße an alle unsre Lieben!

Mein treuer, innig geliebter Georg, für den ich dem Herrn danke und immer mehr danken will, der treue Heiland segne Dich und gebe Dir immer mehr Seinen Frieden. Er lasse Seine Gnadensonne reichlich über Dich leuchten!

Deine Dir durch Jesum innig verbundene
Braut Christine

Oppeln, den 24. August 1871
11 ¾ Uhr vormittags

Du aber, Herr, Gott, bist barmherzig und gnädig,
geduldig und von großer Güte und Treue.
Wende Dich zu mir, sei mir gnädig; stärke
Deinen Knecht mit Deiner Macht und hilf
dem Sohne Deiner Magd. Ps. 86, 15–16

Meine innig geliebte, vom Herrn Jesus geschenkte Christine!

Habe Dank für alle Liebe, für Deine Briefe. Die Zeit ist kostbar, darum alles kurz. Papa wurde in der Nacht wieder recht schlecht, innere Blutungen kamen wieder mit Erbrechen und Beängstigung. Ich holte den Arzt gegen 12 Uhr. Gegen Morgen wurde es besser.

Ich legte mich gegen 5 Uhr und schlief bis ½9 Uhr; um diese Zeit kamen Eduard und Rudolf, beide über Erwarten wohl aussehend, zur Freude meiner Mutter.

Papa schlief wieder mehrere Stunden ruhig, nachher waren wir zusammen bei ihm, er freute sich aller seiner Kinder und gedachte auch an Dich und erzählte dem Arzt, daß ich heirathen wollte. Er war ganz klar, ich bestellte ihm einen Gruß von Frau von Lettow, den er sogleich erwiderte. Er nahm etwas Bouillon mit Ei und Wein und schläft jetzt wieder.

Der Herr thue, wie Er will.

In der Nacht konnte ich nicht mehr schreiben, außer an die Eltern und einen Dienstbrief, doch las ich Deine lieben Briefe mit viel Dank und Gebet noch einmal durch.

Schreibe mir, mein lieb Christinchen, keine Entschuldigung mehr wegen schlechter Schrift oder Styl oder Flecken usw. Ich meine, ein jeder von uns wird auch äußerlich dem andern zu gefallen suchen; wo wir es der Umstände wegen in der Form fehlen lassen, wissen wir dann, daß es nicht aus Nachlässigkeit geschehen ist. Kommt aber einem von uns es vor, daß der andere sich in äußeren Dingen vernachlässige, dann müssen wir es uns offen sagen, denn die äußeren Dinge haben auf uns schwache Menschen viel Einfluß, und es gilt hiervon nach meiner Meinung das Wort des Apostels Philipperbrief 4, 8–9.

Einen Brief an die Eltern in Amsterdam lege ich Dir hier bei, damit Du ihn durchliest, hoffentlich bist Du mit allem einverstanden. Mit der Publikation unsrer Verlobung gedachte ich es so zu halten: in der Zeitung, in der die Offiziere ihre Familienanzeigen einzusetzen pflegen, will ich es veröffentlichen, sobald der Herr meinen Vater gesunder hat werden lassen, — oder, wenn der Herr es will, einige Wochen nach Papas Tode. Gleichzeitig muß ich dann nach unsrer Sitte in besonderen gedruckten Anzeigen es allen meinen näheren Bekannten, den Offizieren meines jetzigen und früheren Regiments, den Freunden meines Elternhauses mitteilen. Dies ist bei uns Sache des Bräutigams; ebenso senden dann bei uns die Eltern der Braut solche Anzeigen an ihre Bekannten.

Letzteres findet nun, wie Du schreibst, in Holland nicht statt; daher würde es wohl am besten sein, wenn Du mir diejenigen Deiner bekannten Familien in Deutschland, an welche Du nicht besonders schreibst, nennst, damit ich denen auch eine von meinen Anzeigen zuschicke. Wir können dies jedenfalls noch besprechen. An meine Vorgesetzten und näheren Freunde habe ich in diesen Tagen geschrieben oder schreibe noch; so daß die, die in besonderen Beziehungen zu mir stehen, schon jetzt in Kenntnis gesetzt werden.

Übrigens hat sich natürlich hier in der Stadt die Nachricht, daß ich bei dem Goldschmied mir Verlobungsringe bestellt habe, sehr schnell verbreitet. Das schadet auch nichts, außer daß sich die lieben Leute den Kopf zerbrechen, wer wohl meine Braut sein könnte. Meine Eltern haben hier sehr viel Liebe, und ich glaube fast, daß man in Oberschlesien überall gut aufgenommen ist, wenn man Viebahn heißt.

Wie sehr liebevoll haben die Eltern mir geschrieben; es ist doch zu schön, daß sie mich so gern als ihren Sohn annehmen; Du brauchst nicht zu fürchten, ich hätte bei dem Ausbleiben der Antwort aus Amsterdam einen unfreundlichen Gedanken gegen die Eltern gehabt, ich hatte nur eine gewisse Besorgnis, daß sie mit mir über irgend etwas nicht zufrieden sein könnten.

Wenn mein Urlaub jetzt bis zum 6. September verlängert wird, so meine ich, daß ich vielleicht Mitte oder Ende Oktober auf zwei bis drei Tage nach Amsterdam kommen kann. Aber es ist dabei auch die Frage, ob wir noch in diesem Jahr werden heirathen können oder im nächsten erst. Ich will darüber aber bei den Eltern nicht eher anfragen, als bis ich mit Dir gesprochen habe.

Schicke mir, wenn möglich, Bilder von den Eltern und Geschwistern allen. Du mußt aber bei den Brüdern und Schwägerinnen genau bezeichnen, wie sie zusammengehören, und die Namen Deiner Brüder, sonst verwechsle ich sie doch, auch schreibe mir auf, welche Brüder in Batavia, welche in Bremen sind.[5]

Nachmittags 3 Uhr

Papa spricht jetzt viel von seinem Tode, er ließ heute durch meinen Schwager eine Verfügung aufsetzen, die meine Mutter zur alleinigen Erbin einsetzte; er wußte wohl, daß das nicht nötig gewesen wäre, indessen that er es wohl mehr, um Mama zu zeigen, daß er alles überlegte. Er freute sich so herzlich über uns alle. Er sagte mittags zu Mama, als sie allein waren, daß sie sich doch sehr über ihre Kinder freuen müßten und daß es wohl schön wäre, wenn sie das Glück noch ein Jahr genießen könnten, doch, wenn es nicht sein sollte, so müßten sie sich darein schicken.

Nachmittags ist Papa sehr viel schwächer geworden, ich weiß nicht, ob wir noch hoffen sollten, Mama glaubt jetzt nicht mehr, daß Papa erhalten bleibt. Doch trägt sie mit stiller Ruhe alles. Wir sind alle in Trübsal fröhlich, freuen uns, daß der Herr dem Papa noch gewährt hat, uns alle gesund um sich zu sehen, daß wir uns aneinander freuen dürfen, daß der Herr unser Haus so reich gesegnet hat, wir klagen nicht und sind je zuweilen auch heiter wie die Kinder, die auch fröhlich am Sterbebette ihrer Eltern spielen.

In Dein liebes Herz willst Du mich hineinsehen lassen, das ist mein größter Reichtum nächst der Gnade des Herrn, Du wirst es mir gewiß nie verschließen, wie es Dich ja schon jetzt der Herr gelehrt hat. Ich habe ja zuweilen mein Herz nicht genug verschlossen, ich bin darin von meinen Geschwistern verschieden. Aber, wenn man älter wird, dann lernt man es besser, nur wenige hineinschauen zu lassen. Die Weisheit des Lebens kommt auch darin vom Herrn Jesus, wir müssen Ihm mit Reden und mit Schweigen dienen. Du aber sollst nach des Herrn Willen mein Herz durchschauen, Du wirst dabei an mir mehr Sünde und Unwürdigkeit finden, als Du vorher gedacht hast, aber ich begehre ja auch nicht, daß Du mich um meinetwillen lieb haben sollst.

Ich wollte Dich aber nach noch etwas fragen. Hast Du, liebe Christine, seit unsrer Verlobung schon Deinen lieben Eltern und besonders Deiner, nein unsrer, Mama gesagt, daß Du und ich uns bemühen wollen, alle schweren Stunden, die Du ihr gemacht, mit doppelter Liebe zu ersetzen und alle Kälte, die Du sie früher hast empfinden lassen, mit der innigsten Liebe aus ihrem Gedächtnis auszuwischen? Hast Du ihr mit offenen Worten gesagt, daß Du die erste Deiner kindlichen Pflichten damals verletzt hast, die Pflicht herzlicher Liebe und *willigen* Gehorsams, und hast Du Dir auch ausdrücklich und besonders die Verzeihung von Mama erbeten? *Ich zweifle nicht,* daß die große Liebe der Eltern zu Dir Dein Herz schon längst dazu getrieben hat, aber ich frage danach, damit wir des Segens, der darin liegt, uns gemeinsam freuen.

Nun lebe wohl, ich will zu Papa und den Geschwistern hinübergehen.

An August und Henriette viel herzliche Grüße. Mich verlangt sehr, Dich bald wiederzusehen, wenn es des Herrn Wille so ist. Unsre Sehnsucht soll aber bei dem Heiland sein. Er ziehe uns zu Sich, er töte unser *eigenes* Wesen und pflanze in uns Sein Bild. Er segne diesen in Schwachheit geschriebenen Brief zu Seiner Ehre. Lebe wohl.

Es küßt Dich
Dein Bräutigam
Georg von Viebahn

Breungeshain, den 25. August 1871
2 Uhr nachmittags

„Darum werden wir nicht müde; sondern ob unser äußerlicher Mensch verweset, so wird doch der innerliche von Tag zu Tag erneuert. Denn unsere Trübsal, die zeitlich und leicht ist, schaffet eine ewige und über alle Maßen wichtige Herrlichkeit."

Mein innig geliebter Georg, mein mir vom Herrn erwählter, lieber Bräutigam.

Vorhin kamen Deine beiden Briefe, die wieder so lieb sind wie alle die vorigen und mich unendlich freudig machten, doch will ich mir nicht zu feste Hoffnung machen, wir können des Herrn Willen nicht ergründen, warten wir nur ab. Was Er uns gibt, wird gut sein.

Jedenfalls thut Er, was Er thut, mit sanftem Schritt; Er weiß es, daß wir Seine Sanftmuth und Geduld brauchen, darum läßt Er dieses Schwanken zwischen Hoffnung und keiner Hoffnung zu. Er hat uns gewiß lehren wollen, zu loben und zu danken, auch wenn Er Opfer fordert; einen kleinen Theil der Aufgabe hat Er uns zu lernen gegeben; erst durfte ich es nicht wagen, gestern aber konnte ich Ihm ein stilles Lob sagen.

O nein, mein herzenslieber und geliebter Georg, ich beklage diesen Trauer-Anfang mit keinem Worte, auch mit keinem Gedanken oder Seufzen, darüber kannst Du ganz ruhig sein, verspreche das dem Herrn, mein Georg, daß keine Zweifel darüber Dich quälen oder im leisesten beunruhigen sollen. Er kann Dir's sagen, daß ich dieser Tage tief empfinde, wie diese Trübsal, grade vom Anfang unsrer Verlobung uns auferlegt, uns zum Segen ist und immer mehr wird; denn es war *uns* (so darf ich gewiß wohl sagen, denn es geht Dir sicher ebenso wie mir), es war uns nütze, gleich vom Anfang an in den tiefsten Ernst des Gebets getrieben zu werden, zu welcher die Krankheit unsres lieben Vaters uns wohl bringen mußte. Wir wissen, ja, ich weiß es aus eigner Erfahrung, wie leicht die ungetrübte Freude uns etwas von dem allerheiligsten Ernst raubt; ich kann nicht ernst genug in das neue Leben unsrer Verbindung eintreten und mich nie genug auf Gott werfen, wenn ich bedenke, welche heilige Aufgabe Er uns gibt und welch hohes Ziel Er uns stellt, grade durch und in diesem Bunde.

Ich möchte mein Auge keinen Augenblick von Ihm abwenden, immer alles aus Seiner Gnade schöpfen: Liebe, Treue, Wahrheit, Kraft zum Kampfe wider die Sünde, Hülfe zur Heiligung, freudiges Wesen. Und doch bin ich Seiner Nähe oft so wenig bewußt und vergesse Ihn und Seine Liebe. Und wenn ich Ihm so untreu bin, da wird mir angst, ich könnte es Dir auch sein, doch nein, ich will mich halten an Seinem Worte: „Meine Kraft ist in den Schwachen mächtig“, ja Er bittet uns sogar: „Laß Dir an Meiner Gnade genügen“, so ist es denn wohl Unglaube, wenn wir bange sind.

Einen sehr lieben Brief brachte mir heute die Post vom lieben Bruder Eduard, ich bitte Dich, ihm so wie auch den anderen Brüdern herzlich zu danken, ich hoffe, ihre Freundlichkeit bald zu erwidern.

Wie lieb mir, die ich jetzt auch zu den „Geschwistern“ gehöre, die Worte des lieben Papas waren, kann ich Dir gar nicht sagen, sie waren auch so schön und herrlich. Und seine Bitte zum Vater droben war so wohlthuend zu hören; wir können glücklich sein, daß unser Vaterchen so ruhig in Gott dieses Leben verlassen kann. Behalte nur alle seine Worte und sage sie mir alle nachher, wenn sie zum Schreiben zu zahlreich sind. Alles, was Du mir von ihm schreibst, lese ich den anderen vor; diesen Mittag bei Tisch waren alle dabei, auch mein Bruder Frits.

Ich hätte Dir gleich von den Briefen meiner Brüder an mich schicken wollen, dachte da aber noch, Du kämst bald. Dann wäre es schöner, wenn wir sie zusammen gelesen hätten. Jetzt will ich einen oder zwei einschließen, die holländischen Briefe meiner Eltern an mich übersetze ich Dir, wenn wir uns wiedersehen. Eben ist ein Mann hier, der den Brief nach Schotten nehmen will, so muß ich eilig schließen.

Die Gnade unsres Herrn Jesu Christi sei mit Dir! Mein geliebter Bräutigam.

Deine Braut
Christine

Oppeln, den 25. 8. 71 abends 6 Uhr

Auf, hinauf zu Deiner Freude,
Meine Seele, Herz und Sinn!
Weg, hinweg mit Deinem Leide,
Hin zu Deinem Jesu hin!
Er ist Dein Schatz,
Jesus ist Dein einzig Leben,
Will die Welt nicht Raum Dir geben,
Bei Ihm ist Platz.

Aus dem 17. Jahrhundert von Johann Kaspar Schade.

Meine vom Herrn mir geschenkte Braut,
meine liebe Christine!

Schon ist der Tag bald zu Ende, und noch ist kein Brief an Dich geschrieben, weil ich zuvor an Frau von Lettow und mehrere andere schrieb, hoffend, daß jetzt noch ruhige Zeit zu diesem Briefe bleibt.

Papa bat sich heute morgen, als ich an seinem Bette saß, Dein Bild von mir aus und betrachtete es lange, er frug auch, ob Du irgend jemand aus unsrer Familie wohl ähnlich sähest. Heute nachmittag ist er weniger frisch als heute morgen, doch waren die Ärzte vorhin mit seinem Befinden zufrieden. Jedoch dürfen wir nicht vergessen, daß die Lebensgefahr gewiß noch mehrere Tage andauert — menschlich geredet —, denn sein Leben ruht ja in Jesu Händen.

Gestern abend wurde ich zu Bette geschickt, da blieben meine Brüder auf. Aber heute abend bleibe ich für die halbe Nacht auf, da bekommt mein lieb Christinchen noch einen Brief.

Das Lied, welches Du über Deinen Brief geschrieben hast, lieb Christinchen, „Herr, wie Du willst, und wenn das Herz auch bricht“, das werden wir lernen müssen, damit wir es können, wenn einer von uns dem andern vorausgeht. Das sind schwere Stunden, das habe ich jetzt gelernt. Aber der Herr hilft auch da wunderbar, weil bei der langen Dauer der Krankheit und der großen Arbeit, die hier wenigstens für meine Mutter mit der Pflege verbunden war, die Natur erstarkt und das Herz ruhig wird. Der Schmerz wird gewissermaßen hinausgeschoben auf die Zeit, wo Zeit dazu sein wird, und das geistige Auge gewöhnt sich, mit ruhiger Klarheit in die große, schwere Trennungsstunde hineinzuschauen, wenn man dieselbe schon so lange erwartet. Darum wird es vielleicht uns leichter, uns in den Willen des Herrn zu fügen.

Du schreibst mir so gewissenhaft, mein liebes Christinchen, daß Du die ersten Zeilen des Briefes von Frau von Gersdorff und den Brief von Mariechen gelesen hast. Du hast recht darin, daß Du es mir sagst. Ich möchte am liebsten Dir sagen, daß Du alle Briefe, die an mich kommen, lesen darfst, selbst aufbrechen, wenn Du es in meiner Abwesenheit für zweckmäßig findest — ausgenommen natürlich alle dienstlichen Briefe und Schriftstücke, die darfst Du nicht lesen —, jedoch muß ich mir diese Frage noch überlegen, ob ich das darf gegenüber denen, die an mich schreiben, und ob Du nicht vielleicht Dir aus irgend welchem Briefe einmal Besorgnisse und Kummer herauslesen könntest, die Dir sonst erspart blieben. Ich will aber prüfen. Alle Briefe an mich, die durch Deine Hände jetzt gehen, kannst Du aber stets lesen.

Daß unsere Verlobung in Amsterdam veröffentlicht worden ist, freut mich sehr. Gewiß werden da viele Deiner Bekannten recht erstaunt gewesen sein, daß Du solchen verwilderten Soldaten heirathen willst. In einigen Tagen hoffe ich, Dir die gewünschten 30 Anzeigen zu schicken.

Nun für jetzt lebe wohl. Es thut mir noth, daß der Herr mich mit Gewalt an Sein Herz zieht, damit nichts mich von Ihm scheide. Hören wir nicht auf zu bitten, daß der Herr uns festhalte und *unsere Inbrunst uns erhalte,* damit wir ja nicht mit unsern Gedanken in die unheilige Alltäglichkeit zurücksinken, in der wir dem Herrn entfremdet werden.

Dich segne und behüte der Herr. Der lasse unsere Liebe wachsen!

Es küßt Dich Dein Bräutigam Georg von Viebahn

Oppeln, den 26. 8. 71 mittags 12 Uhr

Meine liebe Christine, meine liebe Braut, aus Gnaden vom Herrn mir geschenkt, in der ich so reich gesegnet bin, Dich grüße der Herr!

Habe Dank für zwei liebe Briefe, die ich vorhin erhielt und im Garten unter den Kastanien las. Du weißt nun schon, daß es Papa besser geht, wiewohl die Gefahr noch andauert. Ich finde ihn heute weniger gut aussehend als gestern, doch sind vielleicht die Ärzte anderer Ansicht, dieselben müssen sogleich kommen.

Einige Briefe lege ich Dir ein, Du kannst sie alle mit den Glückwünschen, die Du erhältst, zusammen aufheben, da wollen wir den Brief von den Eltern, den ich mitschicke, und von Marie auch dazu thun. Tante Anna, die Dir vorreden will, Du hättest einen vortrefflichen Mann bekommen, ist meine Lieblingstante oder ich ihr Lieblingsneffe, daher kommt ihr verkehrtes Urtheil über mich; sie würde sich sehr freuen, wenn Du ihr ein paar Worte schriebest, ihre Adresse ist: Frau Unterstaatssekretär Anna Bitter, geb. Nauen, Berlin, Lenné Str. No. 2. Sie ist gläubig, jedoch lebt sie in ganz weltlichen Umgebungen und ist daher gewohnt, ihr Christenthum sehr tief zu verschließen, sie läßt es wohl weniger hervortreten, als sie es sollte, und entbehrt deshalb vielleicht manchen Segen. Jedoch trägt sie Dir gewiß ein Herz voll Liebe und Freundlichkeit entgegen, wie Du aus dem Briefe sehen kannst.

Der andere Brief ist vom Vetter Rudel Bitter, das ist Tante Annas 2. Sohn.

Wenn Du an Mama schreibst, so nenne sie jedenfalls *Du,* sie hat Dich ja zuerst so angeredet in ihrem Briefe; sie würde es sonst schmerzlich empfinden, weil sie Dich doch für ihre Tochter ansieht. Wenn ich erst nach Amsterdam komme, so hoffe ich, daß unsere Eltern dort mich auch mit Du anreden werden, und mit Mariechen will ich das gerne jetzt schon thun; frage einmal Henriette, ob ich jetzt Du zu ihr sagen dürfte; sage ihr, ich ließe sie sehr darum bitten.

Sind wohl einige von den Blüthen noch leidlich hübsch bei Dir angekommen? Es wird bald nicht mehr viele geben; magst Du es gern? oder beflecken sie durch ihren Saft die Briefe zu sehr, wenn sie unterwegs gedrückt werden?

Nun komme ich noch mit einer Sache, die mir fast komisch ist, wiewohl sie ja sehr wichtig ist; aber ich weiß, sie hat doch für uns nur eine untergeordnete Bedeutung. Weiß mein lieb Christinchen auch, daß sie einen armen Mann heirathen will? Ich habe es eigentlich vergessen, Dir damals zu sagen, aber das schadet wohl nichts. Wir werden durch Deiner Eltern Güte und durch mein Gehalt und das, was meine Eltern mir geben wollen, soviel haben, daß wir heirathen können. Aber wir werden uns die ersten Jahre einschränken müssen. Ich meine, es ist auch darin ein Segen des Herrn, und unser Vater in dem Himmel ist ja reich genug, uns auch im irdischen Theil so viel zu geben, als uns frommt.

Für jetzt ade. Der Herr schenke uns fröhliche Herzen in Seiner Gnade.

Es küßt Dich Dein Bräutigam
Georg von Viebahn

Oppeln, den 27. 8. 71 mittags 12 Uhr

Als ich vorhin aus der Kirche kam, war Dein Brief angekommen, für den ich Dir herzlich danke; die Rose und die blauen Blumen, von denen ich nicht weiß, ob es wilde Veilchen sind, sind ganz schön angekommen.

Mir ist eingefallen, daß Du einmal zu August sagtest, daß Du die Blumensprache nicht liebst, ich habe das so verstanden, daß Du die weltliche Art nicht liebst, in Blumen sich Dinge zu sagen, die besser ungesagt bleiben, oder die, wo sie wahr sind, besser zur rechten Zeit in rechten Worten gesagt werden sollten. Wenn ich Dich aber recht erkenne, so freust Du Dich, wenn ich Dir in den Blüthen ein Zeichen sende, daß ich Dir gern eine Freude machen möchte und gern den schönsten Schmuck nehmen möchte, um meine Liebe zu schmücken.

Aber Du weißt, mein Christinchen, daß, wenn Du mir schreibst, daß Du anders darüber denkst oder daß Du es besser hältst, das Äußerliche fortzulassen, daß ich mich dann über Deine Liebe, die alles offen sagt, mehr freuen will als über Blumen. Da Du mir aber heute selbst Blumen schickst, so sehe ich nun wohl, daß wir einer Ansicht sind hierin. Es sind vielleicht so viele Worte, für eine so unwichtige Sache zu viel, der Herr wolle dieselben aber dazu segnen, daß wir es recht lernen, jeder dem andern zur Freude zu sein, soviel wir armen, schwachen Menschenkinder vermögen. Ich bitte Dich herzlich — dies fällt mir eben ein —, daß Du nicht etwa darin findest, ich hätte von Dir ein Wort über die Blumen vermißt.

Ich lege Dir ein paar freundliche Zeilen von meinem Regiments-Commandeur ein, er wußte bei deren Absendung meine Verlobung noch nicht.

Papa geht es heute nicht gerade besser, wiewohl die Ärzte nicht unzufrieden sind. Es trat vor einer Stunde ein Erbrechen ein, welches Mama sehr beängstigt, die Ärzte halten es für wenig wichtig.

Über den Brief von Anton habe ich mich sehr gefreut, er scheint ja ganz zufrieden über seinen soldatischen Schwager. Ich will ihm bald schreiben.

Wenn Du eine telegraphische Depesche bekommen solltest, so erschrecke nicht, es kann vielleicht auch etwas Erfreuliches darin stehen, wenn der Herr Papas Gesundheit in Gnaden zunehmen läßt.

Nun lebe wohl, meine Braut, der Herr wird uns in Seiner Gnade gründen. Er segne Dich!

Dein Bräutigam
Georg von Viebahn

Oppeln, den 27. 8. 71
Abends 7 Uhr

„So fern der Morgen ist vom Abend, läßt Er unsere Übertretung von uns sein."

Anscheinend geht es heute mit Papa weniger gut, doch habe ich fast mehr freudiges Vertrauen, daß der Herr ihn uns erhalten wird, als in den vergangenen Tagen, doch wie der Herr will.

Meine Mutter sagte heute, sie hoffe, daß Du es verstehen werdest, mich immer recht heiter zu machen. Sie findet nämlich, ich sei immer zu ernst, was auch mein Bruder Hermann heute an mir tadelte, obwohl ich gerade zu dieser Stunde sehr in Frieden war und den Herrn herzlich gelobt und Seiner Gnade gedankt hatte.

Ich glaube auch, daß ich darin vielfach ein schlechter Jünger des Herrn war, daß ich nicht fröhlich genug war, vielleicht ist die Ursache auch in den langen Jahren zu suchen, wo ich nicht gesund war, doch soll mich das nicht entschuldigen, denn um so fröhlicher muß ich ja sein, nun der Herr mir Gesundheit schenkt. Wir müssen einmal hierüber sprechen, wenn wir wieder vereint sein werden, und dürfen nicht vergessen, daß wir fröhliche Zeugen des Herrn sein müssen, wenn wir die gewinnen wollen, die dem Herrn noch ferner stehen.

In betreff der Briefe glaube ich es am besten so, daß Du diejenigen Briefe an mich öffnest, von denen Du meinst, daß sie etwas Eiliges enthalten, wenn ich nicht da bin, ausgenommen die dienstlichen Briefe. Der Regel nach sollst Du dann alle Briefe mitlesen, die ich erhalte, nur diejenigen nicht, in denen mir etwa von Freunden oder Bekannten Dinge geschrieben werden, die ich verschweigen muß. Schreibe mir, ob Du es so recht findest oder ob Du etwas anderes besser findest.

In bezug auf die Fröhlichkeit wollte ich noch einiges hinzufügen; ich meine: Freude im Heiligen Geist und gottselige Fröhlichkeit sind immer mit Ernst geeint, machen schweigsam in bezug auf weltliche Dinge und Scherze und vorsichtig in den Worten; irdische Fröhlichkeit, aus der Lebenslust des alten Menschen geboren, verführt zu vielen unnützen Worten und Scherzen, die wir nicht sagen würden, wenn der Heiland sichtbar vor uns stände; diese irdische Fröhlichkeit war mir früher meist gegeben, ich will sie nicht mehr, aber ich glaube, hierin liegt der größere Theil dessen, was meine Mutter und mein Bruder von mir gegen früher verändert finden. Dennoch weiß ich wohl, daß Du mir sehr oft wirst sagen müssen: Freuet Euch in dem Herrn allewege, und abermals sage ich, freuet Euch! Und das andere köstliche Wort: Meine Gnade soll nicht von Dir weichen.

Sprich einmal über diese Frage, inwieweit man auch in irdischer Fröhlichkeit den andern zu Willen sein soll, um ihnen zu gefallen, bei Gelegenheit mit August.

Ich meine, wir sind immer darin auf dem rechten Weg, wenn wir sagen dürfen, wir würden ebenso thun und reden, wie wir thun, wenn der Heiland sichtbar vor uns stände.

Nun behüte Dich der treue Herr.

Dich küßt herzlich
Dein Bräutigam Georg von Viebahn

Beigelegter Zettel: 5 ¾ Uhr.
Liebes Christinchen, Papa läßt Dich grüßen und Dir sagen, er freut sich sehr darauf, Dich kennenzulernen. — Doch wird er diese Freude schwerlich hier auf dieser Erde haben. Die Kräfte scheinen allmählich nachzulassen.

Breungeshain, den 27. 8. 71
Abends

Mein innig geliebter Georg, mein sehr theurer, vom Herrn mir geschenkter Bräutigam.

Der liebe Vater im Himmel hat mir Deine beiden lieben Briefe vom 24. und vom 25. vorhin bringen lassen, dafür danke ich Ihm herzlich; wie ich Ihm dankte, mußte ich Ihm noch vielmehr danken für das liebe Herz und die liebe Hand, die zusammen die Briefe geschrieben.

Sehr lieb und theuer sind mir die Beschreibungen von dem, was im Krankenzimmer vorgeht, alle die Worte, die Papa spricht. Wie gut ist es, daß die Brüder alle zu Hause sind, daß Papa und Mama beide diese Freude haben.

Weil ich morgen, bevor der Postbote kommt, wenig Zeit haben werde, schreibe ich Dir heute abend noch und beantworte Deine Briefe, soweit ich kann. Erstens Dank für die lieben Blumen. Das herrliche Lied von Schade „Auf, hinauf" hat mich wirklich hinauf getrieben, das wollen wir uns oft zurufen, denn wir sind so elende, arme Kinder, daß wir oft mehr herunter auf den Staub und die Steine der Welt und der irdischen Wege sehen als hinauf zum Vater und zu Seinem Lichte, wo doch unsre schönste Heimath unser harret.

Über das Lesen Deiner Briefe will ich Dir dieses sagen, daß ich Deine Erlaubnis zum Aufbrechen und Lesen nicht annehmen *darf* noch *will;* ich glaube, Du mußt Dir das Recht vorbehalten, und wenn Du es auch erlaubtest, so würde ich es nicht thun und es nicht zu thun wünschen. (Von Dienstbriefen rede ich jetzt gar nicht, das ist ja selbstverständlich; aus denen sollst Du mir nur das mittheilen, was mich angeht, und wenn es Schweres mitzutheilen gibt, so möchte ich es ja nur aus Deinem Munde erfahren; Gott wird Dir und mir dann helfen.)

Die Briefe, die jetzt zu unsrer Verlobung durch mich an Dich kommen, will ich gerne lesen und nehme also dazu Deine freundliche Erlaubnis an; Du, mein lieber, treuer Georg, wie hat mich der Herr so reich gemacht mit Dir!

Du hast schon gleich angefangen, mir treu zu sein, denn Du hast mir etwas geschrieben, was sehr gut ist. Tue nur immer so, ich werde es Dir nur verdanken; ich denke nämlich an Deine Frage, ob ich die Eltern, namentlich meine liebe Mama, seit unsrer Verlobung um Verzeihung gebeten habe für die vielen schweren Stunden, die ich ihr gemacht, und für den großen Mangel an Liebe, den ich ihr gezeigt. Darauf muß ich „nein" antworten. Wohl habe ich ihnen gesagt, daß ihre große Liebe und das Opfer, was sie mir bringen wollen, indem sie mich fern von ihnen ziehen lassen, mich aufs tiefste beschämt und gerührt hat, weil ich eine solche Liebe nach allem, was ich in meinem vergangenen Leben ihnen angethan habe, gar nicht verdient hätte. Dieses *wenige,* was ich ihnen sagte, haben meine guten Eltern in ihrer Liebe schon als hinreichend angenommen, das weiß ich, und wohl verstanden, was ich ihnen damit sagen wollte; Mariechen schrieb mir, die Eltern hätten sich so sehr über meinen Brief gefreut, Papachens Stimme hätte beim Lesen so gestockt, daß sie, unser Mißchen, den Brief weiter lesen mußte; dieses sage ich nur, um Dir zu zeigen, wie sehr gut und reich an Liebe die Eltern sind.

Ich bin damit nicht gerechtfertigt; ich muß gestehen, seitdem der erste Brief fort war, empfand ich oft das Bedürfnis, noch einmal meine Schuld mehr im einzelnen zu bekennen und sie um Verzeihung zu bitten, ich hatte mir aber bis jetzt nicht klar gemacht, daß es gut wäre, es *jetzt* zu thun, dachte nicht genug darüber und kam also nicht zum Entschluß. Deine Erinnerung nun hat von neuem das Verlangen erweckt und gesteigert, so werde ich es nun, so Gott will und ich möglichst ruhige Zeit finde, morgen noch thun. Gott sei Dank, Er gibt mir dazu das innigste Bedürfnis jetzt, je mehr ich daran denke, so wird es denn auch von Herzen geschehen, nicht etwa nur aus Pflichtbewußtsein. Dir, mein guter, treuer Bräutigam, danke ich aus tiefstem Herzensgrund aufrichtig und dem Herrn, der Dir's ins Herz gab und Dich darin leitete.

Deinen Brief an die Eltern werde ich morgen abschicken und bin froh darüber; er wird schon von Deinem Herzen zu ihren Herzen reden.

Beim Lesen einiger Bemerkungen in diesen wie in vorigen Briefen habe ich so große Freude daran, daß Du gerade das aussprichst, was ich empfunden habe oder was meine Gedanken beschäftigt hat. *So* z.B. in diesem Brief vom 24. ist es mit dem *Streben,* wovon Du schreibst, einander auch äußerlich zu gefallen, wo es möglich ist, *alle scheinbare* Nachlässigkeit und immer jede *thatsächliche* Nachlässigkeit einander gegenüber zu vermeiden; das halte ich auch für recht, das liebe ich im Princip, noch mehr in der Praxis; wir erfüllen also nur einer des andern Wunsch, wenn wir uns im vorkommenden Fall gegenseitig aufmerksam darauf machen; wenn *ich* also in den äußeren Dingen mich sollte gehen lassen, sagst Du es mir, mein lieber Georg, nicht wahr? Wir versprechen es einander hiermit gegenseitig.

Nun gute Nacht, mein innig herzensgeliebter Georg, grüße mir die Lieben in Oppeln alle recht herzlich; Papachen immer, wenn es geht und Du darfst.

Dich küßt
Deine Braut Christine

Montagmorgen

Nun noch ein Morgengruß mein Georg.
Gott segne und behüte Dich! Deine Braut C.

Oppeln, den 28. August mittags 12 Uhr

Meine innig geliebte Christine, meine theure, vom Herrn mir geschenkte Braut!

Möchten diese lieben Rosen, die heute an unsres lieben Papas Abschiedstage gebrochen sind, doch noch Dich erfreuen, meine innig geliebte Braut. Der Herr lehre mich recht schreiben.

Ich will Dir einfach erzählen, welche Wege uns Seine Hand seit gestern abend geführt hat, wo ich Dir meinen letzten Brief schrieb. Ich ging, nachdem ich den Brief zur Post besorgt, lange Zeit mit Hermann spazieren, wobei wir über die Bewährung des Glaubens im Leben lange uns unterhielten, so daß wir, ohne an die Zeit zu denken, erst gegen 9 Uhr nach Hause kamen. Wir fanden das Haus erregt, da Papa ein Erbrechen gehabt hatte mit großen Schmerzen. Da dieser Zufall aber vorüberging und Papa wieder zu schlafen anfing, so setzten wir uns zu Tische, wobei Mama allerdings schon sehr ernst der Nacht entgegensah. Nachher blieben wir noch ein Weilchen beisammen, während die Nonne bei Papa war. Um 10 Uhr ging Mama hinauf, Eduard und ich auch, Eduard in die Krankenstube, ich in Papas Stube, wo ich nach 11 Uhr mich angezogen auf das Sofa legte.

Gegen ½1 Uhr wurde ich geweckt von Eduard und lief hinüber. Wir befürchteten das Ende und weckten alle Geschwister, auch der Arzt wurde noch gerufen, der noch etwas anordnete und noch immer ein Vorübergehen dieser Zufälle für möglich erklärte. Indessen dieselben wiederholten sich noch ungefähr drei–viermal in immer kleineren Zwischenräumen. Der arme Papa hatte schrecklich dabei auszustehen, und jedesmal glaubten wir sein Ende gekommen. Er war dabei immer bei vollem Bewußtsein, dankte herzlich für jede kleine Handreichung und erschien, wenn die erste Erschöpfung vorüber war, jedesmal noch ziemlich kräftig. Er freute sich sehr, uns alle um sich zu sehen. Wie erwarteten alle seinen Tod. Seine Stimme wurde immer schwächer, dann aber auch wieder einmal viel kräftiger. Es mochte gegen ½5 Uhr früh sein, als Papa etwas sagte zu Mama, was wir für „lies“ verstanden, und infolgedessen lasen wir zusammen den 121. Psalm. Papa hatte schon vorher einmal die Hände einige Zeit gefaltet und betete. Als ich mit bewegter, aber lauter Stimme anfing zu lesen, richtete sich Papa auf, faltete die Hände und sah klaren Auges vor sich, er war ganz bei der Sache und vollkommen klar. Wir beteten dann nach dem Psalm zusammen Paul Gerhardts schöne Verse:

Ich danke Dir von Herzen, o Jesu, liebster Freund,
für Deine Todesschmerzen, da Du's so gut gemeint.
Ach gib, daß ich mich halte zu Dir und Deiner Treu
und, wenn ich einst erkalte, in Dir mein Ende sei.
Wenn ich einmal soll scheiden, so scheide nicht von mir,
wenn ich den Tod soll leiden, so tritt Du dann herfür;
wenn mir am allerbängsten wird um die Seele sein,
reiß Du mich aus den Ängsten kraft Deiner Angst und Pein.
Erscheine mir zum Schilde, zum Trost in meinem Tod
und laß mich sehn Dein Bilde in Deiner Kreuzesnoth.
Da will ich nach Dir blicken, da will ich glaubensvoll
fest an mein Herz Dich drücken. Wer so stirbt, der stirbt wohl.

Nach dem Amen sagte Papa deutlich: „Vater, in Deine Hände befehle ich meinen Geist, erbarme Dich meiner zum ewigen Leben. Und auch Euch schenke der Herr in Eurer Sterbestunde das ewige Leben."

Er drückte uns allen die Hand und sah jeden einzelnen mit seinen lieben dunkelblauen Augen groß an und legte sich dann zurück. Er mußte aber noch lange leiden; zweimal noch freute er sich, uns alle um sich zu haben und suchte jeden von uns einzeln mit den Augen, als er nicht mehr sprechen konnte, und lispelte dabei das letzte Mal: „alle".

Ungefähr bis 7 Uhr hatte er Besinnung, sprach auch mehrmals, dankte freundlich, besonders Mama; liebe Mama, sagte er mehrmals, oder: Ach lieber, lieber, lieber Gott. Als er schon sehr schwach war, sagte er auch einmal: „Mama", und als Mama sich über ihn beugte und sagte: was willst Du gern, daß ich Dir thun soll? sagte er deutlich: nein, sage Du, was Du gern von mir willst.

Das starke Leben, das in seinem jugendlich kräftigen Körper fast ohne Krankheit so lange gewohnt hatte, wollte sich nicht losreißen von der entkräfteten Hülle, bis allmählich die Athemzüge langsamer wurden und das Auge sich schloß und ganz allmählich das Leben aufhörte, um ½8 Uhr that er den letzten Athemzug. Nun ist er bei seinem Herrn.

Was soll ich Dir nun noch sagen, meine liebe Braut, als daß wir vereint dem Herrn danken wollen für Seine große Gnade, die unserm lieben Papa ein so seliges Ende beschert hat, nach einem so reichen, so gesegneten Leben. „Selig sind die Toten, die in dem Herrn sterben von nun an, ja der Geist spricht, daß sie ruhen von ihrer Arbeit, denn ihre Werke folgen ihnen nach." Wie viel Gnade ist es, daß der Herr uns solche Gewißheit gibt, daß Er unsern lieben Vater in Sein Himmelreich aufgenommen hat. Was ist das für ein seliges Sterben, so ohne Klagen in allen Schmerzen, ohne Furcht im Angesicht des Todes.

Meine liebe, arme Mama ist in allem Schmerz, in aller körperlichen Gebrochenheit getröstet und still. Sie wird zunächst hier bleiben, wird voraussichtlich dann mit Rudolf und Hermann zusammen nach Berlin ziehen vom 1. Oktober ab.

Am Mittwoch, den 30. August vormittags 10 Uhr, wird Papas irdische Hülle in die Erde gesenkt werden. Er wird wohl allein an dieser Stätte ruhen von unsrer ganzen Familie, denn Papas Familie ist ganz in Westfalen, Mama hat ihre Verwandten in Berlin. Da lassen wir unsers Vaters Leib allein in ferner Erde, wenn wir nach Westen gehen, aber die Erde ist überall des Herrn. Über meine Abreise von hier kann ich erst morgen entscheiden, wenn wir erkennen können, ob Mama ohne Krankheit alles überwinden wird.

Der Herr tröste Dich und uns alle, Er schenke Dir viel Frieden.

In inniger Liebe
Dein Bräutigam
Georg von Viebahn

Breungeshain, den 28. 8. 71 12 Uhr mittags

Mein tief geliebter Georg!

Unser Gott helfe uns! Vor mir liegt die Depesche. Ich beuge mich mit Dir vor dem Herrn in tiefem, tiefem Schmerz über uns und unserm Verlust; der Herr hat es aus Liebe gethan, und darum wollen wir Seine Gnade loben.

Für unsren so tief geliebten Vater können wir nur danken. Er ist jetzt selig bei seinem Heiland, er jauchzt droben, und er weiß, daß die Thränen, die wir weinen, uns nur zum Segen sein werden...

Ich kann Dich nicht trösten, die armen Worte sagen gar nichts von dem, was ich Dich fühlen lassen möchte. Gehen wir jeden Augenblick zu Jesu hin. Ich schreibe diesen Nachmittag mehr, jetzt gebe ich nur diese Zeilen dem Telegraphenboten mit, damit sie noch mit der 3-Uhr-Post fortkommen.

Unser Gott erbarme sich unser; gebe unsrer lieben Mama einen Kuß von ihrer mit ihr weinenden Tochter, der Kuß soll ihr sagen, was Worte kaum vermögen. Dich möchte ich lange an mein Herz drücken und Dir damit alles sagen, was Liebe vermag.

Der lieben Helene gib auch einen schwesterlichen Kuß, und den

Brüdern (damit meine ich natürlich immer auch Schwager Keil) möchte ich durch Dich die Hand drücken. Ich theile nicht nur Euren Schmerz, es ist auch mein Schmerz, Gott sei uns allen nahe! Dir, mein tief und heiß geliebter Georg, sei Jesu zum Troste.

Es betet für Euch alle und für Dich Deine durch tiefe Trübsal noch mehr verbundene

Christine

„Ja, Ich will Euch tragen bis in das Alter und bis Ihr grau werdet. Ich will es thun, Ich will heben und tragen und erretten."

Das hast Du, lieber, treuer Heiland, unsrem geliebten Vater treu gehalten, dafür danken wir Dir von Herzen und loben Deinen heiligen Namen.

Wir glauben, daß Du auch uns Deine Verheißung halten wirst und uns jetzt auch mit Deiner sanften Liebe „tragen und heben" willst. Trage uns, wenn wir selbst nicht muthig laufen. Erbarme Dich unser in allen Stücken.
Erbarme Dich unser, o Jesu! Amen!

„*Ich, Ich* bin Euer Tröster, spricht der Herr, Dein Erbarmer!"

Breungeshain, den 28. 8. 71

Mein tief geliebter Georg,
mein jetzt so sehr gebeugter Bräutigam!

Der große Herr, unser gnädiger Heiland, der es so oft verheißen hat und es so vielen Tausenden täglich gewährt, daß Er die Seinen tröstet und trägt, Der sei Dir jetzt nahe und lasse Dich schmecken Seine allerheiligste und unendliche Liebe! Er erhöre meine heißen Bitten für Dich, wie Er die Deinen für mich erfülle. Sage Ihm allen Deinen Schmerz, Er ist ja unser himmlischer Vater, und Er hört ja gern Seiner Kinder Klagen an; thut doch ein irdischer Vater das schon gern, haben wir es nicht oft erfahren?

Sage dann auch *mir* Deinen ganzen Schmerz, Du mußt mich nicht schonen wollen, ich muß alles, was Dich jetzt besonders betrübt, theilen. Es kann nicht anders sein, als daß diese Trauer für

Dich noch besondere Seiten hat, der Du doch Deinen Vater, ehe er *mein* Vater war, schon so lange gekannt, geliebt und alle seine Liebe gewußt hast.

Wie sehne ich mich jetzt nach den Briefen, die Du gestern und heute abgeschickt haben wirst, die mir alles näher sagen werden. Die Hauptsache weiß ich, Deine Depesche war so schön; unser Papachen ging *getrost* von dieser armen Erde; Gott sei Dank dafür, so hat der treue Herr unser Gebet erhört.

Nun schließe Dich der Herr Jesu in Seine treuen Heilandsarme. Mein theurer, heißgeliebter Georg, das einzige, was ich für Dich thun kann, thue ich mit aller Inbrunst. Du weißt, was das ist: Beten, beten und immer wieder beten.

Deine Braut
Christine

N.S. Deine Briefe vom Sonnabend, die ich diesen Morgen erhielt, werde ich später beantworten. Habe Dank für die mir zum Lesen nachgesandten Briefe. Wie herzlich nehmen mich alle Deine Lieben in den Freundesbund auf.

Ich war oben im großen Zimmer und hatte gerade meine Briefe alle fertig gelesen, da rief mich August; ich ging hinaus und sah ihn auf der Treppe zu mir kommen, das bekannte grüne Depeschen-Couvert mit blauer Schrift sagte mir gleich, was Gott mir zu sagen hatte; es war kein Schrecken, Du hattest mir ja geschrieben, in welchem Fall Du telegraphieren wolltest; Du hattest darüber besser nachgedacht als ich, so weiß ich es doch noch an diesem Tage und bete mit Euch und stehe in Gedanken bei der irdischen verlassenen Hülle: Der *Geist* aber, die *Seele* ist entflohn und ewig befreit. Gott aber sei Dank, der uns, der *dieser geliebten Seele* den Sieg gegeben hat durch unsern Herrn Jesum Christum.

Dich tröste Seine Gnade!
Deine Braut
Christine

Oppeln, den 28. 8. 71
Abends 6 Uhr

„Gib Mir, Mein Sohn, Dein Herz und laß Deinen Augen Meine Wege wohlgefallen.“

Meine liebe Braut, meine vom Herrn mir geschenkte, theure Christine!

Wir sind heute nachmittag beschäftigt, die Anzeige von Papas Weggang nach allen Seiten zu entsenden. Ich füge Dir einen Abdruck bei. An die Eltern in Amsterdam habe ich soeben geschrieben und dieselben gebeten, Deinen Brüdern Mittheilung zu machen.

Mama ist zwar sehr schwach, doch nimmt ihre körperliche Kraft allmählich wieder zu, nachdem sie im Laufe des Tages etwas geruht.

Daß Mama nicht mit mir zu Euch kommen wird, schrieb ich wohl schon heute mittag. Mama läßt Dich sehr herzlich grüßen und Dir sagen, wie leid es ihr tut, daß Du Papa und unser Haus nicht mehr kennen gelernt hast.

Wir haben heute vormittag die Stätte für das Grab ausgesucht und die erforderlichen anderen Anordnungen getroffen. Auch viele äußerliche Dinge nehmen die Gedanken in Anspruch, was vielleicht gut ist.

Helene ist wohl, die Kleine seit gestern wieder weniger gesund.

Sage an August und Henriette viel herzliche Grüße, und laß uns in stiller Freude nach der ernsten Stunde des Wiedersehens ausschauen, die uns der Herr bald bescheren wolle!

Es küßt Dich
Dein Bräutigam
Georg von Viebahn

Breungeshain, den 29. 8. 71

„Fürchte Dich nicht, Ich bin mit Dir; weiche nicht, denn Ich bin Dein Gott. Ich stärke Dich, Ich helfe Dir auch. Ich erhalte Dich durch die rechte Hand Meiner Gerechtigkeit.“

Mein mir vom Herrn geschenkter Bräutigam, mein innig geliebter Georg, dessen Leid ich jetzt auch tragen darf, dessen Schmerz jetzt auch mein Schmerz ist. Der Herr helfe mir, daß ich Dir recht schreibe.

Ich möchte es Dein liebes Herz fühlen lassen, daß wir *zusammen* gebeugt gehen, während der Herr Seine in Liebe waltende Hand auf uns gelegt hat, daß ich mit Dir den Schmerz trage, daß ich auch mit Dir lerne, den Herrn zu loben für Seine Liebe, die uns nie verläßt, die uns ziehen will für die himmlische Heimath. Denn das ist deutlich Seine Absicht in diesen Tagen. — Wüßte ich nur, wie es Dir geht, wie Du diese Trauerstunden durchlebst. Ich sehne mich nach Dir, der Herr gebe, daß wir uns bald sehen dürfen und sprechen.

Heute morgen erhielt ich Deine Briefe vom Sonntag und danke Dir, mein geliebter Georg, für alle Deine Liebe. Wie Du schriebst, da wußtest Du noch nicht, was nahe war. Ich muß Dir jetzt noch manches beantworten, eigentlich möchte ich über nichts andres schreiben als über unsren geliebten Vater, der jetzt in Jesu ruht; sehen wir nur immer mehr auf diese Herrlichkeit, und freuen wir uns über seine befreite Seele; da muß unser Verlust für seinen reichen Gewinn zurückstehen.

Vielleicht ist es auch gut, daß wir uns den untergeordneten Fragen nicht ganz entziehen, es ist vielleicht besser, wenn ich die verschiedenen Punkte in Deinen letzten Briefen jetzt so weit möglich behandle; wenn Dir das nicht lieb sein sollte und Du lieber mit Deinen Gedanken nur bei unsrem Vater weilen möchtest, so sag es mir nur, ich glaubte nur, es wäre gut, unsren Geist zu beschäftigen. Wenn wir uns wiedersehen, wird auch die Zeit sehr kurz sein, und wir werden doch schon sehr viel zu besprechen haben.

Erstens noch herzlichen Dank für die mir gesandten Briefe von der Tante und die übrigen, sie hatten mir gerade noch so viel Freude gemacht, bevor Deine Depesche kam. Es wird mir eine Freude sein, dieser Tante einige Zeilen zu schreiben, ich warte nur noch ein paar Tage jetzt damit.

Mittwochmorgen

Ich mußte gestern abbrechen, mein lieber Georg, es war ein unruhiger Tag, schon um 9 Uhr morgens kam Augusts Onkel, Medicinalrath Pfannenmüller, aus Darmstadt mit seinen beiden Töchtern. Als sie gegen 6 Uhr fort waren, kamen später noch Pfarrer Köhler aus Eschenrode und seine Frau, die sehr lang blieben, so hatte ich nicht viel Zeit für Dich.

Erst noch ein Gruß, mein innig-geliebter Georg, der Herr helfe uns wieder durch diesen Tag hindurch; vielleicht wird die verlassene irdische Hülle heute der armen Erde wiedergegeben, das ist doch noch eine schwere Sache für unsre menschlichen Herzen. Der Herr aber helfe uns, namentlich unsrer lieben Mama, daß wir uns über den armen Staub erheben. Sie, unsre Mutter, leidet jetzt, was wir eines von beiden einmal tragen müssen. Ich möchte es lieber für Dich tragen, mein innig, tief geliebter Georg, wenn es dem Herrn gefällt, als daß Du mich dem Herrn abgeben müßtest; der Gedanke an die Opfer, welche wir noch werden bringen müssen, bringt wohl Schmerz, aber keinen Schaden; ich glaube nicht, daß wir solche Gedanken verjagen müssen, denn mit Gott sie *durchkämpfen* und *durchdenken* und sie weiter ohne Besorgnis an Sein Vaterherz legen, bringt ernsten Segen, meinst Du nicht auch? So, denke ich, will Gott uns auf alles vorbereiten.

Ob nun auch die Frage der Blumen sehr unwichtig erscheinen darf nach dem oben Geschriebenen, ich will sie doch beantworten und freue mich, Dir sagen zu können, daß Du ganz dieselbe Ansicht hast wie ich; sie waren mir immer sehr lieb bei jedem Brief, so frisch sahen sie mich an, ich freute mich immer, daß *Deine* Hand sie so hübsch schmückend hineingemacht hatte. Ich machte mir auch schon Vorwürfe vorigen Sonntag, daß ich Dir so wenig gedankt hatte, denn die lieben Blüthen hatten mich doch so freudig begrüßt.

Diese Sache führt mich zu etwas anderem; ich möchte Dir sagen, ich wünsche nämlich keine großen Geschenke, das sagte ich Dir schon einmal: eine Blüthe spricht mir gerade so viel von Deinem Wunsche, mir Freude zu machen, wie das kostbarste Geschenk. Unsre Liebe brauchen wir uns wohl nicht durch solche Geschenke zu erzählen oder zu bestätigen; doch weiß ich wohl, daß es dem liebenden Herzen große Freude macht, wenn man dem andern die schönsten Gaben bescheren darf; so werde ich Dir oft Freude zu machen wünschen, aber das Beste wird mir noch nicht gut genug sein, und doch werden wir uns mit unvollkommenen Gaben hienieden zufrieden geben müssen.

Da fragst Du mich noch etwas, dessen Beantwortung mir nicht schwer fällt. Ich weiß, daß wir die ersten Jahre einfach leben müssen. Das macht aber nichts, oder besser gesagt, das ist mir sehr gut. Da lerne ich gleich gründlich, was ich auch bei dem größten Überfluß irdischer Güter für recht halte und zu sein wünsche, eine sparsame Hausfrau zu sein. Ich weiß noch wenig von den Mitteln und Wegen, aber ich glaube, der Herr war so gnädig, mir etwas Anlage dazu zu geben. Ich selbst brauche nicht so viel, ich kann mir manches selbst machen, ja wohl alles, wenn ich Zeit dazu habe, und trage meine Kleider nicht schnell ab; jetzt bemühe ich mich, in allen Theilen weiter fortzuschreiten. Einen armen Mann heirathe ich nicht, denn Gott hat Dir den größten Reichthum gegeben, der mir viel gilt vor Ihm, mehr als alle Güter dieser Welt. Das darfst Du mir also nicht wieder sagen, Du hättest ja auch eine Frau Dir erwählen können, reich an Adel, Geld und Gut; das hast Du alles verschmähen wollen und bist mit mir zufrieden; dazu bedürfte es wohl mehr *Demuth in Dir,* als *ich* in Uebung zu bringen brauchte.

Was Du von dem Leben in gottseliger Fröhlichkeit sagst, ist genau das Ideal des christlichen Wandels mit Gott, welches ich mir immer gemacht und zum Ziel gestellt habe, ohne es indessen einigermaßen erreicht zu haben. Wir haben früher schon (das „wir“ heißt August, Henriette und ich) zwei- oder dreimal den Punkt besprochen, waren im Grund wohl einig darüber; ich glaube aber, daß die Scherze und die mehr irdischen Äußerungen der Herzens-Freude einigen weniger angerechnet und als Leichtsinn ausgelegt werden müssen als anderen Naturen. Erstens wird es dann auch, so glaube oder meine ich, weniger ihren Seelen schaden oder ihr geistiges Leben beeinflussen; ich sage „weniger“, damit meine ich, weniger als solchen Menschen, deren Natur und Charakter die Neigung zum vielen Scherzen nicht hat. Diesen schadet es wohl oft viel, sich ins scherzhafte, irdisch fröhliche Wesen ziehen zu lassen, unter diese muß ich, so glaube ich wenigstens, mich selbst rechnen. Etwas Schaden bringt es aber wohl allen, denn die vom Herrn nicht gewollten unnützen Worte haben, wie Du auch meinst, wohl ihren Antheil in solcher Fröhlichkeit.

Ein immer vergnügtes, heiteres, freudiges Wesen wünschte ich immer schon, jetzt wünsche ich es für uns beide. Dieses Wesen muß die reine heilige Frucht sein des inneren Friedens in Gott; das gebe uns der Herr und halte unsre Freudigkeit rein von irdischer, leichtfertiger Färbung. Wenn wir Zeit finden, während Du hier bist, sprechen wir einmal mit August und Henriette darüber. Weiter danke ich Dir herzlich für alles, was Du schreibst, ich muß jetzt diesen Brief fertigmachen, denn jeden Augenblick kann der Postbote kommen.

Grüße Deine und meine Geschwister alle sehr herzlich.

Der treue Herr helfe Dir und uns allen immer mehr, uns auch in dunkeln Tagen Seiner Gnade und Liebe zu freuen. Unsrer lieben Mama sage einen besonderen Gruß, ich bete für sie.

Dich behüte der Herr. Er tröste Dich!
Deine Braut
Christine

Oppeln, den 29. 8. 71
Abends 7 Uhr

„Gelobet sei Gott, der mein Gebet nicht verwirft noch Seine Güte von mir wendet!“ (Psalm 66, 20)

Meine liebe, vom Herrn mir geschenkte Christine!

Habe Dank für Deinen lieben Brief vom Sonntagnachmittag, den ich heute vormittag erhielt. Ich meine nicht, daß es unrecht sei, einen Boten am Sonntag zu schicken, wenn derselbe weder Last trägt noch allzu weit zu gehen hat noch dadurch am Gottesdienste gehindert wird, wenn auch die Botschaft, die er trägt, dem Willen Gottes gemäß ist. Ich glaube auch deshalb, daß Du recht gethan hast, den Brief zu schicken, weil der Herr es gesegnet hat, denn dieser Brief ist der erste, der mich nach Papas Tode erreicht hat; es würde mir auch sehr schwer gewesen sein, wenn ich heute keinen Brief von Dir erhalten hätte. Dein Gebet für mich am Sonntag hat der Herr erhört und mich sehr gestärkt und gesegnet.

Du erhältst nun hier mit diesem Briefe die letzten Blumen aus unserm lieben Garten, der uns fast 13 Jahre lang jedes Jahr so schön geblüht hat, in dem wir so glücklich waren. Aber es wartet unsrer ein besseres Vaterhaus und ein schönerer Garten, und es ist gut zu lernen, daß wir hier keine bleibende Stätte haben.

Ich gedenke, so der Herr will, am Donnerstag um 5 Uhr 35 Min. nachmittags in Nidda einzutreffen, vielleicht gestattet es Augusts Zeit, mich dort zu erwarten, falls er Pferde für seinen Wagen an diesem Tage haben kann.

Mama will nämlich mit Helene, der kleinen Helene, Rudolf und Eduard auf kurze Zeit in das mährische Gebirge gehen und schon am Donnerstagvormittag abreisen. Sie wünscht deshalb, daß ich Mittwochabend abreise. Es ist also, wenn nicht Unerwartetes eintritt, dies wohl der letzte Brief, von dem ich rechne, daß er am Donnerstagvormittag in Deine Hände gelangt.

Ich muß eilen, diesen Brief zur Bahn zu schicken.

Der Herr vergelte Dir Deine treue Liebe mit Seiner Barmherzigkeit, Er schenke mir ein Herz, das Deiner Liebe ein wenig werth sei, Er binde uns mit Gewalt an Sein Jesusherz. Er tröste Dich und alle, die da mit uns weinen. — Er schenke uns ein baldiges Wiedersehen in Frieden, Lob und Dank vor Seinem Angesichte! Amen.

Mit tausend Grüßen an Dich und Euch alle
Dein Bräutigam Georg von Viebahn

Am Mittwochvormittag 10 Uhr werden wir Papa bestatten. Ich erzähle Dir dann davon.

4. Das Familienleben

Am 14. Mai 1872 fand die Trauung von Hauptmann Georg von Viebahn mit Christine Ankersmit in Amsterdam, der Heimat Christines, statt. Es folgte eine beispiellos glückliche Ehe.

Die Gattin eines Offiziers hat es zwar zu allen Zeiten nicht leicht. Noch öfter als Beamte werden Offiziere versetzt. Das hängt meist mit den Beförderungen zusammen. So willkommen diese sind, so bedeuten die Umzüge doch immer eine Strapaze. In der neuen Garnison mußte man sich nicht nur neu in der Wohnung und in allen Fragen des Haushalts und der täglichen Besorgungen einleben, sondern es gab auch überall Verkehr mit neuen Kameraden und ihren Familien. Dazu kam, daß im August jeden Jahres die Manöver stattfanden, zu denen Viebahn oft wochenlang abwesend war.

Die erste Wohnung hatte das junge Paar in Wiesbaden, wo Viebahn als Hauptmann Dienst tat. Hier lernte er zwei gläubige Offiziere kennen, mit deren Familien er sein Leben lang verbunden blieb. Es waren die Hauptleute von Kietzell und Freiherr von Verschuer. Von Kietzells Sohn wurde einer der Treuesten in dem Viebahnschen Offiziersbund. Das Ehepaar Verschuer starb früh; die Tochter Julie kam später als Pflegetochter in das Haus Viebahn in Stettin — viel geliebt von den Viebahnschen Kindern —,

Kaserne in Wiesbaden

wo sie die Sekretärin des Generals wurde, ohne deren treue Hilfe die Riesenarbeit des Evangelisten kaum denkbar gewesen wäre.

In Wiesbaden wurde dem Paar am 25. November 1873 das erste Kind geschenkt. Es war eine Tochter, die nach der Mutter den Namen Christine erhielt, aber zum Unterschied von ihr Christa genannt wurde. Pfarrer Conrad von Gerlach, ein Freund des Hauses, taufte die Kleine. Da das Kind zuerst nicht lebensfähig schien, gab es den Eltern Ursache zu sehr ernster Sorge. „Sie kam scheintot zur Welt", schrieb der Vater in der Familienchronik. Erst nach vier Monaten war die Gefahr vorüber.

In der Wiesbadener Zeit wurden dem Ehepaar noch weitere drei Kinder geboren: am 16. September 1875 Elisabeth, am 22. März 1877 als dritte Tochter Maria und schließlich am 10. August 1878 der erste Sohn. Er bekam nach dem Kronprinzen von Preußen den Vornamen Friedrich Wilhelm. Der Kronprinz hatte sich selbst als Pate angeboten und schenkte der Mutter eine kostbare Brosche.

Christine von Viebahn besaß einen „Preußischen Schreibkalender für Damen 1877". Beim Blättern begegnen uns ihre persönlichen Notizen aus dem Jahr 1877, die uns einen kleinen Einblick in den Alltag der jungen Familie gewähren:

*Christine von Viebahn
mit der ersten Tochter Christa*

*Christine von Viebahn
mit Elisabeth und Christa*

Maria von Viebahn

*Christine von Viebahn
mit Friedrich Wilhelm*

19. 4. (Wiesbaden)
Maria wird heute in der Taufe dem Herrn gebracht...

25. 5. Endlich besuche ich Frau v. Kietzell, zum ersten Mal nach Marias Geburt. Wir nehmen Christa mit und sitzen zusammen im Garten...
Abends gehe ich noch mit Georg in die Stadt...

26. 5. Mittags, wie Elisabeth und Maria schlafen, fahren wir, d.h. Frau v. Kietzell mit ihrem kleinen Carl und Christa mit mir im Korbwagen, während Herr v. Kietzell und Georg daneben reiten, über den Neroberg durch den Wald und das Nerothal zurück. Georg wird's schwer, daß er nicht avanciert ist bei Gelegenheit der vielen Avancements als 13t. Hauptmann.

30. 5. Heute war Bataillons-Besichtigung. Alles lief nach Wunsch ab.

15. 8. Georg verläßt mich früh um ½7 Uhr zum Manöver.

19. 8. Heute war mein Liebling bis zum Abend bei mir, ich brachte ihn um ½7 Uhr zum Bahnhof. Georg holte mittags herrliche Blumen aus dem Garten. Wir beteten zusammen in Georgs Stube.

26. 8. Georg war beim Erwachen sehr elend, hatte Magencatarrh und Durchfall. Er lag bis 3 Uhr zu Bett. Der Oberstabsarzt Neubauer besuchte ihn. Ich hatte ihm den ganzen Vormittag Eisumschläge gemacht. Um 4 Uhr fuhr er dennoch ab nach seinem Quartier bei Hanau. Gott gebe, daß er wieder gesund wird. Ich begleite ihn zur Bahn. Eine lange Trennung kommt nun.
Vormittags saß ich bei Georg am Bett mit Elisabeth auf dem Schoß und las ihm vor aus 1. Petri. — Christa kam nachmittags zu mir und sagte, Mama, ich will gleich beten, daß Papa wieder gesund wird.

6. 9. (Siegen) Der liebe Gott schenkte uns schönes Reisewetter. Georg überraschte mich am Bahnhofe in Friedberg, er ist ganz weit gekommen, um mich dort zu begrüßen. Er fährt mit bis nach Gießen, es ist ein kurzes, aber ein schönes Wiedersehen. Wir fahren nach Betzdorf, dort begrüßen uns Helene, Gustav, Hermann und die zwei ältesten Kinder. In Siegen im Schloßhof begrüßt uns Mama mit Gerhard.

9. 9. Früh um 7 Uhr mit Gustav und Helene zur Kirche. — Bei der Rückkehr endlich gute Nachricht von Georg. Nach Tisch haben wir einen schönen Gang gemacht am alten Schloß vorbei. Mittags noch ein Brief von Georg...

16. 9. Elisabeths Geburtstag (zwei Jahre alt). Sie ist nicht ganz wohl, daher etwas weinerlich. Wir bauen ihr auf. In einem Teller mit Blumen brennen drei Lichter. Mittags singe ich Georg vor.
Abends um ½7 Uhr muß Georg wieder fort. Christa und die anderen Kinder gehen mit zur Eisenbahn.
Georg soll erst um 3 Uhr nach Kirchheim kommen. Ich muß viel an ihn denken. Es ist eine kalte Nacht...

17. 9. Abends Mamas Kleid geflickt. — Nachmittags nach Wiesbaden geschrieben, um Georg bei seiner Ankunft dort morgen zu überraschen.

18. 9. Heute ist das Manöver beendet. Georg kehrt heute abend nach Wiesbaden zurück und findet die Wohnung einsam und verlassen...
Morgens eine Briefkarte von Georg, daß er wohlbehalten in Kirchheim angekommen ist. Nachmittags noch ein Brief. Ich zeichne abends an einer Bleistiftzeichnung, mit welcher ich Georg überraschen will.

29. 9. Hermann und Rudolf reisen früh ab. Nachmittags neh-

men Georg und ich unsre drei Kinderchen mit nach dem Reckhammer, ein schöner Weg. Maria ist im Wagen, Elisabeth wird bald eine Strecke getragen, bald geht sie zu Fuß. Georg holt aus dem nahen Wirtshause zwei Stühle, und so sitzen wir einige Zeit auf der Brücke beim Reckhammer.

1. 10. Mittags mit Gustav und Georg in die Papierfabrik von Petersen, welche höchst interessant zu sehen ist. Auch gehen wir einige Augenblicke in die Maschinenfabrik. Nachmittags mache ich mit Georg einen schönen Gang. Wir gehen über die Felder den steilen Berg hinauf. Wir sprechen über die religiöse Erziehung der Kinder.

22. 10. (Amsterdam) Georg will heute ganz allein in den zoologischen Garten mit Elisabeth, um ihr kleines Herz mehr zu sich zu ziehen. Sie geht auch sehr gerne mit ihm und ist sehr artig.

28. 10. Wir gehen mit Mißchen zur Französischen Kirche und hören Herrn Pastor Gogenbin predigen über die Worte

Amsterdam, Haus Ankersmit am Singel

„Eins ist noth". Seine ernsten Worte greifen tief ins Herz. Es ist mir wohl, an derselben Stelle zu sitzen, wo ich als junges Mädchen von 15–16 Jahren schon diese selbe Stimme gehört habe und den Herrn so oft mit großem Ernst und mit Thränen gesucht und gefunden habe und wo mich der Herr so oft hat Seine Gemeinschaft schmecken lassen. Nach Tisch begleiten wir Leendert zur Eisenbahn und fahren von dort nach dem Amstel-Hotel, um Koo zu besuchen. Die Jungens verkleiden sich als Indianer. Georg und ich gehen dann zu Fuß nach Hause und machen noch etwas Musik.

6. 11. Wir reisen früh mit den Kindern von Amsterdam ab. Ohne jede Übereilung oder Unruhe. Die Reise geht sehr gut. Wir freuen uns sehr, die eigene Wohnung wieder zu betreten. – Die Kinder laufen gleich an ihren Schrank und freuen sich über ihre alten Spielsachen.

14. 11. (Wiesbaden) Nachmittags mit Christa in der Stadt. Einkäufe für Georgs Geburtstag. Christa sagte heute nachmittag zu mir: „Mama, der Mond brennt schon."

15. 11. Georgs Geburtstag. Christa hat die zwei ersten Verse des 103. Psalms auswendig gelernt...

Im Jahr 1878 erfolgte die erste Versetzung des so glücklichen Vaters. Viebahn kam als Kompaniechef im Infanterieregiment 74 nach Hannover. Ein Jahr später war er Major. Fünf Jahre blieb die Familie in der schönen Leine-Stadt, wo sie bald viele Freunde fand. Es waren die glücklichsten Jahre der Familie. Manche Reisen wurden von hier aus gemacht — so alljährlich zu den Großeltern nach Amsterdam. Nach überstandenen Kinderkrankheiten schickte Viebahn seine Familie nach Wernigerode, wo sie sich einige Wochen in einer gemieteten Wohnung erholen konnte. Hier in Hannover schenkte Gott den Eltern noch ein

Georg von Viebahn 1878 in Hanover

Die Familie von Viebahn Juni 1883

Töchterchen, Pauline, stets Pauli genannt. Sie wurde am 14. April 1882 geboren.

Die Familie lebte sichtlich unter Gottes Segen.
In der Chronik seiner Tochter Christa schreibt der Vater: „Wenn ich von den Übungen nach Hause kam, so kamt ihr alle herbeigelaufen, dann mußte ich oft eines nach dem andern auf mein Pferd nehmen und auf dem Hof herumreiten oder ein Stückchen in die Glockseestraße. In diesem Jahr hatte ich einen sehr treuen Burschen bei den Pferden, der hieß Roolfs, der ließ euch oft im Stall auf den Pferden sitzen; am liebsten hatte er aber das Brüderchen, denn er hatte auch einen kleinen Jungen zu Hause, seine Frau war mit dem Kind bei den Eltern. Meine Pferde hießen Ingo und Krimhilde, die waren beide sehr schön und gut. In unserem Garten war auch ein kleiner Platz für euch, wo jedes sein eigenes Beet hatte. Im Garten hattet ihr auch eine Schaukel, ein Geschenk von Großmama."

Vor uns liegt ein Familien-Foto jener Zeit. Darunter steht: „Dieses Bild stellt den Höhepunkt meines und Eures Erdenglücks dar. Unser Herr fand es heilsam, daß es nur kurz dauern sollte. Sein Name sei gelobt." Er schrieb es nach dem Jahr 1884.

Im Herbst des Jahres 1883, als die Familie wieder in Amsterdam war, erreichte Viebahn die telegraphische Nachricht, daß er zum Leiter der Kriegsschule in Engers am Rhein in der Nähe von Neuwied ernannt sei. Hier sollten junge Fähnriche ihre Erziehung bekommen. Die Vorfreude auf diese Aufgabe wurde in jenen Tagen getrübt, als der Vater Christines, Herr Ankersmit, unerwartet abgerufen wurde.

Auch sonst war das letzte Jahr in Hannover nicht ungetrübt. Während der Vater zur Kur in Wiesbaden war, erkrankte der fünfjährige Friedrich Wilhelm an Gelenkrheumatismus mit anschließender Lungen- und Brustfellentzündung, so daß er in Lebensgefahr geriet. Als Hilfe zur Pflege kam die ein Jahr jüngere

Wohnhaus und Kriegsschule in Engers am Rhein

Schwester der Mutter, Marie Ankersmit aus Amsterdam, von den Kindern „Tante Miß“ genannt. Sie war in solchen Sorgenzeiten allezeit die gute Tante. Mit Gottes Hilfe ging die Gefahr vorüber.

Am 17. Dezember 1883 fand der Umzug nach Engers statt. Das ehemalig gräflich Spee'sche Schloß, in dem die Kriegsschule untergebracht war, lag unmittelbar am damals noch schönen Rheinstrom. Für die Kinder begann eine neue Welt. Mit Spannung sahen sie schon morgens die Schiffe auf dem Rhein vorüberziehen. Im Hause wurde für sie ein besonderes Schulzimmer eingerichtet. Ein schöner Park umgab Schloß Engers. Viebahn begann mit gewohnter Energie seinen Dienst auf dem neuen Posten, für den er sich aufs beste eignete. Seine innere Stellung verbarg er auch hier nicht. An den Wänden der Kriegsschule ließ er passende Bibelsprüche anbringen. Etwa: „Rosse werden zum Streittage bereitet, aber der Sieg kommt vom Herrn“ (Sprüche 21, 31). Trotz seines täglichen Dienstes, der ihm im Laufe der Woche wenig Zeit für seine Familie ließ, wußte er doch seiner Frau und seinen Kindern manche Freude zu bereiten. Bei gutem

Wetter wurden sonntags Familienspaziergänge gemacht, nachmittags hielt der Major von Viebahn seiner großen Familie eine Bibelstunde. In der Einsamkeit dieses Schlosses hatten sie zum Unterschied von Hannover, wo sie die „Versammlung“ besucht hatten, keinen geistlichen Anschluß.

Am 13. Januar 1884 wurde der Geburtstag der Mutter mit viel Jubel der Kinder gefeiert. Sie wurde 37 Jahre alt und freute sich auf das sechste Kind, das ihr Gott in den nächsten Tagen schenken wollte.

Der Vater dichtete für jedes der Kinder eine Strophe zum Aufsagen:

Zum 13. Januar 1884

Maria:

Sei geküßt, Dein Babylein
streckt nach Dir schon beide Hände,
daß es bei dem Mütterlein
all sein Glück und Sehnen fände.

Friedrich Wilhelm:

Bleib gesund! Dein junger Sohn
will es Dir von Herzen sagen,
werde es vor Gottes Thron
im Gebete täglich tragen.

Elisabeth:

Sei umarmt, wir alle schlingen
unsern Arm um Deinen Hals,
dankend, jubelnd wolln wir singen
bei den Klängen des Chorals.

Christa:

Bleib in Frieden, Deine Seele
ruhe still an Jesu Herzen,
daß der Kummer Dich nicht quäle,
daß die Sorgen Dich nicht schmerzen.

Alle:

Sei gegrüßt, Dein neues Jahr
segne Gott mit reichem Segen,
Deine blonde Kinderschar
ruft Dir Glück und Heil entgegen.

Wie der Rhein im Sonnenglanze
spiegelt Gottes Freundlichkeit,
also Du in unserm Kranze
preise die Barmherzigkeit!

Viebahn schreibt in die Familien-Chronik: „Es war ein rechter Freudentag." Dreizehn Tage später kam die kleine Anni zur Welt. Doch schon am 3. Februar verließ nach Gottes Willen Christine ihren Gatten und die sechs Kinder. Sie starb am Kindbettfieber.

Wir können uns den Schmerz des so plötzlich zum Witwer Gewordenen kaum vorstellen. Fünf Kinder hatte Christine dem glücklichen Vater geschenkt. Jedesmal waren die bangen Stunden ohne Komplikationen vorbeigegangen. Wie sollte er erwartet haben, daß das sechste Kind der Mutter das Leben kosten würde! So hoch das Glück an der Seite seiner Frau gewesen war, so tief war nun der Sturz. Viebahn hatte Selbstzucht genug, um in die Familienchronik schlicht zu schreiben: „Am Morgen des Sonntags, am 3. Februar um 8½ Uhr, nahm der Herr ihre unsterbliche Seele hinauf in Seinen Frieden."

Aber was stand alles hinter diesen wenigen Worten! Die Chronik verrät nichts davon, welch dunkle Zeit auf Georg von Viebahn und seine Kinderschar fiel, als er an jenem Sonntag ins Kinderzimmer trat und den Kindern sagte: „Euer Mütterchen ist zum Herrn Jesus gegangen." Der Glaube, der in diesen Worten steckte, hatte dennoch einen harten Kampf zu kämpfen. Die Narbe der Wunde, die an jenem 3. Februar gerissen wurde, hat sein Leben lang weh getan. Es war ein tiefer Schatten auf ihn gefallen.

Hinterher können wir sagen, daß solch ein treuer Zeuge seines Herrn meist durch tiefe Wasser des Leides und durch das Feuer der Anfechtungen gehen muß, um sein Zeugnis im „Ofen des Elends" zu erproben. Die Bibel erzählt in dem rätselvollen Buch Hiob, wie der Satan vor den Thron Gottes tritt mit der Klage, der fromme Hiob habe es leicht, fromm zu sein. Er diene ja Gott nicht umsonst: Alles gelingt ihm, Wohlstand, Kinderreichtum, Gesundheit, Ehre von Menschen — ja, da sei es leicht, gottesfürchtig zu leben! Aber taste sein Glück an, dann wird es sich zeigen, ob er nicht bloß gegen den Lohn seines Glückes Gott die Ehre gibt! Hiob mußte durch furchtbare Tiefen gehen. Wer die Kapitel seiner Klagen liest, wird es nicht ohne Erschütterung tun.

Und Georg von Viebahn? Er kaufte am Rheinufer ein Stück Land, wo er die Mutter seiner Kinder, seine ihn beglückende Lebensgefährtin und Genossin im Glauben und Gebet, ins Grab senkte. Jeden Sonntag mußte die ganze Kinderschar mit ihm zum Grabe pilgern. Viele Tränen wurden geweint, die meisten heimlich. Lange Zeit stand am Mittagstisch der leere bekränzte Stuhl der Mutter, um an die unersetzliche Lücke zu erinnern.

Obwohl die Schwester der Heimgegangenen, Marie Ankersmit, aus Amsterdam nach Engers kam, um das Neugeborene zu pflegen und bei der Erziehung der Kinder zu helfen, blieb das Haus des Majors von Viebahn jahrelang im Dunkel. Die ganze Familie trug an der Last. Wir wissen aus dem Zeugnis der ältesten Tochter Christa, die damals schon elf Jahre alt war, wie die Kinder mit dem Vater litten, der sein Leid wohl im Glauben zu überwinden suchte, aber oft vor der Verzweiflung stand. Man sagt, Viebahn sei damals vor der Frage gestanden, ob er sich nicht jetzt als Major in den Ruhestand zurückziehen sollte, um den Rest seines Lebens hier in der Nähe des Grabes zuzubringen.

Christa schreibt von jener Zeit: „Der Vater war sehr streng, er war ganz von seinem Schmerz und seinem Dienst hingenommen, und unsere Kinderherzen bluteten und vermißten die liebe, sanfte Mutter... ich habe mehr für meine Geschwister gelitten als für mich selbst." Eine Erzieherin mit schwierigem Charakter kam ins Haus und verklagte oft die Kinder beim Vater, der dann meinte, streng strafen zu müssen.

Es war die naheliegende Lösung aus dieser schweren Not, daß Georg von Viebahn drei Jahre später Marie Ankersmit (er nannte sie auch noch später „Mißchen") heiratete. Am 27. März 1887 fand die Hochzeit statt. Frau Marie von Viebahn übernahm die schwere Aufgabe, nach dieser Zeit ungetrösteter Trauer Mutter von sechs meist noch kleinen Kindern zu sein — im Alter von dreizehn, elf, zehn, acht, vier und drei Jahren! Und dazu an der Seite eines noch vom Gram gebeugten Mannes! Sie war damals neununddreißig Jahre alt.

Nun muß aber betont werden, daß Viebahn sich auch alle Mühe gab, seinen Kindern Freude zu bereiten. Ein Ziegengespann kutschierte die Kinder durch den Park des Schlosses. Die Sonntags-Familienspaziergänge wurden wieder aufgenommen. Von einem solchen wird berichtet:

„Der Weg war etwas lang geworden. Es fing an zu regnen. Der Vater nahm die kleine Pauli auf den Arm. Irgend jemand wollte einen Regenschirm über das Kleinchen halten, aber sie wehrte ab: ‚WennVäterchen mich trägt, werde ich nicht naß!' "

Marie Ankersmit

Christa mit Elisabeth, Friedrich Wilhelm und Pauli 1885 in Engers

Mit den größeren Kindern machte der Vater in den Ferien Ausflüge und Reisen durch die schöne Umgebung des Rheintals. Und wenn sie getrennt waren, nahm er sich Zeit, ihnen zu schreiben:

August 1884 oder 85

Mein liebes Paulikind!

Nun will ich Dir einen schönen, langen Brief schreiben. Heute war ich bei Großmama in Münster, die sollst Du später auch einmal besuchen. Da ist ein schöner Springbrunnen im Garten und viele schöne Bäume mit Äpfeln und Birnen. Großmama hat sich sehr gefreut über das Bild, wo Du mit Anni im Wagen sitzest. Denke Du, daß Onkel Eduard in seinem Garten ein Nest mit niedlichen, kleinen schwarzen Vögelchen hatte! Da ist die böse Katze gekommen und hat die kleinen Vögelchen aufgefressen. Ist das nicht traurig? Gib an Anni einen Kuß von Papa und sei sehr lieb und fröhlich, damit Tante Henriette sich recht über Dich freut.

Betest Du auch alle Abend für Dein Väterchen?

Dein Papa

1885/86

Liebes Pauli!

Sehr herzlich danke ich Dir, Du kleiner Liebling, für den schönen Brief, den Du mir geschrieben hast. Bist Du denn auch sehr artig? Annichen ißt jeden Morgen und jeden Mittag am Tisch und sagt schon zuweilen Papa. Sie ist immer sehr fröhlich.

Ich habe viele schöne Äpfel für Dich gekauft. Deine Täubchen sind noch sehr vergnügt und fliegen flink umher.

Hier nimm einen Kuß
von Deinem Papa

Seines Bleibens in Engers mit den traurigen Erinnerungen war nicht mehr lang. Im Jahre 1888 — dem Dreikaiserjahr — starb am 15. Juni sein kaiserlicher Freund Friedrich von Preußen. Noch in den letzten Wochen hatte Georg von Viebahn einen Gruß von ihm erhalten. Er trauerte tief um ihn. Die Kaiserinwitwe Viktoria lud den Major von Viebahn persönlich zur Trauerfeier ein.

Im gleichen Jahr 1888 erfolgte seine Versetzung nach Frankfurt am Main und die Ernennung zum Oberstleutnant. Diese Versetzung war wohl nur als Provisorium gedacht, denn schon nach einem knappen Jahr kam er nach Trier, wo er Regimentskommandeur und Oberst wurde.

Der kurze Aufenthalt in Frankfurt am Main war für die Familie dennoch von Bedeutung. War Viebahn in Engers einsam und ohne fördernde Gemeinschaft durch Gläubige, so fand er hier nicht nur wieder Anschluß in der „Versammlung“, sondern auch Verbindung zu einigen Brüdern in der Landeskirche. Da war der Schweizer Kaufmann Carl de Neufville, einer der Väter der Blankenburger Konferenz und Begründer der bekannten Nord-Ost-Gemeinde in Frankfurt. Vor allem aber kam es zur Begegnung mit Elias Schrenk, dem Vater der Evangelisation, der gerade eine mehrwöchige Evangelisation hielt, die in Frankfurt so folgenreich wurde. Das alles mag geholfen haben, auch Viebahn wieder Mut zum Leben zu geben.

Marie von Viebahn hatte als Mutter allerdings ihre besondere Last. War am 10. März 1888 — noch in Engers — ihr ältester Sohn Georg geboren, so stand sie beim Umzug der großen Familie nach Trier kurz vor der Geburt des zweiten Sohnes Wilhelm. Dieser kam zur Welt, während der Vater wochenlang zum Manöver abwesend war. Sicher gingen manche Depeschen und Briefe hin und her. Nur ein Brief an die kleine Tochter Pauli ist uns erhalten geblieben:

Castellann, 21. 9. 1890

Meine liebe Pauli!

Über Dein Briefchen habe ich mich sehr gefreut und danke Dir dafür. In den Dörfern, durch welche wir reiten, sind viele niedliche Kinderchen, aber manchmal sind auch einige etwas schmutzig. Alle freuen sich immer über die Soldaten. Bei den Bauersleuten, bei welchen ich gestern war, war ein achtjähriges Töchterchen, das mußte schon allein auf das Feld gehen, um Kartoffeln rauszuhacken und nach Hause zu holen.

Nun sei Du nur recht fröhlich mit Deinen zwei niedlichen Brüderchen und gib jedem einen ganz dicken Kuß von

Deinem Väterchen

Informationen über die Jahre in Trier von September 1889 bis April 1893 verdanken wir Friedrich Wilhelm von Viebahn, dem ältesten Sohn, der eine Kurzbiographie seines Vaters geschrieben hat. Er nennt die Trierer Zeit „Kriegsjahre im Frieden". Das Infanterieregiment, das der Oberst von Viebahn nun befehligte, hatte scharfen Dienst. Es waren Jahre politischer Spannung mit dem alten Nachbarn Frankreich, wo der Revancheruf nach der Niederlage von 1870/71 nicht aufhören wollte. Die Trierer Garnison, nahe der Grenze, mußte allezeit eines neuen Krieges gewärtig sein. Der Dienst war streng, aber der Oberst war in seinem Element. Im Offizierskorps wurde je und je die Zeit geschätzt, in der man ein eigenes Regiment zu führen hatte.

Dazu kam die Isolierung der Familie in der katholischen Stadt. Wir können uns heute kaum vorstellen, wie breit der Graben nach dem unglücklichen Kulturkampf Bismarcks zwischen den beiden christlichen Konfessionen war. Während wir heute an vielen Stellen daran arbeiten, diesen Graben zuzuschütten, wurde er damals beiderseitig möglichst breit gehalten. Der preußische Offizier im katholischen Rheinland war ohnehin nicht hochgeschätzt. Aber Viebahn war ein Kämpfer und Bekenner. Er ließ

Oberst
Georg von Viebahn
Trier

sich dadurch nicht hemmen. Und seine Frau hatte mit der nun achtköpfigen Kinderschar im Hause genug zu tun, auch ohne großen gesellschaftlichen Verkehr — zumal am 11. November 1890 ihr drittes Kind, der Sohn Bernd, geboren wurde.

Hier in Trier gründete Viebahn für seine evangelischen Soldaten auf eigene Kosten ein Soldatenheim und berief einen Bruder aus St. Chrischona bei Basel, der bekannten und gesegneten Prediger- und Missionsschule, zum Hausvater des Heims. Nebenbei war dieser auch Bibelkolporteur, durch den der Oberst der katholischen Bevölkerung zu dienen suchte. Die Bibelbewegung, die heute die römisch-katholische Kirche belebt, gab es damals noch nicht.

Doch diese Trierer Zeit dauerte nur etwa dreieinhalb Jahre.

Marie von Viebahn geb. Ankersmit mit Wilhelm, Georg und Bernd 1892

Danach mußte die große Viebahn-Familie noch einmal umziehen. Georg von Viebahn wurde im April 1893 als Generalmajor und Kommandeur der 5. Infanteriebrigade nach Stettin, der Hauptstadt Pommerns, versetzt. Das war freilich eine andere Umgebung als im schönen Moseltal an der französischen Grenze. An der Mündung des Oderstromes wehte Ostseeluft. Hier war man im Kernland des preußischen Luthertums, wenn auch die Kirche in den neunziger Jahren den Einbruch des Liberalismus erlebte und Stettin nur wenig von der Erweckung berührt war, die vor einer Generation Hinterpommern vom Lobe Christi erfüllte.

Über diese Jahre in Stettin sind wir durch die Lebenserinnerungen von Bernd von Viebahn, dem jüngsten Sohn des Generals, gut orientiert. Er kam als Zweieinhalbjähriger nach Stettin und erlebte hier seine Kinder- und Jugendzeit.

Als General zur Zeit Kaiser Wilhelms II. hatte Georg von Viebahn zu repräsentieren. So mietete er für seine zahlreiche Familie ein großes dreistöckiges Haus, das, bestens ausgestattet, für Empfänge und Gäste gerüstet war. Im Hof war ein Stall für etliche Reitpferde. Auch eine Kutsche fehlte nicht, mit der sonntags die ganze Familie ausfuhr. Der Aufwand schmerzte nicht, denn zu dem nicht geringen Generalsgehalt kam das Vermögen seiner Frau, die inzwischen ihre Eltern in Amsterdam beerbt hatte. Man brauchte also nicht zu sparen, obwohl die Kinder zur Sparsamkeit erzogen wurden: „Wir sind nicht etwa reich, sondern nur wohlhabend!“

Georg von Viebahn war ein fleißiger Briefschreiber, und da persönliche Briefe uns den Charakter des Schreibenden lebendig vor Augen stellen, bringen wir auch hier einige Briefe an seine Kinder. Aus dem Nachlaß von Frau von Herff — Pauli von Viebahn — wurde uns eine Anzahl solcher Briefe zur Verfügung gestellt. Sie sind ein Beispiel dafür, wie Viebahn mit seinen Kindern lebte und wie er sich in die Seele seiner Kinder einzufühlen vermochte.

Stettin, 11. 4. 1893

Mein geliebtes Paulikind!

An Deinem Geburtstage gedenke ich vor allem Deines geliebten Mütterchens, die sich so innig über Dich freute, und ich wünsche, daß Du ihr recht ähnlich werden möchtest; aber Dein wahres Vorbild ist der Herr, auf Den siehe hin und frage, wenn Du nun älter und verständiger wirst, bei allem, was Du thust und unternimmst, was *Er* gebietet, was *Ihm* wohlgefällt.

Nun habt Ihr eine so schöne, fröhliche Zeit in Siegen, daß Ihr gewiß lebenslang mit Freude daran zurückdenken werdet. Ich hoffe, daß Ihr Tante Helene und Onkel Gustav und Lenchen sehr viel Freude macht und sehr lieb und artig seid.

Nun feiert nur einen sehr fröhlichen Geburtstag und vergiß nicht, daß Dein Väterchen ihn hier auch mit Christa, Maria und Friedrich Wilhelm feiern wird. Hier im Hause wird allmählich Ordnung. Saal, Papas Stube, Eßzimmer, Wohnzimmer sind schon fertig. Pauli und Anni schlafen später in einem herrlichen Zimmer neben den drei großen Schwestern — jetzt schlafe ich mit Friedrich Wilhelm daselbst. Wenn Ihr später hier seid, so soll des Morgens die Thür zu den großen Schwestern aufgemacht werden, damit bei den kleinen Schwestern keine Trödelei entsteht.

Nun drücke ich Dich in Gedanken an mein Herz. Der Herr behüte Dich!

Dein Väterchen
Georg von Viebahn

Simmatzig, 3. 9. 93

Mein liebes Paulichen!

Dein Brief hat mich sehr erfreut, ich danke Dir dafür. Nun sind nur noch elf Tage, bis ich wieder bei Euch sein kann, darauf will ich mich recht freuen. Alle Tage war ich viele Stunden zu Pferde. Aber neulich habe ich etwas furchtbar Komisches erlebt, das will ich Dir erzählen.

Ich ritt mit Johann durch ein Dorf, es heißt Rosenow. Im Dorfe ist ein Teich, nicht sehr groß, und ich dachte, er sei nicht tief und wollte Iris einmal ein wenig mit den Beinen plantschen lassen. Als ich nun hineinritt, wurde es plötzlich ganz tief, so daß das Wasser der Iris bis an den Hals ging, da wollte ich umdrehen. Aber dabei stolperte die Iris und fiel um, und da lagen wir beide im schmutzigen Wasser, und Johann, der am Ufer hielt, machte ein erschrecktes Gesicht, aber ich stand auf und ging heraus und die Iris auch, und dann ritten wir weiter und waren pudelnaß. Ist das nicht komisch?

Nun kannst Du diese Geschichte Deinen Puppen erzählen mit einem Gruß von ihrem Großvater.

Nun sei dem Herrn befohlen. Dich küßt Dein Väterchen

Georg von Viebahn

In einem Brief von 1895 erzählt Viebahn seiner Frau, die verreist ist:

„Ich habe noch um 7 Uhr anspannen lassen und bin mit allen Kindern eine Stunde hinausgefahren, wobei alle glücklich und fröhlich waren. Bernd sagte, als wir draußen ausgestiegen waren, um Blumen zu pflücken: ‚Ich finde es sehr hübsch hier in der Welt!'"

Amsterdam, 29. 11. 95

Mein liebes Paulikind!

Am nächsten Dienstagabend gedenken wir von hier abzureisen, die Nacht durchzufahren und am Mittwoch früh in Brandenburg anzukommen. Daselbst wollen wir bis zum Freitag früh bleiben, dann einige Stunden in Berlin uns aufhalten und gegen Abend, so Gott will, in Stettin ankommen. Theile dies Deinen Geschwistern mit. Deine Briefe sind bisher immer unterwegs verloren gegangen, frage doch einmal an der Post, woran es liegt? Gestern abend waren wir in einem riesigen Konzertsaale, woselbst ein 18jähriges junges Mädchen prachtvoll Cello spielte. Zuerst ein Konzert mit Orchesterbegleitung, nachher Variationen mit Klavierbegleitung. Sie spielte alles auswendig, obwohl das Konzert über eine halbe Stunde und die Variationen etwa 25 Minuten in Anspruch nahmen. Es ist aber für eine Dame fast zu anstrengend, dies Instrument zu spielen. Ich füge Dir ein Bild des jungen Mädchens bei, sie machte einen sehr bescheidenen Eindruck.

Onkel Koo hat eine riesige Briefmarkensammlung, er zeigte mir darin eine englische Briefmarke, die mehrere tausend Mark werth ist, viele andere, deren Werth nach Hunderten zählt. Es ist ein vollständiger Wahnsinn, der die Menschen mit den Briefmarken ergriffen hat. Mündlich erzähle ich Euch mehr davon. Grüße alle Deine Geschwister, groß und klein, und nimm einen Kuß von Deiner Mama und Deinem Väterchen. Der Herr behüte Dich!

Georg von Viebahn

Marburg, 23. 4. 96

Mein Paulikind!

Habe Dank für Deinen Brief. Du bist nun allerdings an Deinem Geburtstage sehr reich beschenkt worden, ich freue mich darüber und freue mich auch über die Beethovenschen und Mozartschen Noten, aus denen Du uns hoffentlich noch oft vorspielen wirst.

Hier wird es nun Frühling, auf dem großen Kastanienbaum vor meinem Fenster in der Schwanallee wohnt ein Amsel-Ehepaar. Ihr Schlafzimmer haben sie unten in einem Busch gegenüber im Garten, aber Wohn- und Musikzimmer ist oben vor meinem Fenster. Es ist reizend, die Thiere zu beobachten und den einfachen Liedern zuzuhören. Bei den Vögelchen ist es umgekehrt wie bei den Menschen: die Männer sind hübscher und singen besser als die Frauen.

Grüße Christa von mir und sage ihr, ich würde sie nächstens durch einen Brief überraschen. Ihr könntet ab und zu etwas Tinte für Euren Vater vergießen, Ihr lieben Leute, und mir so einiges erzählen aus Eurer Schule u.s.w.

Warum unterschreibt sich eigentlich die kleine Anni immer so kühl als Anna von Viebahn — ist das feiner als Anni? Grüße mir diese Maus, ich will Euch beiden hübsche Zopfschleifen schenken, Ihr könnt sie mit Mama auf meine Kosten aussuchen.

Dich küßt Dein Väterchen
Georg von Viebahn

Siegen, 1. 5. 96

Mein Herzenskind!

Deinen Brief mit den 10 Hasen habe ich erhalten und mich gefreut, daß Ihr fröhlich seid. Ich hätte nun gern von Dir und Anni eine Nachricht darüber, wie es mit der neuen Lehrerin in der Schule geht und was ihr sonst treibt. Es ist nun nicht mehr so lange hin bis zu meiner Rückkehr, darauf freue ich mich, dann wollen wir tüchtig zusammen spazieren gehen. Auch wollen wir dann bald Examen abhalten. Was macht denn Deine Blumenplantage?

Wenn ich zurückkomme, will ich eine Latte zurechtmachen, um Euch alle zu messen, das soll dann alle Vierteljahr geschehen.

Sage an Christa, ich wollte mir die Sache mit dem Pudel noch einmal überlegen. Nun sei geküßt, mein Herzenskind, von Deinem Väterchen

Georg von Viebahn

Auch in Stettin hielten sich Viebahns zur „Versammlung", zumal die „moderne" Theologie der Stettiner Pastoren enttäuschte. Darüber muß in einem anderen Kapitel noch ausführlich berichtet werden.

Allzulange dauerte der Dienst des Generals an der Spitze seiner Brigade nicht. Er wollte ganz frei sein für das evangelistische Zeugnis unter Mannschaften und Offizieren und entschloß sich, seinen Abschied einzureichen. Dieser Schritt bedeutete für die Familie eine große Veränderung. Da zwei Töchter in Berlin zum Malunterricht waren, fuhr Frau von Viebahn zu ihnen, um sie schonend darauf vorzubereiten, daß sie den Vater nicht mehr in Uniform sehen würden. Der Bruder Bernd meint, es wären damals viele Taschentücher naßgeweint worden. — Die große Wohnung wurde gekündigt und statt dessen in der Grabower Straße eine schöne Villa mit Garten gekauft.

Die Kinderschar war inzwischen herangewachsen. Beim Umzug nach Stettin war Christa, die Älteste, bereits zwanzig Jahre

Georg von Viebahn
Stettin

alt gewesen. Sie hatte sich zur selbständigen Persönlichkeit entwickelt und war früh gereift. Hatte sie sich schon in Trier um die Hausangestellten gekümmert, die der große Haushalt brauchte, so konnte sie in der größeren Wohnung ihre seelsorgerlich-missionarische Arbeit ausbreiten und begann durch Schriften- und Besuchsdienst eine stadtmissionarische Arbeit in Stettin. Elisabeth, zwei Jahre jünger als Christa, hatte schöne intellektuelle und musische Gaben. Sie folgte dem Glauben der Eltern, war aber oft pflegebedürftig. Sie zeichnete und malte; dazu kam, daß sie sehr gut, wenn auch nicht virtuos, Klavier spielte. Und ihr Gesang! Sie hatte eine so herrliche Stimme, daß ihr Vater sagte:

„Wenn Elisabeth singt, das ist oft, als ob die Töne aus der himmlischen Welt kämen." Von den übrigen Töchtern war Maria beim Einzug in Stettin sechzehn, Pauli elf und Anni neun Jahre alt. Die Töchter bekamen Unterricht im Hause bzw. Kunstunterricht in Berlin. Die Söhne waren hochbegabt und in der Schule erfolgreich.

Seit dem Jahr 1897 pflegte General von Viebahn den Brauch, am letzten Tag des Jahres im Kreise seiner Familie — offenbar mit ihrer Unterstützung — eine sogenannte *Silvester-Chronik* zu schreiben. Das war ein Rückblick auf das vollendete Jahr unter Erwähnung aller wichtigen Ereignisse in der Familie. Nicht nur Verlobungen und Heiraten werden ausführlich geschildert, auch etwa die vielfachen Erkrankungen, die in einem kinderreichen Hause ja nie fehlen. Die Hausangestellten werden erwähnt, und man merkt, wie herzlich das Verhältnis zu den Hausmädchen, dem Burschen und dem Kutscher war — hat doch der General bei einer Grippeepidemie, die fast alle ins Bett zwang, liebevoll den eigenen Diener gepflegt. Auch die Schulerfolge der Söhne werden verzeichnet, dazu zahlreiche Gäste, die das gastfreie Haus beherbergte. Alljährlich im Sommer macht der Vater mit seinen Söhnen mehrwöchige Reisen, auf denen nicht nur der Rhein und der Schwarzwald, Thüringen und das Riesengebirge erwandert werden — es werden auch Paris und Versailles besucht, wo einst der Hauptmann von Viebahn Zeuge der Ausrufung Wilhelms von Preußen zum Deutschen Kaiser war.

Viebahn schonte sich nicht. Er war im Frühling wie im Herbst auf wochenlangen Evangelisationsreisen unterwegs. In einem Jahr mußte er drei schwere Grippeerkrankungen durchmachen. Am 1. Februar 1897 starb seine Mutter im Hause ihrer einzigen Tochter Helene, der Gattin des Landrats Keil in Siegen. Zweidreiviertel Jahre hatte sie nach einem Treppensturz ohne Besinnung gelegen. Nun war sie in die Ewigkeit abgerufen.

Im August des Jahres besuchte die damals bekannte dänische

Gräfin Schimmelmann mit ihrem Missionsschiff „DUEN“ Stettin und die Familie von Viebahn. Das war insofern folgenreich, als der Sohn Friedrich Wilhelm nach seinem Abitur in ihrem Gefolge eine zweijährige Amerikareise machte, auf der er selbst zum lebendigen Glauben an Jesus kam. Anschließend an den Besuch des Missionsschiffes in Stettin begleitete der General die Gräfin nach Colberg und Pillau. Auf der Rückfahrt von Pillau kam Sturm auf, und sie wurden nach Schweden verschlagen. Der General schreibt seiner Tochter am 24. 9. 1897:

Mein Herzenspauli!

Endlich mußt Du auch einen Brief haben, denn ich glaube, daß Du die einzigste bist, außer Bernd, die noch keinen Brief von mir auf dieser Seereise erhielt.

In den Tagen und besonders in den Nächten des Sturmes, wenn es außen heulte und brauste und das ganze Schiff knackte und ächzte und die Wellen von außen so hart anschlugen, daß innen alle Gläser und Flaschen klirrten und viele brachen, wenn es dann oben auf Deck knallte und polterte und die Kommandorufe des Kapitäns durch alles hindurch zu hören waren, da dachte ich bei mir, daß es gut war, daß Du nicht auf dem Schiffe warst. Und doch waren wir alle nicht in Gefahr, denn der Herr aller Stürme und aller Wogen, unser treuer Jesus, war bei uns. Umstehend schreibe ich Dir ein Lied auf, dessen erste Strophe ich in einer der Sturmesnächte dichtete; vielleicht kannst Du es componieren, jedenfalls den Geschwistern vorlesen. Vor allem, lege Dich selbst, mein liebes Kind, täglich in Jesu Hände, laß Ihn in allen Dingen Deinen Lotsen sein. Dann bist Du in Frieden! Sei geküßt von Deinem Väterchen

Georg von Viebahn

Herr des Himmels, Herr der Meere,
Wogenbraus und Sturmeswehn
rühmt nur Deine Königsehre,
alles muß Dein Lob erhöhn.

Alles Brausen, Krachen, Toben,
alle schaumgekrönten Wellen
müssen ihren Meister loben,
und mein Schiff kann nie zerschellen.

Jesus selber führt das Steuer,
Lotse, treu und groß an Macht,
und des Leuchtturms strahlend Feuer
glänzt und leuchtet durch die Nacht.

Der des Tags im Sonnenglanze
still mein Schiff gesteuert hat
und des Nachts im Sternenkranze
leuchtet über meinem Pfad —

Du bringst heim durch Sturm und Wogen
in des Friedenshafens Ruh.
Niemals hat Dein Wort betrogen,
Sieg und Leben bist nur Du.

Herr des Himmels, Herr der Meere,
Wogenbraus und Sturmeswehn
rühmt nur Deine Königsehre.
Alles muß Dein Lob erhöhn!

Das abgeschlossenene Jahr 1898 nennt Viebahn rückblickend „ein Jahr rechter Segnungen Gottes". Im März war Offizierskonferenz in Berlin.

Friedrich Wilhelm hatte sein Abitur bestanden, und der Vater hatte ihn im April bis England begleitet, von wo aus der Sohn weiter nach Amerika fuhr.

Im August brachte Frau von Viebahn die beiden jüngsten Töchter Pauli und Anni in die Schweiz in eine Pension. Am 15. 9. 1898 schreibt der Vater aus Stettin einen langen Brief an seine Töchter:

Meine geliebten, theuren Kinder!

Endlich finde ich Ruhe, um Euch zu schreiben und Euch für Eure bisher eingegangenen Briefe zu danken. Durch meine Reise nach Blankenburg war ich mit meiner Arbeit in Rückstand gekommen. Das ist nun ausgeglichen. Alles, was Ihr mitteilt, Kleines und Großes, ist für mich von höchstem Interesse.

Ich will nun zuerst von hier erzählen. Christa war neulich wieder elend, sieht überhaupt blaß und mager aus, wenn sie auch fröhlich ist. Gedenket ihrer viel in der Fürbitte! Von Friedrich Wilhelm, der uns einen langen ausführlichen Brief in Aussicht gestellt hatte, ist noch nichts eingegangen. Ich weiß, daß der Herr ihn leiten und bewahren wird, habe ihm eben geschrieben, er solle doch wenigstens ein paar Worte allwöchentlich schreiben. Unsere drei Buben sind gesund, wenn auch Wilhelm noch schmal ist, sie sind auch im allgemeinen recht artig. Jetzt gehe ich mit ihnen nachmittags um 5 Uhr zum Schwimmen. Georg und Wilhelm können so viel, daß sie allein schwimmen können, sie haben aber noch nicht genügend Ruhe und Ausdauer. Ich hoffe aber, daß sie ohne nochmaligen Unterricht nun sich freischwimmen werden. Bernd, der im Wasser sehr dreist ist, macht nicht so schnelle Fortschritte, wie ich gedacht hatte.[6] Er ist aber schon einige Male mit einer Korkweste allein geschwommen.

Heute ist nun Wilhelms Geburtstag – mir kommt es fast wunderbar vor, daß es erst neun Jahre sind, seit er uns geschenkt wurde, während ich an der Mosel mein erstes Manöver hatte. Auch daran wollen wir gedenken, wie unsere liebe Fräulein Stabenow (die ehemalige Sekretärin) ihn so sehr liebte und so aufopfernd pflegte in seiner schweren Krankheit und seine Genesung so heiß erflehte. Er hat nun heute seine Uhr erhalten, Mama hatte eine

Anni und Pauli von Viebahn

Nickelkette dazugeschenkt. Aber er freute sich offenbar mehr über seine Zinnsoldaten als über seine Uhr.

Bubi (Bernd) hat gestern nachmittag einen Klassenspaziergang nach den sieben Bachmühlen gemacht, von wo er um 9 Uhr in der Dunkelheit recht befriedigt, aber sehr müde heimkehrte. – Elisabeth ist im ganzen wohl, aber doch lange nicht so frisch wie im vergangenen Jahr; Maria ist wohl und fröhlich, hat aber in diesen Tagen mit ihren Zähnen zu thun. Gestern hat sie der Zahnarzt sehr gequält. Laura (die Hausangestellte) war 10 Tage in Hinterpommern auf dem Lande bei Geschwistern von der Versammlung, sie hat es dort sehr gut gehabt. Anna (die zweite Hausangestellte) war dann auch noch fünf Tage auf Urlaub, und Erna (die dritte) soll es noch erhalten.

Was nun Eure lieben Briefe betrifft, meine zwei Herzenskinder, so müßt Ihr mir noch eins ausführlich schreiben, nämlich was Ihr denn dort findet für Euer inneres Leben zum Wachstum Eures Glaubens und Eurer Lebensgemeinschaft mit dem Herrn. Bitte schreibt mir, jeder von Euch beiden für sich, wie es dort steht. Ist es wirklich ein Christenhaus, wo Jesus gebietet und regiert, oder ist es ein Welthaus, wo der Geist der Welt regiert? Hierauf möchte ich eine klare Antwort haben. In Euren Tagesberichten ist nicht einmal von Hausandacht die Rede, und ich fange an zu befürchten, ob Fräulein R. nichts merken läßt davon, ob sie den Herrn kennt.

Habt Ihr mit Fräulein L. eine Gemeinschaft des Gebets oder des Lesens in der Schrift? Geht der Herr in der Mitte, wenn Ihr mit Ihm zur Versammlung und von der Versammlung geht? Ich bitte Euch herzlich um das Eine, daß Ihr täglich vor dem Herrn in der Stille Euch sammelt und in der Stille Sein Wort leset. Habt Ihr es bisher gethan? Habt Ihr dazu wirklich Ruhe vor Beginn des Unterrichts? Ich bin vom Herrn dazu geführt worden und habe es in den letzten Wochen praktisch erfahren, daß nichts die stille Stunde in der Frühe ersetzt, *daß man mit dem Herrn reden kann, ehe man mit den Menschen und den Tagespflichten in Berührung kommt.* Da sind die Gedanken noch nicht dahin und dorthin gezogen, das Herz ist frei, um den Herrn anzuschauen. Möchtet auch Ihr es darin ernst nehmen und Euch von Jugend an so gewöhnen, es wird Euch nie gereuen. Ihr werdet Euch noch in der Ewigkeit freuen über jede Minute, die Ihr in wahrer Herzensgemeinschaft mit dem Herrn verlebt habt. Wenn, wie es scheint, die anderen jungen Mädchen, die in der Pension sind, den Herrn noch nicht kennen, so seid Ihr verantwortlich, daß Ihr mit stillem, demüthigem Wandel bezeugt, wem Ihr dient. *Aus all Eurem Wesen und Leben soll Jesus leuchten.* Der Herr helfe Euch und bewahre und stärke Euch dazu.

Nun befehle ich Euch mit heißem Flehen dem Herrn! Antwortet mir möglichst beide sogleich und möglichst ausführlich und seid in inniger Liebe ans Herz gedrückt von Eurem Väterchen

Georg von Viebahn

Damals waren die Empfängerinnen Pauli und Anni etwa 16½ und 14¾ Jahre alt. Dieser eindrucksvolle Brief gibt uns Einblicke ins Herz des besorgten Vaters, der seine beiden jüngsten Töchter m entscheidenden Entwicklungsalter in die Fremde gegeben hat. Wie ausführlich und liebevoll berichtet er zuerst von allen Geschwistern und von dem, was zu Hause vorgeht! Aber dann brennt es ihm auf dem Herzen: bleiben seine beiden Töchter in der Ferne ihrem Herrn treu? Und er belegt seine väterlichen Ermahnungen mit der eigenen geistlichen Erfahrung der letzten Wochen. Auch er ist also nicht „fertig", sondern beim Lernen in der Nachfolge Jesu. Hier herrscht kein Gesetz, sondern die Herzensgemeinschaft mit Jesus bleibt das Wichtigste. Daraus fließt alles, und da lernen wir nie aus.

Wolgast, 12. 10. 98

Meine geliebten Kinder!

Da habe ich endlich die langersehnte Stunde, um Euch in Ruhe zu schreiben und für Eure letzten zwei lieben Briefe zu danken. Es war einmal wieder recht viel und vielerlei Arbeit in den letzten fünf Wochen, seit ich aus Blankenburg zurück war, und die für mich schwere Sache mit dem Wechsel des Instituts für Euch hat mich auch manche Stunde gekostet. Mamachen wird es mit Euch besprochen haben, es war mir wegen der lieben Fräulein Löwen ein sehr schwerer Entschluß, aber ich wußte, was des Herrn Wille war. Ich weiß, daß Ihr in Morges Segen empfangen werdet, und ich vertraue, daß der Herr uns den Weg zeigt, um Fräulein Löwen viel Liebe zu erweisen. Ihr werdet es gewiß mit mir vom Herrn erflehen, daß auch ihr alles zum Segen sei.

Inzwischen wißt Ihr, daß der Wechsel am 1. November stattfinden soll, was ich für beide Theile angenehmer finde, auch für Fräulein Lassueur. Ich hoffe, daß, solange Ihr dort seid, unsere liebe Gräfin Korff auch einmal nach Morges kommen wird, ich würde mich so sehr freuen, wenn Ihr sie kennen lernen würdet.

Alles, was Ihr bisher in Euren Briefen erzählt habt, hat mir Freude gemacht, und ich denke mir, daß Ihr oft dem Herrn dankt für die viele Freude, die Ihr erleben dürft.

Unsere Jungens helfen jetzt sehr fleißig im Stall. Die Armee in

Seegers Garten (Bären-Apotheke) hat vor drei Tagen einstimmig ihren bisherigen Hauptmann Georg zum Major ernannt unter Verleihung des Schwarzen Adlerordens. Leider ist dieser erhebende Moment zwei Tage später getrübt worden, indem Seeger und zwei andere Jungens sich von Georg losgesagt haben, um eine eigene Armee zu bilden.

Euch küßt Euer Väterchen
Georg von Viebahn

Amsterdam, 2. 11. 98

Meine geliebte Pauli!

Eure Briefe, die mich mit Freude und Dank erfüllten, trafen unmittelbar nach unserer Ankunft hier ein; wir sehen darin aufs neue bestätigt, was wir wußten, daß in dieser Angelegenheit der Herr geleitet hat. So wissen wir denn auch, daß es für Euch eine Zeit großen Segens sein wird.

Vielleicht gestattet mir der Herr, solange Ihr in der Schweiz seid, Euch dort zu besuchen. Wie schön wäre das! Vorläufig freilich sehe ich andere Wege vor mir; denn im Dezember schickt mich der Herr auf sehr merkwürdige Weise nach Stockholm, um dort den schwedischen Offizieren das Evangelium zu sagen (Vorträge in der Ingenieurs-Akademie). Wiewohl es dort viel mehr gläubige Offiziere gibt als bei uns, hat man mich gebeten, zu diesem Zwecke dorthin zu kommen. Für jetzt ist der Reiseplan Sonnabend nach Elberfeld, Sonntag soll ich in Lennep, Montag in Duisburg Evangelium verkündigen, vom 8. bis 11. November ist Konferenz in Elberfeld, am 13. hoffe ich, wieder in Stettin zu sein. Schon am 26. soll ich wieder nach Berlin, um dort acht Tage lang Evangelium zu verkündigen. Es scheint mir sehr viel im Blick auf die andere Arbeit, welche doch die Hauptsache ist — doch gehe ich, wie der Herr führt.

Wir hatten jetzt eine besondere Segenszeit, wie ich sie noch nie erlebt habe, durch den Besuch des theuren Rubanowitsch, eines gesegneten Bruders, der nicht zur Versammlung gehört. Emma und Anna haben Frieden gefunden, und ich glaube auch Carl. Vielleicht ist die Zahl derer, welche durchgebrochen sind, um Jesu sich ganz zu geben, sehr groß, wir wissen von mehreren. Unter diesen auch ein Offizier, der Leutnant von Loeper, welcher bereits einige Male Spott und Anfeindung unter seinen Kameraden erduldet hat. Grüßet Mad. Lassueur als unsere theure Schwester sehr herzlich.

Dich umarmt in inniger Liebe Dein Väterchen
Georg von Viebahn

Stettin, 20. 11. 98

Jeder Eurer Briefe ist uns allen eine große Freude. Eure Woche scheint ja ziemlich dick besetzt zu sein, um so mehr werdet Ihr Euch auf den Sonntag freuen.

Inzwischen werdet Ihr erfahren haben, daß Ihr in Gestalt von Julie Verschuer eine neue Schwester in unser Haus bekommen habt, zugleich eine Schwester im Herrn, da sie sich in den Tagen der Anwesenheit des Bruders Rubanowitsch bekehrt hat und nun auch schon mit uns am Tische des Herrn ist. Sie hat also die Arbeit unserer treuen Fräulein Stabenow übernommen, und wir sind in der abgelaufenen Woche zusammen schon recht fleißig gewesen.

Unsere Elisabeth liegt seit acht Tagen krank, das Fieber war bis vorgestern sehr hoch, abends zwischen 39 und 40. Jetzt geht es besser. Mein Geburtstag war dadurch etwas getrübt, zumal Mama auch sehr elend war und Martha auch krank ist an Influenza; auch Georg legte sich Mittwoch, soll aber morgen wieder zur Schule. Besprich zunächst mit Anni einmal das Nachfolgende: Ich finde es immer gesegnet, wenn wir uns der Armen annehmen dürfen. Da Ihr noch längere Zeit in Morges bleibt, so fände ich es schön, wenn Ihr dort eine arme Familie hättet, die Ihr sonntags oder sonst besuchen und irgendeine Wohlthat ihnen thun könntet, um ihnen die Liebe Jesu kund zu machen. Wenn Ihr meint, daß das ginge, so laßt es mich wissen, dann könntet Ihr es erst mit Mad. Lassueur besprechen.

Sei in viel Liebe geküßt von Deinem Väterchen
Georg von Viebahn

Stettin, 21. 12. 98

Meine geliebte Pauli!

Zum Weihnachtsfeste sende ich Dir einen großen Liebesgruß und hoffe, daß Ihr die Ferien recht genießen werdet.

Du wirst aus Elisabeths Brief ersehen haben, daß Marias Verlobung mit Herrn von Loeper nahe bevorsteht. Ich möchte Euch nun vor allem sagen, daß Herr von Loeper sich völlig verändert hat, er ist jetzt ein Kind Gottes, sieht auch äußerlich ganz anders aus als früher. Er ist im Laufe der letzten Monate öfter bei mir gewesen, damit wir zusammen die Schrift betrachteten, ich habe ihn also besser kennen gelernt und bin überzeugt, daß er wahrhaft bekehrt ist.

Es ist verabredet, daß Herr von Loeper am 4. Januar um 4 Uhr nachmittags zu uns kommt, um Maria zu sprechen, und Ihr dürft als sicher annehmen, daß alsdann die Verlobung sein wird, der wir mit Freude entgegensehen, denn ich bin überzeugt, daß Herr von Loeper uns ein betender Sohn und Euch ein lieber Bruder sein wird. Wenn nun alles so kommen sollte, wie vorstehend geschrieben, so werdet Ihr wohl am 4. Januar abends ein Telegramm erhalten.

Nun zum Weihnachtsabend. Euer Paket wird wohl angekommen sein und Euch aufgebaut werden. Wenn Ihr es aufmacht, wird ein wenig Heimweh sein, aber wenn Du darüber nachdenkst, welche Ströme des Segens der Vater im Himmel über Dein Leben ausgegossen hat, wirst Du doch voll Lob und Dank sein.

Dich umarmt Dein Väterchen
Georg von Viebahn

Stettin, 10. 4. 99

Meine geliebte Pauli!

Dein Geburtstag naht heran. Heute nachmittag habe ich noch eine kleine Überraschung für Dich in der Stadt ausgesucht; auch kaufte ich für Dich und Anni etwas Süßes. Du wirst die Sendung hoffentlich rechtzeitig erhalten.

Nun zählst Du schon die Tage bis zur Heimkehr, und wir werden bald Beschluß darüber fassen müssen, wie es mit Eurer Abholung werden soll. Es war leider unmöglich für mich, Euch von Straßburg aus zu besuchen, da ich keine Zeit frei hatte. Es waren sehr gesegnete Tage in Straßburg, ich durfte vielen Soldaten, auch vielen Offizieren das Wort Gottes sagen.

Inzwischen beginnen hier die Arbeiten an dem neuen Hause, zunächst durch Erbauung einer Grenzmauer, eines Hühner-, Pferde- und Taubenstalles. Den Garten werden wir erst im Herbst so umgestalten können, wie er werden soll; er ist jetzt nicht schön im Stande. Aber der Blick von unserem Dach ist der schönste, was in Stettin zu sehen ist. Daß Iduna verkauft ist und ein anderes Pferd Idónea an dessen Stelle ist, werden die Kinder geschrieben haben. Das sind von den vergänglichen Dingen etwa diejenigen, die Euch am meisten interessieren werden. Aber nun hebe ich meine Augen auf zu den unvergänglichen und preise den Herrn, daß Er Dich, mein geliebtes Kind, frühe zu sich zog und daß Du nun, herangewachsen, im Begriff, als erwachsene Tochter heimzukehren, mit allem dem Herrn gehörst, um Ihm allein zu dienen und Seinen Namen zu preisen. Ihm befehle ich Dich und bitte Ihn, daß Er Dich wandeln lasse als eine treue Jüngerin Jesu, mit ungetheiltem Herzen nur für Ihn lebend. Er behüte Dich an Seele und Leib gesund.

Ich schließe Dich mit viel inniger Liebe in meine Arme.

Dein Väterchen
Georg von Viebahn

Sehr zeitig im Jahr 1899 war die geplante Reise nach Schweden zustande gekommen, wo der General geistliche Vorträge vor Offizieren hielt. Diese Reise begründete Viebahns Freundschaft mit dem zweiten Sohn des schwedischen Königs, dem Prinzen Bernadotte, und mit dem Major von Holst.

Am 1. August fuhr Frau von Viebahn in die Schweiz, um die Töchter nach ihrem einjährigen Aufenthalt in der Pension abzuholen. Sie machten dann zu dritt eine herrliche Reise durch die Schweiz bis hinunter nach Lugano.

Meine geliebte Pauli, *Breslau, 7. 4. 1900*
genannt Pohla!

Habe herzlichen Dank für Deine lieben Briefe. Der Dienst, den ich für den Herrn tun darf, läßt mir wenig Zeit zum Schreiben, besonders hier in Breslau, wo täglich zwei Versammlungen waren. Aber der Herr hat es mir bestätigt, daß Er mich hergesandt hat. Ich glaube nicht, daß es in Deutschland noch eine so große Stadt gibt wie Breslau, wo so wenig Kinder Gottes sind. Hier herrscht wirklich der Tod. Aber der Herr gab mir Worte des Lebens. Ich schreibe eben, ehe wir zur Versammlung fahren. Heute ist die 7. Versammlung über das Gleichnis vom Säemann, es soll sich heute handeln um „die Begierden nach den übrigen Dingen" (Markus 4, 19). Morgen kommt dann zum Schluß das gute Ackerland — so der Herr will. In den Bibelstunden, wo nahezu alle Gläubigen waren, die es hier geben mag, und viele suchende Seelen, haben wir heute die Betrachtungen über das Gebet des Glaubens beendet.

General Graf Moltke sagte mir, daß die hiesigen Offizierskreise ganz unter dem Einfluß der materialistisch-ungläubigen Erbprinzessin ständen. Dennoch gibt es einen Gläubigen, den Hauptmann von Oertzen, der wirklich ein lieber Mann ist.

Sei mit allen gegrüßt und dem Herrn befohlen!

Dein Väterchen Georg von Viebahn

Georg, Wilhelm und Bernd von Viebahn

Der Sohn Bernd schreibt:

„*Die Silvester-Chronik 1900* vermeldet einmal, daß wir Jungens alle drei mit guten Zensuren versetzt worden sind, — rühmt auch unser Klavierspiel und unsere Turnkünste.

In diesem Jahr schwamm ich mich frei. Das geschah auch wieder in unserem schönen Hallenbad am Roßmarkt. Mein Vater war dabei und schwamm auch. Immer wieder gingen meine Augen nach der großen Uhr oben an der Querwand der Schwimmhalle. Endlich nahte die Viertelstunde, die ich schwimmen mußte, ihrem Ende. Und dann war es soweit: die fünfzehn Minuten waren um, und ich steuerte auf die nächste Ausstiegsleiter zu; aber da schwamm Vater mir quer davor und sagte: ‚Du kannst noch. Schwimm weiter! Man muß alles so gut machen, wie man kann.‘ Also schwamm ich noch fünf Minuten weiter meine Runden, dann durfte ich aufhören. Das war eine gute pädagogische Hilfe gewesen — nicht nur für den Augenblick, sondern fürs Leben."

In einem Brief vom August schreibt Frau Marie von Viebahn von den Anliegen für ihre Söhne: „Was Du über die Jungen schreibst, ist gewiß richtig — manche Kinder sind von Natur selbstloser wie sie, und mir tut es immer weh, wenn ich sehe, daß sie gar nicht verstehen, daß es etwas Beglückendes ist, um anderer willen mal etwas aufzugeben oder für andere etwas zu tun. — Und doch sind ab und zu bei Georg — und auch bei Wilhelm — Momente, wo sie um des Herrn willen sich selbst verleugnet haben, wenn ich sie daran erinnert oder dazu ermuntert hatte; — es ist ja schwach und gering, und ihre Selbstsucht gewinnt immer wieder die Oberhand; dies kann nur überwunden werden, wenn sie sich wirklich dem Herrn ausliefern; aber ihnen helfen, daß sie sich üben lernen in der Selbstverleugnung, müssen wir, glaube ich, dennoch."

Im Anschluß an die Silvester-Chronik 1901 schreibt Viebahn: „Das Jahr 1901 nahm meinen Jugendfreund Walther von Prittwitz aus der Zeit in die Ewigkeit. Am 26.6. starb er. Zu Frieden und Freude in Jesus war er nicht hindurchgedrungen, aber er hat in den schweren Schmerzen und Leiden Glauben gehalten und ist an der Treue seines Gottes nicht irregeworden. Er hatte mit der Welt nicht gebrochen, darum unseren Weg nicht verstanden und gebilligt, aber er ist mir ein lieber, treuer Freund gewesen und hat mir durch die 46 Jahre unserer Freundschaft Treue gehalten. Bei unserem letzten Wiedersehen beteten wir in Einheit des Glaubens, und er dankte für alles, auch für die Schmerzen."

In diesem Jahr spricht Viebahn an der Universität Greifswald vor Studenten und Professoren. In Straßburg hält er einen Vortrag vor etwa zwölfhundert Soldaten, und Ende März ist in Basel „eine herrliche, ernste Woche".

Es folgen: Gaildorf, Nürnberg, Coburg, dann Barmen, Mülheim, Tersteegensruh und die Studentenkonferenz in Wernigerode. Wieder in Barmen, erkrankt Viebahn so schwer, daß seine Frau zu seiner Pflege hinfährt.

Auch Anfang des Jahres 1902 kränkelt er. Im Februar heiratet Pauli, die Vorjüngste, den Leutnant a.D. Gustav von Herff. Er war um seines offenen Christuszeugnisses willen im Dienst in große Schwierigkeiten gekommen, schied daher früh aus dem Heeresdienst aus, hatte hernach manche beruflichen Nöte, bis er ein Beamtenverhältnis bei der Post fand. Die Hochzeit ist ein großes Fest mit zahlreichen Gästen. Der Bruder Friedrich Wilhelm muß 61 Telegramme vorlesen. Die Traurede hält der Vater selbst. Ehe das junge Paar sich verabschiedet, hat er mit allen Gästen eine Gebetsversammlung.

Ein Brief an seine Tochter zeigt, wie er sie mit seinem Rat begleitet:

Mein geliebtes Kind!

Habe Dank für Deinen liebevollen Brief. Der Herr trägt uns alle auf Gnaden- und Segenshänden durch die Zeit nach der Ewigkeit.

Es liegt mir am Herzen, in Deinem und Gustavs Interesse über einen Punkt zu schreiben, der für Euer ganzes Leben, für Zeit und Ewigkeit von großer Bedeutung ist. Ich meine dies, daß Ihr durch die Gnade und das Wirken des Heiligen Geistes bewahrt werdet vor engen und liebeleeren Anschauungen, die in einigen Elberfelder Schriften vertreten sind. Du wirst im Neufvilleschen Hause und auch bei den anderen Geschwistern in Frankfurt den warmen Pulsschlag der Liebe Jesu gefühlt haben. Du wirst ihn noch mehr zu fühlen bekommen, wenn Du zu Korffs kommst. Ich bitte Euch, meine theuren Kinder, haltet Eure Herzen und Euer Haus für alle wahren Kinder Gottes offen! Es ist wahr, daß die Versammlung den Weg und das Licht der Wahrheit hat, es ist wahr, daß die Kirche statt Trennung von der Welt die Vereinigung mit der Welt darstellt. Aber wenn Gläubige dies nicht erkennen, so sind wir nicht zu Richtern über ihr Gewissen gesetzt. Wir müssen ihnen die überströmende Liebe Christi entgegenbringen, dadurch werden wir selbst reich und gesegnet.

Wieviel Segen hat Rubanowitsch in unser Haus und unter die Christen von Stettin gebracht. Durch ihn wurden Julie, Mathilde, Emma und Carl bekehrt. Ich will Dir in keiner Weise zureden, mit zur Kirche zu gehen, aber ich bitte Dich, daß, wenn in der Zeit Deiner Anwesenheit in Siegen etwa Vorträge in einem Saale stattfinden, wo Tante Helene hingeht, Du mitgehst — es sei denn, daß Du es des Gedränges wegen unterläßt, was Du ja nicht gut vertragen kannst.

Mein geliebtes Kind, ich erflehe vom Herrn, daß Euer Haus ein leuchtendes Licht für Jesum werde, daß da alle theuren Kinder Gottes mit gleicher Liebe umfaßt und empfangen werden.

Wir hoffen, morgen nachmittag Maria und Hermann hier zu empfangen. Anni ist mit Reisevorbereitungen so ziemlich fertig.

Grüße Tante Helene und Lenchen!
Dich küßt Dein Väterchen
Georg von Viebahn

Auch in diesem Jahr folgten lange Evangelisationsreisen: Elberfeld, Düsseldorf, Köln, Kassel, Frankfurt, Nürnberg, Gotha, Naumburg, Görlitz, Breslau, Brieg, Oppeln, Miechowitz, Michelsdorf. Im Juli war Viebahn wieder in Stockholm, im August wie alljährlich in Blankenburg.

Die Tochter Christa erzählte von einem Erlebnis, das ihr Vater während seiner Nürnberger Vorträge hatte: „Ein junger Leutnant wollte auch einmal gern den General sprechen hören. Als er aber zu dem Versammlungssaal kam, stand ein Schutzmann vor der Tür und sagte mit Nachdruck: Die Tür ist geschlossen, der Saal ist voll besetzt! Der junge Leutnant versuchte, durch ein bittendes Wort doch hineinzukommen. Mit der ganzen Gewichtigkeit einer Amtsperson trat ihm jetzt der Hüter der Ordnung entgegen: Die Tür ist geschlossen, die Tür bleibt geschlossen, Sie können nicht mehr hinein! Diese Worte gingen dem jungen Menschen so nach, daß er sich in der Nacht in Gedanken vor der verschlossenen Himmelstür stehen sah. Am anderen Morgen eilte er zu General von Viebahn. Er durfte zum Herrn kommen und die ewige Errettung seiner Seele erlangen."

Unter den Gästen im Haus Viebahn wird die Fürstin Lieven aus Petersburg genannt, die mit ihrer Tochter anreiste — ihr Haus in Petersburg bildete das Zentrum der Erweckung. — Stockmayer kam zu Besuch. In der Chronik ist vermerkt: „Einheitsversammlung über den 23. Psalm." — Ende des Jahres finden wir auch den Besuch von Oliphants erwähnt, die im Auftrag der Heilsarmee nach Deutschland kamen. Sie wurden im Hause des Generals herzlich aufgenommen, während in jener Zeit „die religiöse Welt in Deutschland die Heilsarmee vielfach noch mit äußerster Verachtung behandelte".

Das Jahr 1903 bringt zwei Enkelkinder: Maria hat einen Siegfried-Kraft, bei Herffs ist das erste Kind eine Elisabeth. Im Februar besucht Schwester Eva von Tiele-Winckler, die Gründerin des Friedenshorts, die Familie Viebahn in Stettin, nachdem der General auf seiner Evangelisationsreise durch Schlesien auch in Miechowitz gedient hatte. Anschließend an die Sommerreise mit den Söhnen verbringt die gesamte Familie drei Wochen Ferien auf Rothenmoor bei Hans Werner von Tiele-Winckler: „Eine herrliche Zeit, für uns alle eine Wohltat."

Über die Augustwochen in Blankenburg schreibt Viebahn: „Ernste Kämpfe für das Wort Gottes. Doch der Herr führte zu Sieg und Segen."

Auch das Jahr 1904 war ein Jahr vieler Segnungen und Bewahrungen. Der Herr segnete das Werk unter den Offizieren. Die Berliner März-Konferenz „war herrlich". Es waren bekehrte aktive und inaktive Offiziere beisammen, „voll Dank, Lob und Freude. Am nächsten Abend war der Saal ziemlich gefüllt zur Evangelisation, über dreißig aktive Offiziere. Es war eine mächtige Ermunterung".

Hedwig von Redern berichtet darüber: „Diese Zusammenkünfte fanden alle Jahre statt. Sie endeten immer mit einem Evangelisationssonntag, zu dem die Teilnehmer einluden, wer irgend sich einladen ließ, und an dem General von Viebahn seine klardurchdachten, mit vielen packenden Beispielen belebten Ansprachen hielt."

Gesegnete Evangelisationen in Oppeln und Liegnitz! „In Oppeln führte mich mein Weg ins Regierungsgebäude auf denselben Fleck, auf welchem in meiner Abiturientenzeit mein Bett gestanden hatte. Dort hatte ich im Jahre 1859 unter viel Glaubensgebet meinen Weg aus dem Elternhaus in das Leben unter die Segnungen Gottes befohlen. Nie hätte ich geahnt, daß der Herr diese Gebete so zu erhören vermöchte, wie ich es nun im Rückblick auf die durchlaufene Bahn vor meinen Augen sah."

1905: „Die Tage von Blankenburg brachten einen Strom von Segen in unsere Herzen, unser Haus, ja in die ganze deutsche Christenheit. Es begann ein Neues, Lebensströme, die wir zuvor nicht gekannt, Gnadentage, die wir nicht geahnt. Gott neigte sich zu Seinem gereinigten und geeinigten Volk!" Lebensströme erlebte man auch in Rothenmoor. Dann die 15tägige Evangelisation in Barmen, „wo der Herr Anbetungswürdiges tat, sowohl durch die Bekehrung von Seelen als durch die Reinigung und Einigung der Kinder Gottes".

Viele Orte gesegneter Evangelisationen und Konferenzen werden aufgeführt, doch am Ende des Jahres *1906* schreibt Georg von Viebahn: „Nie in meinem Leben bin ich unter so tiefen Prüfungen über die Schwelle eines neuen Jahres gegangen mit meinem Hause; ich gehe still, gebeugt unter die liebende Hand des Vaters, der alles wohl macht. Ich weiß, daß Er mit mir zu reden hat. Seine Wege sind höher als unsere Wege — doch sind sie vollkommen an Liebe, Weisheit und Treue. Das Ende wird Herrlichkeit und Erfahrung der Gnade sein."

Die älteste Tochter Christa von Viebahn

Zum 4. September 1907 steht die kurze Notiz in der Chronik: „Christa verließ unser Haus, um nach Stuttgart zu ziehen — ein großer Verlust, ein tiefer Schmerz."

Der Unterschied des Lebensstandards der Arbeiterbevölkerung zum aufwendigen elterlichen Haushalt hatte sich der ältesten Tochter Christa quälend aufs Herz gelegt. Es ergab sich im Lauf der Jahre, daß sie aus dem Elternhaus auszog, um in Süddeutschland, wohin freundschaftliche Beziehungen sie zogen, eine ganz selbständige Arbeit zu beginnen, aus der später das Aidlinger Diakonissenwerk erwuchs. Das bedeutete zwar keinen Bruch mit dem Elternhaus, die Mutter richtete ihr aus eigenen Mitteln den Haushalt in Stuttgart ein, aber für den Vater war es ein Schmerz, daß Christa das Elternhaus verließ. Bernd von Viebahn erzählt, daß er an jenem Abend den Vater zum ersten Mal im Nebenzimmer heftig weinen hörte. — Doch schon im nächsten Jahr besucht der Vater nach einer Evangelisation in Basel und einem Besuch in St. Chrischona seine Tochter Christa in Stuttgart.

Wir wissen nicht, in welchem Jahr Georg von Viebahn in Stuttgart im Königsbau den von Pastor Le Seur erwähnten Vortrag hielt: „In der Meinung, daß es sich um einen militärischen Vortrag handle, war auch der König gekommen. Sein Erstaunen war groß, als er die Hörerschaft sah, größer noch, als der General in Zivil vortrat und begann: ‚Laßt uns beten!‘ Aber der König sagte nachher zu seiner Tante, der Herzogin Wera, er wünschte, sein Hofprediger könnte so predigen.“

Die letzten Tage des Jahres 1907 brachten über das Haus Viebahn ein schweres Leid durch das unerwartete und plötzliche Sterben des Schwiegersohnes Hermann von Loeper. Maria war nun nach neun Jahren glücklicher Ehe Witwe. Georg von Viebahn schreibt: „So ist nun der erste aus unserem Familienkreise in die Ewigkeit hinübergegangen. Wir vertrauen, daß wir ihn beim Herrn wiederfinden und dann in Herrlichkeit und Freude!“

1908: Wie nahe liegen in den Familien Leid und Freude beieinander! Am 8. Januar 1908 heiratet Friedrich Wilhelm Hertha von Schultzendorff, die Tochter des erblindeten Generals von Schultzendorff. „Eine gesegnete Feier zur Verherrlichung des Herrn; es war viel und vielerorts gebetet worden, daß das Fest gesegnet und bewahrt sei.“

Friedrich Wilhelm von Viebahn hatte in seiner Jugend den Wunsch, zur Marine zu gehen. Doch fand dieser Wunsch keine Erfüllung, weil es sich herausstellte, daß ein Auge nicht die volle Sehkraft hatte. Er entschloß sich dann zum Beruf eines Schiffbauers, praktizierte vor dem Studium auf der Vulkanwerft in

Hamburg, studierte mit sehr gutem Erfolg an der Charlottenburger Technischen Hochschule, wo er auch sein Doktorexamen ablegte.

Im März 1908 findet in Berlin die bisher größte der Offizierskonferenzen statt, die nun schon seit zehn Jahren gehalten werden. „Schöne Zeugnisse von einzelnen Offizieren!"

Zu Pfingsten fährt Georg von Viebahn zum zweiten Mal zur Offizierskonferenz nach Trier. Eine weitere Konferenz in Stein! „Dort bekehrten sich am Abend sechs junge Mädchen, von denen wir nach vier Monaten hörten, daß sie alle treu wandelten."

Die Silvesterchronik schließt mit der Aussicht auf die Hochzeit der jüngsten Tochter Anni, die im August stattfand. Eberhard Freiherr von Werthern war Arzt. Sie gingen im Dienste der China-Inland-Mission nach China. Dort erkrankte die junge Frau ernstlich an der Basedowschen Krankheit. Das Ehepaar mußte nach Deutschland zurückkehren. In Schleswig-Holstein — zuletzt in Flensburg — führte Dr. von Werthern seine Praxis. Seine Frau blieb kränklich. Sie ist durch ihre Dichtungen und Kompositionen bekannt geworden, die zum großen Teil in das damals entstehende Liederbuch „Rettungsjubel" aufgenommen wurden. Auch das vielgesungene Lied „Auf Adlers Flügeln" stammt aus ihrer Feder. Es zeigt, wie sie im Glauben mit den Nöten ihres Lebens fertig wurde.

Auf Adlers Flügeln getragen übers brausende Meer der Zeit.
Getragen auf Adlers Flügeln bis hinein in die Ewigkeit!
Über Berge und Täler und Gründe,
immer höher zur himmlischen Höh;
denn die Flügel sind stark, die mich tragen,
die Flügel, auf denen ich steh.

Und unter denselben Flügeln, wie wunderbar ruhe ich aus,
da ist meine Zufluchtsstätte, mein festes, sichres Haus.
Der Feind mag über mir kreisen und zielen und spähn wie er will:
die Flügel sind stark, die mich decken,
und unter den Flügeln bleibt's still.

Ja, unter den Flügeln geborgen und auf den Flügeln bewahrt,
das gibt ein seliges Ruhen, das gibt eine glückliche Fahrt;
das gibt ein sicheres Wissen bei wechselnder Pilgerschaft;
denn unter den Flügeln ist Frieden, und auf den Flügeln ist Kraft.

Wenn im Menschenleben Jahr um Jahr entflieht,
und das Auge fragend in die Zukunft sieht:

Gibt's doch eine Brücke, die durchs Nebelgraun
uns hinüberleitet, und sie heißt: Vertraun!

Dünkte sie uns manchmal wie ein schmaler Steg,
endete sie immer auf dem rechten Weg!

Ach, zwei starke Arme breiteten sich doch
über unser Leben — warum graut uns noch?

Ohne in die Tiefe unter uns zu schaun,
laßt uns fröhlich wagen, Jesus zu vertraun!

Durch die Heirat der drei Töchter und weil die Söhne wegen ihrer Berufsausbildung aus dem Hause kamen, leerte sich die schöne Villa in der Grabower Straße. Da Georg von Viebahn oft nach Berlin zu Besprechungen fahren mußte und Berlin für seine Reisen zentraler lag, entschloß sich das Ehepaar 1910, das Haus in Stettin zu verkaufen, und zog mit Elisabeth nach Berlin, wo sie in Berlin-Dahlem in der Werderstraße wohnten. Fünf Jahre noch schenkte ihm sein Gott für diese letzte Wohnung auf Erden.

5. Sein Glaubensleben

Wir treten mit diesem Kapitel in ein Heiligtum. Wenn es Bedeutung haben soll, das Leben Georg von Viebahns wieder in unser Gedächtnis zu rufen, so geht es um diese innerste Linie. Nicht um den aufrechten, tüchtigen Soldaten, auch nicht um den treuen Ehemann und Vater seiner großen Kinderschar — sosehr das unser aller Interesse wecken mag. Im Gedächtnis der Gemeinde Jesu Christi bleibt Georg von Viebahn vor allem der Zeuge seines Herrn und der kraftvolle Rufer zu Jesus, dem Christus und Sohne Gottes.

Gott schafft Originale. Auch im Glaubensleben der Christen gibt es eine beglückende Mannigfaltigkeit. Unter unseren Zeitgenossen sind Vorbilder des Glaubens und christlichen Lebens beliebt. Aber nie dürfen sie uns zur Nachahmung führen, soviel wir voneinander lernen wollen! „Besinne dich deiner selbst", mahnt der Wandsbecker Bote Matthias Claudius, einer der liebenswürdigsten Zeugen des Auferstandenen in unserem Volk. Aus Ehrfurcht vor dem Schöpfer sollen wir uns vor dem Kopieren anderer Christen hüten. Walter Michaelis, der langjährige Vorsitzende des Gnadauer Verbandes landeskirchlicher Gemeinschaften und Freund Viebahns, sagte: „Es ist ein erstaunliches Wunder, daß der reifende Christ zwar seinem Herrn nacheifert, um ihm ähnlich zu werden, und dabei dennoch immer mehr seine Originalität aufgeprägt bekommt."

Die Originalität des Christen Georg von Viebahn war so groß, daß er sich im letzten Abschnitt seines Lebens als „evangelischer Christ ohne Konfession“ bezeichnete. Er fand offenbar nirgends eine Gemeinschaft, in die er ganz hineingehörte — obwohl oder eben weil er ein Bruder jedes ernsten Jesusnachfolgers war und sich in herzlicher Liebe mit der ganzen Gemeinde der Glaubenden verbunden wußte.

Versuchen wir zuerst, dem Entwicklungsweg seines Glaubens zu folgen, um dann seine Haltung als gereifter Christ nachzuzeichnen. Dazu wird es notwendig sein, einiges schon bisher Gesagte zu wiederholen. Wir wissen, daß Viebahn aus einer ehrlich frommen Familie stammte, in der das Christentum eine lebendige Tradition hatte. In Gottesfurcht wurde er zum Gebet und zum Wandel vor Gott erzogen. Auch die Wahl des Konfirmators — Hofprediger Snethlage am Berliner Dom — traf einen Erweckungsmann. In jene Zeit des Konfirmandenunterrichts fiel das schon erwähnte Gespräch mit seinem Freund von Prittwitz, der ihn auf Jesus hinwies. Und in die Zeit der Konfirmation fiel auch jenes Herzensgebet des Knaben, welcher sein Leben aufrichtig in Jesu Hände gab, der ihn zu dem Seinen machte. Betend ist er seinen Weg aus dem Vaterhaus in den Soldatenberuf gegangen und hat auch in der Kaserne seinem himmlischen Herrn die Treue zu halten gesucht. Für das Glaubensleben eines jungen Menschen ist die Gemeinschaft mit Gleichgesinnten wesentlich. Gott hat es Viebahn geschenkt, daß er in den entscheidenden Jugendjahren, in denen auch für junge Christen die schwersten Versuchungen liegen, nicht allein blieb. Immer fand er Brüder, mit denen er beten konnte.

Nächst der Bekehrung zu Jesus gibt es im Leben des Menschen keine wichtigere Entscheidung als die Wahl des Lebensgefährten. An dieser Klippe ist mancher gescheitert oder hat doch eine starke Behinderung seiner inneren Entwicklung erfahren. Es war ein weiteres Gnadengeschenk, daß Georg von Viebahn in Christine Ankersmit die Gefährtin seines Lebens fand. Christine war schon als junges Mädchen unter der Predigt des französischreformierten Predigers in Amsterdam zum Glauben gekommen. Als sie später von den Eltern nach England geschickt wurde, lernte sie dort die „Versammlung“ kennen, jenen Kreis der sogenannten „Geschlossenen Brüder“.

Der Vorzug der „Versammlung“ war eine sehr gründliche Kenntnis der Bibel und der Versuch, eine Gemeinde nach dem Vorbild der Urchristenheit zu bilden. Als das junge Paar in den ersten Jahren in Wiesbaden lebte, ließ es die Kinder von Pfarrern der Landeskirche taufen, blieb jedoch auch hier in Verbindung mit den Brüdern der „Versammlung“ — wie auch später in Frankfurt am Main und in Stettin.

Uns stellt sich die Frage: Wie konnte sich Georg von Viebahn als Sohn einer königstreuen, konservativen, preußischen Beamtenfamilie einem Kreis anschließen, der in England entstanden war und zu dem äußersten „linken“ Flügel der Kirchenkritiker gehörte?

Dazu ist folgendes zu sagen:

Erstens war der Glaube Viebahns von Anfang an nicht der Glaube an eine Kirche, sondern der Glaube an die Person seines Herrn Jesus Christus. Es geht beim Glauben — auch im Sinne Luthers — um das persönliche Verhältnis des menschlichen Herzens und Gewissens zu seinem Heiland.

Zweitens — und das war für den weiteren Weg Viebahns entscheidend — war der Lebensbund mit Christine Ankersmit von Anfang an auf den persönlichen Glauben an Jesus Christus gegründet. Sie hatten sich im Glauben gefunden. Das bezeugen die Briefe der Verlobungszeit. Durch seine Frau lernte Viebahn die Haltung der Schüler Darbys kennen und achten.

Schließlich war Viebahn ein durch und durch soldatisch denkender Mensch. Gehorsam und Treue war die Form seines Glaubens. Wie er seinem irdischen König zur Verfügung stand, so erst recht seinem himmlischen Herrn. Die Strenge der „Versammlung“, die kompromißlose Verkündigung, die Disziplin in Glaubensfragen und Lebensführung entsprachen seiner Auffassung. Hier unterwarf man sich dem Bibelwort als Regel, die Gott dem Menschen gegeben hat.

Je selbständiger Viebahn in seinem Glauben wurde, um so mehr wuchs er jedoch aus der „Versammlung“ heraus. Die Enge dieser Gemeinschaft, die jede Verbindung mit anderen Kindern Gottes ablehnte, wurde für Viebahn unerträglich. Er wußte sich verbunden mit allen, die lebendig an Jesus glauben; ob sie in der Landeskirche oder in einer Freikirche oder eben in der „Versammlung“ waren, schien ihm unerheblich. Diesen Weg Viebahns lehnte die „Versammlung“ ab. Sie nahm Anstoß an seinen Evangelisationen und auch an der führenden Mitwirkung des Generals an den Blankenburger Allianzkonferenzen. Es gab schwere Kämpfe. Da die „Versammlung“ gewohnt war, strenge Zucht zu üben, bekam Viebahn manchen Verweis.

Viebahn seinerseits fühlte sich den Brüdern aus der „Versammlung“ herzlich verbunden. Er hat immer wieder betont, wieviel er der Bibelauslegung der Brüder verdankte. Er hat auch später in seiner Vierteljahresschrift „Schwert und Schild“ noch jahrelang biblische Artikel aus dem Blatt der Brüder „Der Botschafter“ abgedruckt.

Damit wir erkennen, worum es in den Differenzen ging, bringen wir den entscheidenden Brief, den er an die leitenden Brüder der „Versammlung“ schrieb. Der Brief offenbart nicht nur die kristallklare Denkart dieses Christen, er ist auch vorbildlich in der Bekundung echter Bruderliebe. Wir dürfen ihn schon darum veröffentlichen, weil er später in der Monatsschrift „Die Botschaft“ wörtlich abgedruckt wurde „mit der herzlichen Bitte zu Gott, daß er den Inhalt dieses Briefes uns heute zum Segen dienen lasse“.[7]

Der Brief zeigt in Form und Inhalt, daß der Verfasser die große Kunst verstand, die Paulus im vierten Kapitel des Epheserbriefs empfiehlt: „Seid wahr in der Liebe.“ Viebahn erspart seinen geliebten Brüdern nichts. Mit eindeutiger Klarheit beschreibt er seine Stellung und scheut sich auch nicht, seinerseits kritisch über die Brüder zu sprechen. Doch mit wieviel Liebe sagt er das alles!

Wer je Aussprachen über heikle Punkte haben oder gar ähnliche Briefe schreiben mußte, der weiß, wie schwer es ist, Wahrheit und Liebe so einfältig zu verbinden. Entweder macht uns die Liebe blind, und wir übertünchen alle Gegensätze — oder aber die Wahrheit macht uns hart und rücksichtslos. Und doch ist in der Nachfolge Jesu die Verbindung von Wahrheit und Liebe dringend nötig.

Aber nun sein Brief an Rudolf Brockhaus, der den Briefverkehr im Auftrag der „Brüder" führte:

Stettin, 14. 12. 1905

Im Herrn geliebter Bruder!

Deinen ernsten Brief vom 14. November beantworte ich mit dem ernsten Flehen um göttliche Bewahrung und Leitung, im Bewußtsein, daß ich meine Worte in der Ewigkeit wiederfinde. Ich möchte es tun im Geiste von Philipper 2, 1–3. Es ist mein Flehen, daß dieser mein Brief Dir und allen Brüdern, die auf dem Boden der „Versammlung" stehen, zum Segen sein möchte.

1. Die kostbaren Wahrheiten, die der Herr der Versammlung anvertraute, habe ich weder angetastet noch verleugnet. Ich halte sie fest! Die vollkommene Erlösung durch das Opfer von Golgatha — der Unterschied zwischen einem Menschen in Christo und einem Menschen im Fleische — der hohepriesterliche Dienst Jesu — die Unantastbarkeit des Wortes — die Hoffnung der Entrückung — die Einheit des Leibes — die Trennung vom Wesen der Welt — das Abendmahl nach dem Gedanken Gottes als der Platz der Anbetung, als die Darstellung der Einheit — die Verwerfung jeder Art und Form menschlich eingesetzten Priestertums neben oder über dem Priestertum aller Gläubigen — der Unterschied zwischen Israel und der Kirche. Auf diesen Wahrheiten stehe ich und halte fest, was ich habe. Es ist ein Teil des mir gewordenen Dienstes, diese Wahrheiten vielen Kindern Gottes zu bezeugen.

Aber ebenso fest halte ich daran, daß wir uns nicht von anderen treu wandelnden Kindern Gottes fernhalten dürfen, sondern nach Verwirklichung der Einheit trachten sollten hier auf Erden. Das Wort warnt vor Zerschneidung (Phil. 3, 2). Die Einheit des Volkes Gottes soll erblickt werden von Kindern der Welt. Dies ist der Wille unseres teuren Herrn (Joh. 17, 11.21–23), ja, eines der Ziele, um derentwillen Er sich in den Tod gab (Joh. 11, 52). Schon vor sechs Jahren habe ich Bruder Dönges gegenüber ausgesprochen, daß ich es als eine vom Herrn mir gegebene Lebensaufgabe erkenne, die Herzen der Geschwister der Versammlung weit zu machen gegen die anderen Kinder Gottes. Dasselbe habe ich Dir gegenüber damals persönlich ausgesprochen. Die Überzeugung, daß hier eine mir von Gott gegebene Aufgabe liegt, drängt sich mir jetzt in steigender Gewißheit auf.

In diesem wichtigen Punkte habe ich nie anders gestanden, aber zweierlei hat sich verändert:

a) Der Heilige Geist hat durch Sein Wirken in England und Deutschland bezeugt, daß Er die exclusive Stellung der Brüder nicht anerkennt.

b) Indem der Herr meinen Dienst in mannigfacher Weise bestätigte, ließ Er mich erfahren, daß ich in der Verwirklichung der Einheit mit allen treu wandelnden Kindern Gottes auf dem gottgewollten Wege bin. Die Verschiedenheit der Anschauung über diesen Punkt trat schon vor neun Jahren in Erscheinung. Dieselbe bildete schon von jeher den Gegenstand eingehender Korrespondenzen und Aussprachen. Freilich, je mehr mein Dienst in die Öffentlichkeit trat, um so mehr mußte meine Stellung zu klarem Ausdruck kommen, um so dringender wurden die Mahnungen etlicher Brüder, von diesem Wege umzukehren.

2. Schon seit Jahren habe ich wiederholt ausgesprochen, daß ich die Wahrheiten anerkenne, welche der Versammlung anvertraut sind, aber ich habe niemals dem Satze zugestimmt: „Wir haben die Wahrheit", z.B. auf der Berliner Konferenz. Die traurigen Folgen solcher Meinungen können nicht ausbleiben: Überhebung anderen Gläubigen gegenüber, Blindheit für die Gnadengaben, welche Gott anderen gibt, der Geist der Kritik, der an an-

deren nur die Mängel sucht und findet. Die Ecclesia, welche Pfeiler und Grundfeste der Wahrheit ist, besteht nicht aus dem kleinen Kreis der Geschwister, die mit uns in Gemeinschaft am Tische des Herrn sind, sondern aus allen Gläubigen. Die Wahrheit, welche wir besitzen, besteht nicht in einer Lehre, sondern einerseits in einer Person, in Jesus, welcher bezeugt: „Ich bin die Wahrheit" (Joh. 14, 6). Insoweit ein Gläubiger in Lebensgemeinschaft mit Jesus lebt, hat er die Wahrheit. Insofern er diese Lebensgemeinschaft nicht hat, hat er die Wahrheit nicht. Andererseits besitzen wir die Wahrheit in Gottes Wort, von welchem der Herr sagt: „Dein Wort ist Wahrheit" (Joh. 17, 17). Insoweit ein Gläubiger sein Herz und Leben dem unantastbaren Worte Gottes unterwirft, hat er die Wahrheit; insofern er sich von dem Worte löst, hat er die Wahrheit nicht.

3. Du glaubst, mir als ein vom Herrn Dir gegebenes Wort zurufen zu müssen: „Ein Mann, der, oft zurechtgewiesen, den Nacken verhärtet, wird plötzlich zerschmettert werden ohne Heilung" (Spr. 29, 1). Ich bin still darüber (1. Kor. 4). Gott weiß, daß ich nicht im Eigenwillen gehen will, sondern in Gehorsam und Abhängigkeit. Sehr verschiedene Brüder haben mich seit vielen Jahren zurechtgewiesen wegen des Zusammengehens mit anderen Gläubigen. Manche von diesen, welche die exclusive Stellung der Brüder in besonderer Weise vertraten, haben nachher ein trauriges Ende genommen.

Worin hat man mich in neuester Zeit zurechtgewiesen? Zuerst über die Art meiner Evangelisation. Ich aber durfte nicht von dem Wege abweichen, auf dem der Herr mich führte, und Er hat meinen Dienst bestätigt. Ich preise Ihn dafür. — Dann sollte ich umkehren von meinem Zusammengehen mit anderen Gläubigen. Ich darf nicht davon lassen. Es ist der Weg, den das Wort Gottes uns weist. (Lies Phil. 2, 1–4.) Die Segnungen, mit denen der Herr meinen Dienst aus Gnaden gekrönt hat, sind mir ein Beweis (Zeugnis) Seines Wohlgefallens. Ich habe nur ein Begehren, den Willen des Herrn zu tun und Seinen Weg zu gehen um jeden Preis. Den Herrn bitte ich, den führenden Brüdern der Versammlung die Augen zu öffnen, ihnen Buße und Umkehr zu geben, damit Er ihre Zeugnisse mit überströmender Gnade segnen könne. Dies sage ich nicht in Anmaßung, sondern ich sende diesen Brief in Beugung unter den bestimmten Willen des Herrn. Ich weiß, daß ich in betreff der Erkenntnis sowohl als in betreff der Hingebung einen sehr geringen Platz unter den dienenden Brüdern einnehme. Gott kennt die Gebete, die an diesem Brief hängen. Dich und die Brüder, welche Lehrer und Führer in der Versammlung sind, bitte ich herzlich: Prüfet meine Worte vor Gott! Wäre es nicht eine furchtbare Verantwortung vor Gott, wenn Ihr die Scharen der von Euch geführten Gotteskinder von dem Gnadenstrom zurückhieltet, den der Herr vielerorts durch die deutsche Christenheit fluten läßt, wo man die Einheit der Kinder Gottes verwirklicht?

Das Feld ist weiß zur Ernte in Deutschland. Wenn die Geschwister, die auf dem Boden der Versammlung stehen, Herz und Arme öffnen für alle Kinder Gottes, die auf dem Boden der ganzen Bibel stehen, so wird die Versammlung selbst von ihrer schwersten Krankheit genesen, und Ströme von Segen werden sich ergießen. Diese schwere Krankheit erkenne ich in dem, was ich in der Konferenz zu Elberfeld „römisch" nannte, d.h. in dem Grundsatz, daß die in sich abgeschlossene Versammlung wichtiger sei als die persönliche Herzenshingabe an den Herrn. Daß dies wirklich gelehrt wird, erweist u.a. der Artikel im „Botschafter" 1901 „Halte fest, was du hast!" (lies speziell Seite 174), und daß die Verwirklichung der Einheit mit denen, die den Herrn Jesus lieben wollen, nur dann gestattet sei, wenn jene den Platz in der Versammlung einzunehmen bereit sind.

4. Wenn die Versammlung das ist, was sie bekennt zu sein, die Darstellung eines treuen Überrestes, der ohne alle Menschenzutaten bei dem bleiben will, was von Anfang war, so gehöre ich meiner Überzeugung nach dazu, so ist mein Platz in der Mitte der Brüder. Wie könnte ich mich von Gläubigen trennen, welche auf dem Boden der Unantastbarkeit der göttlichen Person Jesu und der Unantastbarkeit des Wortes Gottes stehen? Mein ganzes Le-

ben ist ja ein Zeugnis dafür, daß wahres Christentum sich nicht auf menschlich formulierte Bekenntnisschriften (dies beziehe ich auf alle menschlichen Schriften, auch diejenigen, welche in Elberfeld erschienen sind, insofern dieselben als formuliertes Bekenntnis betrachtet werden sollen) stützen darf, sondern allein auf den gegenwärtigen Herrn und Sein Wort. Einen anderen Grund kann niemand legen außer dem, der gelegt ist, welcher ist Jesus Christus (1. Kor. 3, 11). Die Brüder, welche die Versammlung führen, stehen in Gefahr, einen anderen Grund zu legen, den sie *den Boden der Wahrheit* nennen. Ich lasse es dahingestellt, wie viele Geschwister eine klare Antwort zu geben vermöchten auf die Frage: Was ist dieser Boden der Wahrheit? Ich finde den Ausdruck „Boden der Wahrheit" nicht in der Schrift. Was für mein Erkennen der „Boden der Wahrheit" ist, auf dem ich gestanden habe, so genügt es nicht, daß man ein Jünger Jesu sei, abgesondert von der Welt, gegründet auf die Bibel. Man soll es außerdem noch als Boden der Wahrheit erkennen, daß man sich von anderen treu wandelnden Kindern Gottes absondern muß, die auch auf dem Grunde der ganzen Bibel stehen. Die Wahrheit von der einen heiligen Nation, welche der verlorenen Welt die Tugenden des Herrn verkündigen soll (1. Petr. 2, 9–10), tritt zurück gegenüber dem Boden der Wahrheit. Ich kann diesen Weg nicht gehen. Ich muß den erkannten Willen Gottes tun.

Wider den Geist, welcher in dem vorstehenden Botschafter-Artikel das Volk Gottes zerreißt, sträubt sich mein Gewissen und nicht allein mein Gewissen, sondern das Gewissen vieler Geschwister in der Versammlung. „Ich ermahne euch nun..." (Eph. 4, 1–16).

5. Der gegenwärtige Christus und Sein unantastbares Wort sind die einzigen Autoritäten, die mein Gewissen binden. Dies muß genügen, um in Eintracht und Liebe miteinander für den Herrn zu wandeln. Er gebietet uns: „Euch befleißigend, die Einheit des Geistes zu bewahren in dem Bande des Friedens" (Eph. 4, 3). Dies göttliche Gebot schließt es für mich aus, auf dem Grund der Verschiedenheit einer Lehranschauung zu sagen: „Ich

trenne mich von Euch", denn Ihr seid meine Brüder, und nicht allein das, sondern Ihr seid Brüder, denen ich viel verdanke.

Ich will im Rückblick auf Eure Liebe immer die Sonnenseiten sehen und alles vergessen, was schmerzlich war! Wir sind durch ein unauflösliches Band verbunden, wir sind durch einen Geist zu einem Leibe getauft. Dies darf mich aber nicht abhalten, den Weg zu gehen, welchen der Herr und Sein Wort mir weisen. Ich muß fortfahren, die göttliche Wahrheit von der Einheit des Leibes mit Wort und Tat zu verwirklichen.

Wieviel ich den Geschwistern der Versammlung danke, habe ich öffentlich ausgesprochen, als ich dieselben gegen harte Angriffe in Schutz nahm. Schon damals flocht ich deutliche und ernste Mahnungen für alle Geschwister, nicht nur für die außerhalb der Versammlung, sondern auch besonders für die innerhalb der Versammlung, in meine Verteidigung der letzteren mit ein. Ich führe drei Stellen dieser Art aus meiner damaligen Schrift wörtlich an:

Die törichten Jungfrauen hatten den Platz eingenommen außerhalb der Welt, sie hatten Lampe und Festgewand, aber das Öl des Geistes und die Flamme der Liebe fehlten. Die Frage: Wo bist du? schien bei allen diesen völlig geordnet zu sein, und doch war sie es nicht. Der unersetzliche, unschätzbare Platz am Herzen Jesu und am Herzen des Vaters war nicht das Teil dieser Bekenner. Werke, Worte, schriftgemäße Bekenntnisse, alles kann ein Christ haben und doch unter dem Worte stehen: „Wenn jemand den Herrn Jesus Christus nicht lieb hat, der sei verflucht" (1. Kor. 16, 22). Welch ein erschütterndes Wort! Darum ist die Frage aller Fragen diese: „Wie steht mein Herz zum Herrn?" Wenn diese Frage göttlich geordnet ist, dann kommt alles zurecht, dann ist Friede, Freude und Sicherheit da.

6. Sie (die Einheit aller wahren Kinder Gottes) wird verwirklicht durch die wahre, betende, dienende Liebe, die jeder Gläubige allen seinen Brüdern und Schwestern in Christo schuldig ist. Es ist eines der im 1. Johannesbrief aufgeführten sieben Kennzeichen der wahren Kinder Gottes, daß sie die Brüder lieben. Sie sollen

alle Kinder Gottes so anschauen, ihnen so begegnen, wie es dem Herzen Jesu wohlgefällt. Alle sind Gegenstände Seiner Liebe, Seiner Fürsorge, Seiner unaufhörlichen Fürbitte. Wir sind vor Gott verantwortlich, dafür verantwortlich, wie wir den Vielgeliebten Gottes begegnen.

Aber mit dieser persönlichen Verwirklichung unserer ewigen Lebensbeziehungen haben wir den Willen Gottes noch nicht erfüllt. Die Einheit der Kinder Gottes soll nach der Schrift nicht nur im persönlichen Verkehr verwirklicht, sondern auch sichtbar und hörbar im Abendmahl, am Tisch des Herrn, bezeugt werden, indem wir den Tod des Herrn verkündigen, bis Er kommt.

„Das Brot, das wir brechen, ist es nicht die Gemeinschaft des Leibes des Christus? Denn ein Brot, ein Leib sind wir, die Vielen, denn wir alle sind des einen Brotes teilhaftig" (1. Kor. 10, 16.17). Jesus gab den Seinigen diesen Platz. Alle, die wir als wiedergeborene Kinder Gottes kennen, die in Treue wandeln, haben ein Recht, diesen Platz einzunehmen. Kein Mensch kann ihnen denselben geben oder wehren, er ist an keine Bedingung geknüpft. Jeder, der den Geschwistern der Versammlung als treu wandelndes Kind Gottes bekannt ist und der überzeugt ist, daß die Art, wie wir uns um den Tisch des Herrn versammeln, nach Gottes Wort und Willen ist, sollte diesen Platz seiner höchsten Vorrechte einnehmen. Wer andere Bedingungen stellt oder Schranken aufrichtet, um wahre Kinder Gottes fernzuhalten, richtet eine Sekte auf. Sehr schön und treffend hat unser heimgegangener Bruder Darby in seiner kleinen Schrift „Was ist eine Sekte?" hierüber geschrieben (Seite 13): „Ich erkenne nichts an als bindend für mein Gewissen als die Bibel allein." Dem Worte Gottes darf niemand etwas zusetzen, und niemand darf etwas abtun. An die Autorität des Wortes Gottes reicht kein Mensch heran, er heiße Spurgeon, Moody, Darby oder Tersteegen.

Für die mancherlei Schäden, die sich in der Versammlung herausgebildet haben, bin ich mit verantwortlich. Ich kann nicht sagen: Das geht mich nichts an. Diese Schäden und Gefahren sind zum Teil tief. Die Gefahr eines fest abgeschlossenen theologischen Systems und einer sektiererischen Parteistellung ist bereits eingetreten als eine Wirklichkeit, die vielerorts klar zutage tritt. Aber das berechtigt mich nicht, mich zu trennen, sondern ich muß nach Heilung trachten. Es heißt auch da: „Die Liebe erträgt alles, sie glaubt alles, sie hofft alles, sie duldet alles." Also, ich trachte nicht danach, mich zu trennen, sondern ich begehre, den Brüdern zu dienen und herauszuhelfen aus dem, was die Segnungen Gottes hindert. Ich vertraue dem Herrn, daß Er auch darin mein schwaches Zeugnis segnen wird mit Ewigkeitsfrucht.

7. Du schreibst: „Etwas anderes ist es, ob die Versammlung Deinen Dienst in ihrer Mitte anerkennen kann." Geliebter Bruder, diese Frage überlasse ich getrost dem Herrn. Es ist für mich nur das eine entscheidend, ob Er meinen Dienst anerkennt. Die Tür dazu wird mir der Herr offenhalten, wenn es Sein Wille ist.

8. Du beklagst es, daß ich die Frage gestellt habe, „ob die führenden Brüder, falls ich von meinem Wege nicht umkehre, überzeugt sind, nicht ferner mit mir in Gemeinschaft des Tisches des Herrn bleiben zu dürfen". Diese Frage war mir aufgedrängt, denn mein Dienst und Weg war schon Gegenstand vieler Briefe und Mahnungen, in welchen wiederholt von drohender Trennung gesprochen wurde, während ich nichts weiter wollte, als den Weg eines befreiten Christen zu gehen. Dann folgte die ernste Botschaft, welche mir Dr. Dönges von Dillenburg übermittelte. Dreißig Brüder, größtenteils Führer und Lehrer in der Versammlung, ließen mir eine ernste Mahnung zukommen. Diese Botschaft blieb nicht geheim, sie wurde unter anderen Geschwistern offen besprochen, während ich sie noch als eine vertrauliche brüderliche Warnung betrachtete. Dann kam der eingehende Brief Deines Bruders Ernst. Dieser wurde kurze Zeit vor der Konferenz vor etwa dreißig Brüdern vorgelesen. Auch dies blieb nicht geheim. Dann sagtest Du mir plötzlich, daß mein Weg und Wirken in der letzten Zeit der Versammlung zum Schaden gewesen sei. Auch in der Aussprache von Elberfeld (Konferenz nachmittags 10. Nov.) wurde vor den versammelten Brüdern widerspruchslos ausführlich dargelegt, daß mein Wirken (damit war nicht die Ver-

kündigung des Evangeliums gemeint) der Versammlung zum Schaden sei, ja, ein Werkzeug in der Hand des Feindes. Es wurde mir wie etwas Verwerfliches vorgehalten, daß wir die Kinder Gottes, welche sich auf dem Boden der Einheit der Kinder Gottes versammeln wollten, in die Stadthalle einluden. War das etwas Schlechtes? Der Herr hat es gesegnet; es war eine Gnadenstunde, die der Herr untersiegelte.

Ich muß aus allem den Schluß ziehen, daß die verantwortlichen Lehrer und Führer nicht glauben, einen Christen, der solche Anschauungen hat wie ich, in der Gemeinschaft am Tische des Herrn lassen zu dürfen. Diese Sachlage machte es mir zur Pflicht, eine klare Frage zu stellen.

9. Mit diesen Zeilen hoffe ich den Meinungsaustausch zu beenden, welcher so viele Jahre hindurch über diese Frage stattgefunden hat. Nicht daß ich mich der Belehrung verschließen wollte, aber meine Zeit und Kraft gehört meinem gottgegebenen Dienste; ich darf sie nicht ferner in Diskussionen verzehren. Die Tage sind ernst. Bald kommt der Herr. Die Zeit eilt. Laßt uns allen die Hände reichen, welche auf dem Felsengrunde des Wortes Gottes den Herrn mit brennender Lampe erwarten wollen. Der Heilige Geist bezeugt deutlich und klar, daß Er da segnet und Seine Wunder offenbart, wo die Kinder Gottes in Einheit zusammenstehen.

10. Ich betrachte diesen Brief als gerichtet an alle lehrenden und führenden Brüder. Ich spreche jedoch die besondere Bitte aus, daß der Brief, wo er mitgeteilt wird, unverkürzt in seinem ganzen Inhalt mitgeteilt werde. Allen diesen Brüdern einen Gruß herzlicher Liebe.

Der Herr segne, leite, bewahre, erquicke sie alle. Er schenke es mir, daß ihre Liebe und Fürbitte mir erhalten bleibe.

In der Liebe Jesu

Dein Bruder
Georg von Viebahn

Zum förmlichen Ausschluß aus der Versammlung kam es nach allen Auseinandersetzungen doch nicht. Georg von Viebahn geht, wie er schrieb, „den Weg, den der Herr und Sein Wort ihn weisen"... „Gott weiß, daß ich nicht in Eigenwillen gehe, sondern in Gehorsam und Abhängigkeit." Die Verbundenheit mit den Brüdern blieb lebenslang bestehen und ist auch an seinem Wunsch zu erkennen, daß Dr. Dönges und Rudolf Brockhaus einmal das Wort an seinem Grab sprechen sollten.

Die Stellung zur Bibel

Als General war Viebahn gewohnt zu kommandieren, aber im Bruderkreis hatte er jene Weisheit von oben, von der Jakobus in seinem Brief sagt: „Sie läßt sich sagen" (Jak. 3, 17). Diese Lebenskunst hat er aus der Bibel gelernt, die seine tägliche Speise war. Wir werden darüber noch in einem Schlußkapitel berichten. Doch muß hier, wenn von seinem Glaubensleben die Rede ist, seine Stellung zur Bibel betont werden. Da wir Deutschen allezeit sehr theoretisch denken und alles gern in Lehrsätzen festlegen, so wird an dieser Stelle meist die „Inspirationslehre" verhandelt. Es wäre aber verkehrt, bei Viebahn eine Theorie über die Bibel zu suchen. Es geht ihm nie um eine Theorie, sondern immer um die Praxis. Er lebte mit seiner Bibel, weil er mit seinem Gott lebte. Und aus der Bibel sprach sein Herr täglich mit ihm. Darum war die Bibel allerdings für ihn die absolute Wahrheit. Er fragte nicht nach Handschriften und Lesarten. Mancher mag seine Stellung zur Bibel naiv nennen. Aber das hätte Viebahn kaum betrübt. Hatte nicht der Herr seine Jünger aufgerufen, umzukehren und zu werden wie die Kinder? Bei all seiner Bildung und Lebenserfahrung war Viebahn gern ein Kind vor seinem Gott. Er war gewohnt, die Bibel nach der Elberfelder Übersetzung zu lesen. Reicht die Sprache dieser Übersetzung auch nicht entfernt an die kraftvolle Sprache Luthers, so ist sie doch eine möglichst wörtliche Übersetzung des hebräischen und griechischen Textes. Viebahn ging es nicht um Wörter, sondern um das Wort, und er hatte zu viele Erfahrungen mit diesem Wort gemacht, als daß sein Glaube an das Wort hätte wankend gemacht werden können. Er war aber sehr empfindlich, wenn die Gewißheit in Frage gestellt wurde: hier ist Gottes eigenes, wahres Wort.

Der Sohn Friedrich Wilhelm schreibt:

„Damals geschah es, daß ein evangelischer Pfarrer der preußischen Landeskirche in Berlin öffentlich erklärte, nicht mehr an die Gottessohnschaft Jesu Christi glauben zu können. Dieser Erklärung traten bald über dreißig evangelische Pfarrer, Professoren und Männer im Amt der Wissenschaft bei, ohne jedoch seitens der preußischen Landeskirche irgendwelche öffentliche Zurückweisung zu erfahren."

In Stettin soll es zu Viebahns Zeiten auf den Kanzeln der Stadt keinen Pfarrer gegeben haben, der der Bibel kritiklos gegenüberstand, der nicht die Gottessohnschaft Jesu bestritt. Nach den Worten Friedrich Wilhelms hat dies seinen Vater so in Unruhe gebracht, daß er das Konsistorium der Pommerschen Kirche anrief. Die Kirchenleitung antwortete mit Ausreden.

„Das war unserem Vater allzuviel an heuchlerischer Unwahrhaftigkeit seitens dieser Männer, allzuviel an verantwortungsloser Mutlosigkeit der Kirchenleitung." In der Verfassung waren Bibel und reformatorisches Bekenntnis als Inhalt der Verkündigung festgelegt. In Wirklichkeit aber duldete die Kirchenleitung, daß eine wesentlich andere Botschaft in den Predigten erklang. Für einen so wahrhaftigen Menschen wie Georg von Viebahn war das unerträglich. Er erklärte öffentlich seinen Austritt aus der Kirche. Danach nannte er sich „kirchenfreier Christ" oder „evangelischer Christ ohne Konfession".

Mit der „Versammlung" konnte Viebahn nicht mehr zusammengehen, aus der Landeskirche trat er aus. Das war gewiß eine Notlösung, denn er war ja ein Glied der Gemeinde der Glaubenden. Damit ist jene Kirche gemeint, die ihr Vertrauen auf Jesus Christus setzt, wie die Bibel bezeugt. Theoretisch gehörte auch die Landeskirche dazu, aber in der Praxis hatte sie diesen Standort vielfach längst verlassen. Man kann über diese Problematik viel nachdenken und verhandeln, für Viebahn war es eine unverständliche Haltung.

Neben der gewissen Zuversicht zur Bibel als dem geoffenbarten Wort Gottes war für ihn und seinen Glauben die „Gemeinschaft der Heiligen" der feste Standort. Wo jemand sich an Jesus, den Sohn Gottes, den Gekreuzigten und Auferstandenen, Gegenwärtigen und Kommenden, hielt, da fand er seinen Bruder. Deshalb fand der „kirchenfreie" Christ Georg von Viebahn seine Heimat auf der Blankenburger Allianzkonferenz. Hier war man, ganz abgesehen von konfessioneller Bindung, einig im Heiligen Geist und im Zeugnis von Jesus Christus. Ob die Vertreter dieses Glaubens aus der Landeskirche kamen, etwa aus der Gnadauer Gemeinschaftsbewegung, oder aus den Freikirchen, darum ging es Viebahn nicht. Unzählige fanden damals im Glauben ein neues Leben. Er konnte es bedauern, daß weite kirchliche Kreise dieser Bewegung gleichgültig oder mit Kritik gegenüberstanden, aber das behinderte ihn persönlich nicht.

Die Stellung zur Welt

Das Glaubensleben Georg von Viebahns fand seinen Ausdruck in einer klaren Haltung gegenüber der Welt.

Viebahn sagte, in der Landeskirche werde versucht, die Welt und die Gemeinde Christi zu vermischen. Hatte nicht Paulus geschrieben: „Stellt euch nicht dieser Welt gleich, sondern erneuert euch durch Veränderung eures Denkens" (Römer 12, 2)? Und Johannes mahnt in seinem Brief: „Habt nicht lieb die Welt, noch was in ihr ist!" (1. Joh. 2, 15 ff). Viele Christen schwanken zwischen Weltflucht und Weltoffenheit. Viebahn aber geht mit einer kindlichen Geradheit seinen Weg. Dabei erfüllt er seinen „weltlichen Beruf" als Soldat mit höchster Gewissenhaftigkeit und Treue und gehorcht seinem obersten Kriegsherrn, dem Kaiser, bis an die Grenze dessen, „was ihm sein Gewissen verbietet".

Bei aller Einseitigkeit, die der Leser in der Haltung Viebahns festzustellen geneigt sein könnte, bleibt er trotz enger Bindung an sein Gewissen ein Mann des weiten Herzens. Alles finstere Wesen lehnte er ab. Galt er auch als strenger Vater — er war ja im Dienst gewohnt, daß man seine Befehle ausführte —, so war er doch ein liebender Vater, die Familienchronik und die Briefe an seine Kinder zeugen davon.

Kunst und Wissenschaft galten als Gaben Gottes, die ihn preisen sollten. Der General und seine Kinder waren, was man musische Menschen nennt. Seine erste Frau malte gut, auch die Tochter Elisabeth. Im Hause wurde viel musiziert, einige der Kinder waren überdurchschnittlich musikalisch begabt. Die Tochter Anni, spätere Frau von Werthern, war eine begabte Dichterin und eine Künstlerin auf der Geige. Der jüngste Sohn Bernd hat nicht nur gedichtet, sondern auch komponiert. Aber freilich standen diese Gaben ganz im Dienst Gottes.

Im Hause des Generals in Stettin wurde eine großzügige Geselligkeit gepflegt unter Einsatz erheblicher Mittel, die reichlich vorhanden waren. Man kann General von Viebahn keine weltfremde Engigkeit vorwerfen. Für sich selbst war er allerdings sehr anspruchslos. Und wenn er mit seinen Söhnen auf Reisen ging, fuhr er mit ihnen vierter Klasse.

Und doch sprach Viebahn betont vom Bruch mit der Welt. Das bezog sich gewiß auf die sogenannten „Adiaphora", die Mitteldinge, die der Pietismus wie auch die moderne Gemeinschaftsbewegung zu vermeiden suchten. Die Kinder bekamen keinen Tanzunterricht, und Bälle waren verpönt. Auch das Theater wurde gemieden, man besuchte aber gute Konzerte. Das fiel damals nicht auf, weil es zum Lebensstil der neuen Erweckung gehörte. Der lebhafte Verkehr im Hause beschränkte sich fast nur auf christliche Familien und Persönlichkeiten gleicher Gesinnung. Doch waren unter dem norddeutschen Adel viele Anhänger der Gemeinschaftsbewegung: von Knobelsdorff und von Rothkirch, Graf Bernstorff und die Bülows, Freiherr von Tiele-Winckler — diese wenigen nur als Beispiel für bekannte Vertreter der Gemeinschaftsbewegung. Dazu kam eine nicht geringe Zahl von Offizieren, die durch den Dienst Viebahns für Christus gewonnen waren.

Man war weit entfernt, den Adelsstolz zu pflegen. Mit gleicher Liebe wurden auch bürgerliche Brüder und Schwestern aufgenommen, die den Herrn Jesus liebhatten oder ihn suchten. Nicht nur Stockmayer, der gesegnete Verkünder der Heiligung aus Glauben, sondern auch Rubanowitsch, der getaufte Jude, der später im KZ umkam, und viele andere waren im Hause Viebahn allezeit herzlich willkommen.

Das Denken Viebahns drehte sich bei allem um die Sache des Reiches Gottes. Er hielt es mit dem bekannten Wort Otto von Bismarcks, der dem ehemaligen Prinzen von Preußen — später Kaiser Wilhelm I. — in einem Gespräch sagte, man nenne Pietisten solche Leute, die einen orthodoxen Glauben hätten und daraus kein Geheimnis machten. Diese Gesinnung herrschte auch im Hause Viebahn. Es gehörte zum Bruch mit einer glaubenslosen Welt, daß Viebahn mit seinem Zeugnis von Jesus nicht schwieg und keinerlei Furcht vor dem Spott oder Klatsch der anderen hatte.

Bußfertigkeit — ein Zug seines Glaubenslebens

Georg von Viebahn hat sich nicht für „fehlerfrei“ gehalten. Es gab in jener Zeit wohl Schwärmer, die wie jener pommersche Pastor behaupteten, daß sie von keiner Sünde mehr wüßten und die fünfte Bitte des Vaterunsers nicht mehr zu beten brauchten. Diese perfektionistische Schwärmerei tritt in Erweckungszeiten immer wieder auf. Viebahn blieb nüchtern und darum bis zu seinem Tode bußfertig. Er wußte und bekannte, daß er ein Sünder sei, und rühmte nur die Gnade durch das Blut Jesu — nie aber seine eigene Frömmigkeit oder moralische Integrität.

Gertrud von Bülow, die langjährige Bundesmutter des Deutschen Frauen-Missions-Gebetsbundes, erzählte aus der Anfangszeit ihres Glaubenslebens:

„General von Viebahn war in meinem Elternhaus zu Gast, als er in unserer Stadt Evangelisationen hielt. Wir waren bei der ersten Versammlung, und ich dachte sehr bewegt darüber nach. Am anderen Tag war er bei uns zum Mittagessen. Im Gespräch äußerte er etwas Abfälliges über einen Reichsgottesarbeiter. Anschließend besprachen meine Schwester und ich mit noch einigen jungen Mädchen diese Sache. Wir wollten jetzt nicht mehr zu den Versammlungen gehen. Bisher hatten wir gedacht, der General sei vom Scheitel bis zur Sohle ein echter Christ. Nun waren wir enttäuscht. Als wir noch beisammen saßen, tat sich die Tür auf, und General von Viebahn kam herein. Er sagte: ‚Ich wollte mich eben vorbereiten, aber es geht nicht. Ich habe vorher etwas Nachteiliges über einen Bruder gesagt, das ich ihm selbst noch nicht gesagt habe. Ich bitte um Verzeihung.‘ Dann zog er sich wieder zurück. — Da dachte ich: Er ist doch ein ganzer Christ! Wir gingen dann jeden Abend in die Versammlung, und durch General von Viebahn fand ich auch zum Herrn. Er hat sich sehr um mich angenommen — jede Woche schrieb er mir, und wenn er selbst auf Reisen war, schrieb seine Frau. Er war es auch, durch den ich nach Schweden kam.“

Viebahns Gewissen blieb zart und reagierte schnell. Es gehört zum Wesen und Geheimnis reformatorischen Glaubenslebens, daß Buße und Glaube beisammen bleiben. Leicht besteht die Gefahr, in einseitiger Sündenerkenntnis zu einem „Armen-Sünder-Standpunkt“ und dadurch zu keiner Freude des Glaubens zu kommen. Doch kann die Freude am Herrn und die Gewißheit seiner Gnade die Erkenntnis unserer Sündhaftigkeit auch verdunkeln. Dann sind wir nahe der Schwärmerei. Wer das Schrifttum Georg von Viebahns und seine Glaubensäußerungen in Briefen und Gesprächen liest, der erkennt, daß er vor beiden Gefahren bewahrt blieb, obwohl er in Berührung mit beiden Extremen lebte. Weite Kreise des pommerschen Luthertums lehnten aus konfessionellen Gründen die Gemeinschaftsbewegung ab. Sie fürchteten sich vor der Heilsgewißheit, weil sie dann nicht mehr als Sünder vor dem Heiland stünden.

Umgekehrt trat Viebahn der Pfingst- und Zungenbewegung entgegen und war, wie Dr. Walter Michaelis in seinem Buch „Erkenntnisse und Erfahrungen“ schreibt, einer der Väter jener Berliner Erklärung, die im Jahre 1909 eine Abgrenzung zwischen der Gemeinschaftsbewegung und der Pfingstbewegung zog. Diese Erklärung wird heute von manchen Seiten bekämpft, sollte aber ernst genommen werden, schon um derer willen, die seinerzeit unter vielen Kämpfen zu der Überzeugung kamen, daß diese Erklärung nötig war.

Viebahn blieb der frohe Zeuge der völligen Erlösung. Er wußte von der Realität der Wiedergeburt durch eine biblische Bekehrung zu unserem von Gott geschenkten Herrn und Heiland. Er verachtete auch die Kindertaufe nicht, doch war der Glaube ihm eine Entscheidung des Gehorsams. Gewiß hatte sein Glaubensleben einen soldatischen Zug. Er verstand sich als Kämpfer Jesu Christi, dem er einen ganzen Gehorsam schuldig war, und schämte sich des Pietismus nicht. Man könnte an dieser Stelle darauf hinweisen, daß eine seiner Großmütter eine Ur-Urenkelin Philipp Jakob Speners war, jenes Vaters des Barock-Pietismus, der als der Erste Geistliche Berlins, als Propst von St. Nicolai, gewirkt hat. Die Vertreter der Erweckung am Anfang des vergangenen Jahrhunderts hatten auch nichts anderes verkündigt — ein Pastor Friedrich Krummacher in Wuppertal, der schlesische Baron Kottwitz in Berlin, der Rittergutsbesitzer von Thadden-Trieglaff, die Brüder von Gerlach und weitere Vertreter der Erweckung, die ein Jahrzehnt nach dem Untergang Napoleons durch ganz Europa lief. Allen diesen Männern lag an der Notwendigkeit einer Entscheidung durch eine gesunde biblische Bekehrung.

Die Bedeutung des Heiligen Geistes

Wenn wir das Glaubensleben Georg von Viebahns betrachten, müssen wir auch von der Bedeutung des Heiligen Geistes in seinem Leben sprechen. „Hingebung und Herzensstille“ sind nach seiner Erfahrung Voraussetzungen für das Geleitetwerden durch den Heiligen Geist. Er hat in der Zeitschrift „Schwert und Schild" über dieses Thema gearbeitet. Weil vieles für seinen eigenen Glaubensweg bezeichnend ist, sei hier ein Auszug wiedergegeben.

I. Die göttliche Person des Heiligen Geistes.

„Wisset ihr nicht, daß ihr Gottes Tempel seid und der Geist Gottes in euch wohnt?" (1. Kor. 3, 16). Wer den Heiligen Geist, wie die Bibel Ihn bezeugt, als eine unendlich erhabene Person kennt, der merkt, daß Er uns in Besitz nehmen will, um uns zu gebrauchen. Welch ein Unterschied, ob ein Mensch die göttliche Kraft gebrauchen will, um das zu werden oder zu erlangen, was er wünscht, oder ob er sich selbst dem ewigen Gott in die Hand legt, damit Gott ihn gebrauche! Das letztere ist Gottes Wille mit uns. In dem Augenblick, wo wir uns selbst erkennen als Tempel des Heiligen Geistes — bewohnt, geleitet und zum Dienste gebraucht von dieser erhabenen, heiligen Person —, werden wir tief demütig, und Gott kann zu Seinem Rechte kommen. Wie überwältigend ist diese Wahrheit, daß der Ewige Gott durch die Person des Heiligen Geistes in uns wohnt, waltet, wirkt und herrscht!

Jeder wahre Christ ist wiedergeboren durch den Heiligen Geist, versiegelt, gesalbt mit demselben, erleuchtet, geleitet durch Ihn! Er hat das Zeugnis der Kindschaft und des Erbteils durch das Unterpfand des Heiligen Geistes, der ihn zugleich befähigt, den Willen Gottes zu erkennen und zu vollbringen. Auch vertritt der Heilige Geist die Schwachheit der Gebete der Kinder Gottes mit unaussprechlichen Seufzern (Röm. 8, 26). Durch den Heiligen Geist, der ein Geist der Herrlichkeit ist (1. Petr. 4, 14), stehen die Gläubigen vor Gott nicht mehr als „Menschen im Fleische" in der alten Natur, sondern sie sind „Menschen im Geiste". Durch Ihn sind sie fähig, ihre angeborene Sündennatur für tot zu erklären und im Grabe zu halten, „die Handlungen des Leibes zu töten" (Röm. 8, 13) und die Früchte des neuen Lebens zu offenbaren. Sie haben Gewißheit der Auferstehung (Röm. 8, 11). Vor allem ist dies wichtig: Der Heilige Geist, der ihnen gegeben ist, ist ein Geist der Kindschaft, durch welchen wir rufen: Abba, Vater! (Röm. 8, 15).

Es ist der Wille Gottes, daß alle, die durch den Heiligen Geist wiedergeboren sind, die Fülle des Geistes empfangen: „Seid mit dem Geist erfüllt!“ (Eph. 5, 18). Der Heilige Geist will über unser ganzes Leben, alle Neigungen, Wünsche und Gedanken, über unsern Geist und Leib volle Herrschaft ausüben und einen Strom von Frieden, Freude, Kraft offenbar werden lassen. Er kann das aber nur, wenn die Gläubigen als leere Gefäße, entleert von Selbstsucht, Weltlust, Ehrgeiz, Geldberechnungen und aller Unreinigkeit, sich von Ihm füllen lassen wollen. Zuvor muß weggeschafft werden, was Ihn hindert und betrübt: Bitterkeit, Wut, Zorn, Geschrei, Bosheit, Nachtragen (Eph. 4, 30–32).

Als die Witwe durch Elisa die überströmende Fülle des Öls empfangen sollte, um fähig zu werden, ihre Schuld zu bezahlen und mit ihren Söhnen ein neues Leben der Freiheit zu leben, da waren zwei Dinge wichtig: eine verschlossene Tür gegenüber der Welt und leere Gefäße, um die Fülle Gottes zu empfangen (2. Kön. 4, 1–7). Wir müssen unsere Seele durch eine für die Welt verschlossene Herzenstür in der Stille der göttlichen Gegenwart bewahren lassen und unser Leben, unsern Willen als ein leeres Gefäß hinstellen, um mit Heiligem Geist erfüllt zu werden.

II. Ist die Leitung durch den Heiligen Geist eine fromme Träumerei oder eine Wirklichkeit?

„So viele durch den Geist Gottes geleitet werden, diese sind Söhne Gottes“ (Röm. 8, 14). Ist dies nur eine hohe Ausdrucksweise, nur eine Sprache in schönen Bildern? Oder ist es Wahrheit, Wirklichkeit, daß in den gläubigen Christen Gott, der Heilige Geist, persönlich in ihnen wohnend, die Leitung übernommen hat?

Diese Frage sei zunächst durch einige sicher verbürgte Erlebnisse beantwortet:

Ein junger Gläubiger war als Vizefeldwebel zur Dienstleistung eingezogen. Eines Nachmittags zum Schießdienst kommandiert, traf er eine halbe Stunde zu früh an den Scheibenständen ein und betrat daher ein dort gelegenes Gartenlokal, um vor Beginn des Dienstes eine Tasse Kaffee zu trinken. Er saß noch nicht lange da, so kam ein Leutnant desselben Bataillons, der sich ebenfalls Kaffee bestellte und sich an denselben Tisch setzte. Der Vizefeldwebel verspürte einen mächtigen Trieb, dem jungen Offizier ein Wort von der rettenden Gnade zu sagen, die in Christo zu finden ist. Es sprach in seinem Innern: Sage es ihm; bezeuge ihm das Evangelium! Indessen sein Verstand sprach dagegen: Es ist ja nur so kurze Zeit; was soll er denken? Er ist ja dein Vorgesetzter! usw. Bald war die Zeit verstrichen — man stand auf, und das Schießen auf dem Scheibenstand begann. Nach beendetem Dienst ging der Vizefeldwebel nach Hause. Als er am nächsten Morgen den Kasernenhof betrat, war das erste, was er hörte: „Wissen Sie schon, der Leutnant X. hat sich in der Nacht erschossen!“ Es war jener Offizier, welchem der Jünger Jesu noch einmal die Gnadenbotschaft hatte sagen sollen. Es war die Stimme des Heiligen Geistes gewesen, der den sonst so treuen Bekenner seines Herrn mit dieser Botschaft beauftragen wollte.

Ein gläubiger Student lud einen anderen Studenten, der wegen seiner Unnahbarkeit bekannt war, ein, am Abend in eine Evangelisationsversammlung für Studenten zu kommen. Gott erhörte das Gebet, mit welchem diese Einladung begleitet war. Der Unnahbare sagte zu und kam. Das Wort Gottes ergriff ihn so, daß er die tiefe Bewegung seines Herzens nicht verbergen konnte. — Der einladende Student erzählt von diesem Moment: Eine Stimme sagte mir so deutlich, als ob ich sie hörte: „Rede mit ihm!“ Aber ich tat es nicht. Am nächsten Abend kam der andere aus freien Stücken wieder. Einer der gläubigen Studenten legte seinen Arm auf meine Schulter und bat: „Rede doch mit ihm; wir alle haben ihn noch nie so bewegt gesehen.“ Ich sagte, ich wolle es tun. Aber ich tat es nicht. Einige Zeit nachher hatte ich einen Traum, in welchem es mir schien, ich sei nicht mehr auf der Erde. Der Herr begegnete mir und fragte: Erinnerst du dich, daß ich dich bat, mit ihm zu reden? — Ja! — Und du hast es nicht getan? — Nein. — Ich erwachte, suchte den Studenten auf und durfte ihm ein Wegweiser zu Jesus werden.

III. Erstreckt sich die Leitung des Heiligen Geistes auch auf persönliche Entschlüsse und kleine Dinge?

Es gibt ein Geleitetwerden durch den Heiligen Geist, nicht nur da, wo es sich um das letzte Gnadenwort an gefährdete Seelen handelt — nein, es gibt diese göttliche Führung auch in den persönlichen Angelegenheiten, in den großen und kleinen Entscheidungen im Leben. Kinder Gottes dürfen ihren ganzen Tagesweg unter dieser Führung gehen. Freilich wird diese spürbare Leitung nicht immer gleichmäßig erfahren; sie tritt auch bei begnadigten Gotteskindern zuzeiten klarer hervor und wird zu andrer Zeit nicht verspürt. Das hängt wohl mit der größeren oder geringeren Herzensstille zusammen. Es liegt auf der Hand, daß Kinder Gottes je nach ihrer Hingebung und Herzensstille einen verschiedenen Platz, näher oder ferner dem Herzen des Vaters, einnehmen. So erleben sie auch ein verschiedenes Maß von persönlicher Erfahrung der Leitung durch den Heiligen Geist.

Der Herr sagte zu Seinen Jüngern: „Wenn jener, der Geist der Wahrheit, gekommen ist, wird Er euch in die ganze Wahrheit leiten; denn Er wird nicht aus sich selbst reden, sondern was irgend Er hören wird, wird Er reden, und das Kommende wird Er euch verkündigen“ (Joh. 16, 13). Möchten die Kinder Gottes in diesen Worten erkennen, zu welch nahem, vertrautem Umgang mit Gott sie berufen sind! Wer solche Vorrechte genießen will, bedarf allerdings eines dauernden Bewußtseins von der Gegenwart Gottes und eines Betragens in Gedanken, Wort und Wesen, welches der Ehrfurcht vor dem gegenwärtigen Herrn entspricht.

IV. Wie der Heilige Geist zuerst und vor allem durch das Wort redet und das Gewissen erleuchtet.

Je mehr man den Heiligen Geist versteht und Ihm folgt, um so dauernder und deutlicher leitet Er uns. Ein Kind Gottes muß zuerst lernen, die Stimme des Heiligen Geistes zu erkennen. Wer das wirklich will, muß sich viel mit dem Wort Gottes beschäftigen. Niemals widerspricht die Leitung des Heiligen Geistes dem geschriebenen Wort Gottes. Jedoch, willst du durch das Lesen des Wortes Gottes die Stimme des Heiligen Geistes kennenlernen, so lies das Wort stets, um es zu tun, um es auszuleben, es darzustellen. Gehorsam ist das große Grundgesetz des christlichen Lebens. Lies das Wort mit Gebet, damit der Heilige Geist es dir auslege! Wenn dein Herz gebeugt ist in tiefer Ehrfurcht und vollem Gehorsam vor dem gegenwärtigen Herrn, so werden auch deine Knie viel vor Ihm gebeugt sein. Du wirst jede Entscheidung und jeden Wunsch, jede Lebensbeziehung zu allen Menschen und jede Pflicht vor Ihm ausbreiten, damit Sein heiliger Wille dein Leben beherrsche. So werden die Gläubigen zu gehorsamen und abhängigen Kindern — nur solche kann der Heilige Geist leiten. Der Eigenwille, welcher Gott immer den Weg versperrt, wird zerbrochen; für den göttlichen Willen wird Raum geschaffen.

Du lebst dann so in der Gottesnähe, daß des Geistes leises Wehen dein Herz berührt, und du lernst die Stimme des Heiligen Geistes unterscheiden von der Stimme der Welt und der eigenen Gedanken.

Da ist aber noch eine andre Vorbedingung, welche ebenfalls eine Wirkung des Wortes Gottes ist: das Gewissen muß durch das Wort Gottes gebildet und erleuchtet werden. Das Gewissen des natürlichen Menschen überführt ihn wohl von dem, was Sünde ist in betreff mancher unmoralischer Dinge; jedoch von dem, was der Mensch Gott schuldig ist an Liebe, Dank und Vertrauen, was es heißt, den Namen Gottes mißbrauchen, das Wort Gottes verachten, davon spricht das Gewissen des natürlichen Menschen fast niemals und ebensowenig von der ganzen Sündenwelt unreiner Gedanken und Begierden. Dies beginnt erst da, wo das Licht des Wortes Gottes angefangen hat, in das Herz zu leuchten. Auch bei wiedergeborenen Menschen ist dieses Werk des Heiligen Geistes, das Gewissen Gott gemäß zu bilden, keineswegs mit dem Tage der Bekehrung erreicht. Es ist ein wachsendes Werk, das mit dem zunehmenden Licht, mit der zunehmenden Erkenntnis von der Heiligkeit, Gnade und Gegenwart Gottes in uns erstarkt.

Im Wort Gottes finden wir das Bild unseres vollkommenen Herrn, wie Er diese Welt durchschritt zur Verherrlichung Gottes. Je mehr wir Ihn kennenlernen, desto mehr werden wir ergriffen von dem Leben, zu dem wir gerufen sind. „Wer da sagt, daß er in Ihm bleibe, ist schuldig, selbst auch so zu wandeln, wie Er gewandelt hat“ (1. Joh. 2, 6). Welch ein Abstand zwischen dem Wandel in Gedanken, Worten und Werken, zu welchem wir durch den Heiligen Geist berufen und befähigt sind, und dem, was wir tatsächlich sind vor dem Auge unseres geliebten Herrn! Das Wort Gottes zeigt uns das Heilmittel: „Wir alle aber, mit aufgedecktem Angesicht die Herrlichkeit des Herrn anschauend, werden verwandelt nach demselben Bild von Herrlichkeit zu Herrlichkeit als durch den Herrn, den Geist“ (2. Kor. 3, 18).

So bildet sich im Herzen eines Kindes Gottes eine reine Atmosphäre, in welcher die Sprache des Heiligen Geistes keine Hemmnisse findet.

6. Der Zeuge unter den Offizieren

Zum 18. Oktober 1895 fuhr Georg von Viebahn ins Elsaß, um an der Einweihung eines Denkmals zur Erinnerung an seinen kaiserlichen Freund, Kaiser Friedrich III., teilzunehmen. Fünfundzwanzig Jahre waren vergangen seit der Schlacht bei Wörth, an der er als Adjutant des damaligen Kronprinzen und Heerführers im Felde stand. Zu dieser Feierlichkeit war die gesamte Generalität des deutschen Heeres eingeladen. Viebahn kam bedrückt von der Feier heim. Obwohl unter den Generälen gewiß manch ein gläubiger Christ war, hatte er sich einsam gefühlt. Offenbar hatte er einen starken Eindruck davon bekommen, daß das Offizierskorps den Ernst dieser Feierstunde nicht begriff. Mit Erschütterung stellte er fest, wie fern die Mehrheit der deutschen Offiziere jener Lebensbotschaft stand, die der Inhalt seines Lebens geworden war und durch die sein Leben Gestalt gewonnen hatte. Von da an bewegte ihn die Frage, ob er — der nun Fünfundfünfzigjährige — nicht den Rest seines Lebens unmittelbar dem Zeugendienst seines Herrn Jesus Christus widmen sollte. Viel hatte er mit seiner Frau um die rechte Entscheidung gebetet. Dann reichte er seinen Abschied ein, obwohl ihm eine ehrenvolle Beförderung bevorstand: er sollte Kommandeur der Kriegsakademie in Berlin werden. Am 18. April 1896 wurde Georg von Viebahn im Rang eines Generalleutnants zur Disposition (z.D.) gestellt.

Georg von Viebahn

Als im Herbst des gleichen Jahres der im Ruhestand lebende Oberstleutnant von Knobelsdorff, der langjährige Vorsitzende des Deutschen Blauen Kreuzes, in Stettin eine Evangelisation hielt, bat er seinen Freund Viebahn, am Schluß dieses Dienstes ein Zeugnis zu sagen. Das war der bescheidene erste Anfang der evangelistischen Öffentlichkeitsarbeit des Generals. Im übrigen brauchte der Ruheständler viel Zeit für die „Zeugnisse eines alten Soldaten an seine Kameraden", die fast zu seiner Hauptarbeit wurden. Tausendeinhundert Texte für diese vierseitigen Blätter hat Viebahn im Laufe seines Lebens geschrieben. Doch schwebte ihm noch eine spezielle Mission unter den Offizieren des Heeres und der Marine vor. Diese Arbeit begann am 4. März 1898. Zu diesem Datum hatte Viebahn eine größere Anzahl von Offizieren mit ihren Frauen nach Berlin in das Hotel „Vier Jahreszeiten" in der Prinz-Albrecht-Straße eingeladen.[8] Als seine Gäste speisten sie mit ihm zusammen. Anschließend hielt er einen grundlegenden Vortrag. Das Ziel dieses Treffens war ja nicht die festliche Tafel, sondern das Zeugnis des Generals von Viebahn vor seinen Kameraden.

Er hatte sich mit viel Gebet auf diesen Tag vorbereitet. Eigentlich dachte er seit Jahren an den Vorstoß, der nun beginnen sollte und der auch einen entsprechend großen Eindruck auf die Versammlung machte. Weil der Vortrag für die Verkündigung des Generals charakteristisch ist, bringen wir ihn hier in Auszügen. Seine Worte zeigen deutlicher, als alle Beschreibung es tun kann, sein Verständnis des Christusdienstes.

Nachdem Viebahn in einem längeren ersten Teil seinen Zuhörern ein realistisches Bild vom religiös-sittlichen Verfall des deutschen Volkes gegeben hat — in dem er auch seinen eigenen Stand nicht schonte —, beginnt er den Hauptteil unter der Überschrift: *„Aufgabe und Stellung des deutschen Offizierskorps in der Gegenwart" mit dem Untertitel: „Die Bedeutung der Bibel für den Offizier".*

Die Verantwortung des Offiziers der deutschen Armee für den religiösen Verfall unseres Volkes ist darum besonders groß, weil ihm die Jugend des Vaterlandes zur Erziehung und Ausbildung in die Hände gegeben ist. Wörtlich fährt Viebahn fort: „Je höher diese Aufgaben sind, je mächtiger die Geisteskämpfe der Gegenwart, je größer die Gefahr und Versuchung, die den einzelnen in ihren Strudel hinabzuziehen drohen, um so mehr bedarf unser Offizierskorps tief gewurzelter christlicher Persönlichkeiten. Es wird in der Gegenwart um die heiligsten Güter gekämpft; die eigentlich weltbewegende Frage ist die: Für oder wider Christus?"

Diese Frage kann nicht vom Offizierskorps beantwortet werden —, „sie muß von jedem einzelnen beantwortet werden, und seine Antwort entscheidet über sein Leben für Zeit und Ewigkeit.

Wer mahnt im täglichen Leben den jugendlich strebenden, ehrgeizigen, waffenstolzen Offizier an den Ernst ewiger Rechenschaft vor Gott? Wer erinnert ihn an die Liebe, welche aus der ewigen Herrlichkeit in das Leid dieser Erde, in die Todesnacht von Golgatha herniederkam, um auch ihn, auch ihn, zu erretten? Dazu reicht der dienstliche Kirchgang nicht aus, selbst wenn er die herrlichste und tiefste Predigt bringt. Möchte jedes Wort der ewigen Wahrheit gesegnet sein, welches in jenen Stunden Herz und Ohr erreicht. Dennoch ist mehr nötig als das.

Es ist schon die Frage erhoben worden: Kann man als deutscher Offizier den schmalen Weg eines bekehrten Christen gehen, nur fragend, was Jesus gefällt, was Sein Wort gebietet? Gott gebe in Gnaden, daß diese Frage aus der Mitte unserer Standesgenossen von allen, die ihren Heiland kennen, mit einem lauten und freudigen Ja beantwortet werde!

Mit einem Ja der Theorie ist hier nichts gewonnen, es handelt sich um das Ja der Wirklichkeit des Lebens. Es handelt sich darum, dieses Ja unter das Wort des Herrn zu schreiben: ‚Wer Mir nachfolgen will, der verleugne sich selbst und nehme sein Kreuz auf sich und folge Mir nach. Denn wer sein Leben will behalten, der wird's verlieren; und wer sein Leben verliert um Meinet- und des Evangeliums willen, der wird's behalten. Was hülfe es dem Menschen, wenn er die ganze Welt gewönne und nähme an seiner Seele Schaden? Oder was kann der Mensch geben, damit er seine Seele löse? Wer sich aber Mein und Meiner Worte schämt unter diesem ehebrecherischen und sündigen Geschlecht, des wird sich auch des Menschen Sohn schämen, wenn Er kommen wird in der Herrlichkeit Seines Vaters und mit den heiligen Engeln' (Mark. 8, 34–38).

Wer diesen Weg zu seines Heilandes Ehre gehen will, der braucht dazu täglich Kräfte von oben her — Ewigkeits- und Siegeskräfte —; diese findet er im Gebet und in Gottes Wort! Beides ist untrennbar verbunden. Das Gebet treibt den Christen in Gottes Wort, um den Willen seines Herrn, die Gedanken seines Vaters zu erfragen. Das Wort Gottes treibt ihn zum Gebet, um das Herz, die Hilfe, die Bewahrung seines Gottes zu suchen.

Wer aus Gottes Wort Segen und Kraft empfangen will, muß es mit Gebet aufschlagen und mit tiefer Ehrfurcht. Niemand wird gesegnet, der das Wort Gottes aufschlägt, um es zu kritisieren. Das Wort Gottes fordert Unterwerfung; es verkündet Gnade denen, die sich unterwerfen — Zorn und Gericht denen, die sich nicht unterwerfen! Gottes Wort beurteilt den Menschen; der menschliche Hochmut maßt sich an, er wolle das Wort Gottes beurteilen. Aber dem Menschen gebührt der Platz *unter* dem Wort; da tritt er in das Licht Gottes und erkennt in diesem Licht, wer er ist: ein Sünder, der Abwaschung bedarf, ein Schwacher, der Kraft braucht, ein Blinder, der durch Gottes Gnade sehend werden muß. Aber zugleich erkennt er, wer Gott ist: sein einziger, aber auch vollkommener Arzt und Helfer. Wer so Gottes Wort aufschlägt, wird gesegnet werden. Der glimmende Funke eines noch so schwachen Glaubens wird unter dem Wehen und Wirken des Heiligen Geistes zu einer leuchtenden Flamme werden. Wenn dann ein friedloser Sünder durch Buße und Glauben seinen Erretter Jesus fand, dann wird ihm das Wort Gottes gewiß. Er hat es vernommen als die Botschaft des Heiligen Gottes von Gnade und Gericht. Jetzt wird es ihm der Brief des Vaters an Seine geliebten Kinder, die Offenbarung Gottes in Christus, nämlich daß Gott, der Heilige Gott, nicht nur Gesetzgeber und Richter ist, sondern Licht und Liebe!"

Man spürt diesem Zeugnis ab, daß es Viebahn aus übervollem Herzen quillt. Jahrelang hat er auf die Gelegenheit und Stunde gewartet, wo er vor seinen Kameraden und Standesgenossen im Zusammenhang die Botschaft von Christus sagen konnte. Viel hatte er um die rechten Worte gebetet.

Es mag uns Heutigen auffallen, daß nichts von Apologetik und psychologischer Einfühlung von Viebahn in Anspruch genommen wird. Er stößt gleich mit den ersten Sätzen ins Zentrum hinein. Er scheut sich nicht, von Sünde zu sprechen, und redet schuldbeladene Sünder an. Bei allem Ernst der Heiligkeit Gottes, die nicht verschwiegen wird, zeigt er doch den Weg des Heils durch Buße und Glauben. Er schöpft dabei allein aus dem Wort

Gottes, das die Quelle der Offenbarung, der Wahrheit und der Kraft ist. Es ist der Weg, den er selbst gegangen ist und der sich ihm bewährt hat.

Aber hat der Offizier im Dienst Zeit zum Bibelstudium? Ist die ganze Rede nicht zum Fenster hinausgesprochen? Selbst wenn der Hörer es mit dem Herzen vernommen hat und es ihm ins Gewissen fiel und zündete — was kann denn praktisch daraus werden? Es ist bezeichnend für Viebahn, daß ihm diese Einwände kommen, mit denen er selbst zu kämpfen hatte. Doch es liegt ihm alles an realer Erfüllung. Darum darf das Gesagte nicht etwa ein schönes Deckengemälde bleiben. Er spricht in demselben Vortrag anschließend in einem neuen Teil über diese Frage:

Hat der Offizier Zeit, die Bibel zu lesen?

„Man könnte antworten: Jeder Mensch findet zu allem Zeit, was er gerne will! Der vielbeschäftigte Mann findet Zeit, seiner Braut zu schreiben, ihre Briefe zu lesen. Wer gerne reitet, kommt täglich auf seine Pferde. Aber trotzdem bleibt es schwer: Müdigkeit, irdische Pflichten und zerstreute Gedanken sind oft schwere Bleigewichte. Doch eine Eigenschaft wirkt als Gegengewicht, sobald der Entschluß gefaßt ist, das Wort Gottes zu lesen: die Gewissenhaftigkeit! Wer es als Gewissenspflicht erkannt hat, das Wort Gottes täglich zu lesen, wird über alle Hindernisse obsiegen. Mag dann das tägliche Aufschlagen der Bibel in noch so großer Schwachheit geschehen — es wird gesegnet sein."

Wir hören hier ein wenig von den eigenen Erfahrungen Viebahns. Gewissenhaftigkeit und Treue waren für ihn die entscheidenden Charakterzüge, darum hatte er die Vollmacht, so zu seinen Kameraden zu sprechen.

Er sagt unter anderem weiter: „Es handelt sich darum, die Gedanken Gottes kennenzulernen, dieselben ins Herz zu fassen und mitzunehmen ins Leben. Es handelt sich darum, die Herrlichkeit und Wahrheit Gottes, den Reichtum Seiner Gnade und Verheißung zu erkennen, die Unfehlbarkeit und Treue jedes Wortes der Heiligen Schrift Alten und Neuen Testaments... Wir Soldaten lieben die Kürze, Gottes Wort auch; es sagt in einem Vers oft so viel, daß man Bücher darüber schreiben könnte... Wenn aber ein Offizier auch über seinem kurzen Bibelabschnitt des Abends einschlafen würde und wenn mancher Tag kommen würde, wo er es entweder versäumt oder trotz guten Willens erst mittags nach der Heimkehr vom Dienst seine Bibel aufschlägt, weil's mit dem frühen Aufstehen nicht gelingen wollte — wer dies alles selbst durchlebt hat, wird darüber kein Urteil sprechen, am wenigsten der, welcher den Herrn kennt, von welchem geschrieben steht, daß ‚Er Mitleid hat mit unseren Schwachheiten'. Eins aber ist nötig: wenn wir beten und die Bibel aufschlagen, daß es stille werde in uns. Einmal in diesen wenigen Minuten müssen wir hinaus aus der Vergänglichkeit, um vor dem ewigen Gott stille zu stehen, damit Er zu uns rede. Einmal muß unser Herz hinausgehen aus dieser trügerischen Weltstadt, damit wir außerhalb der Tore dem Lebensfürsten Jesus begegnen...

Ja, in der Bibel begegnet der Mensch, der Sünder, Jesus, welcher gekommen ist, um Sünder zu seligen Kindern Gottes zu machen. Da spricht Er: ‚Wer Mich findet, findet das Leben... alle, die Mich hassen, finden den Tod' (Spr. 8, 35–36)... Sehend geworden, erkennt der Sünder sich tief verschuldet; er erkennt den furchtbaren Ernst des ewigen Gerichtes Gottes. Als ein Verlorener ruft er um Gnade, und der Herr, der am Kreuz für ihn starb, überführt ihn, daß ihm, ja gerade ihm, die suchende Liebe Gottes seit vielen Jahren nachgegangen ist. Er erkennt: Der Herr sucht mich! Er versteht, er ergreift es: Jesus starb für mich! Er empfängt neues, ewiges Leben, eine gewisse Hoffnung; es wird Frieden. Er ist errettet! Er ist der Macht Satans entrissen, dem ewigen Verderben entronnen; er ist ein Kind Gottes geworden.

Vielleicht vergehen Jahre bis zu dieser seligen Stunde, vielleicht geschieht's in Kürze. Es kommt aber bei jedem, der Gottes Gnade und Wahrheit aufrichtig sucht, die Stunde, wo er es erlebt. Dann tritt ‚wiedergeboren aus dem Wasser des Lebenswortes und dem Geiste Gottes' ein neuer Mensch in den Kreis seiner Kameraden, derselbe und doch ein anderer: ein Zeuge für Jesus, seinen

Retter; stiller und doch fröhlicher als einst; schweigsamer und doch beredter. Was ist geschehen? Er ist dem Lebensfürsten Jesus begegnet!

Hat er nun abgenommen an soldatischer Tüchtigkeit, an frischer Entschlossenheit, an kameradschaftlicher Treue, an Hingebung für unseren Beruf? Nein, im Gegenteil: er tut, was er nun tut, mit doppelter Lust, mit nie ermüdender Kraft; er tut es für den, der ihn geliebt und der sich selbst für ihn gegeben hat, für seinen höchsten Herrn und alleinigen Gebieter, Jesus!"

Der Soldat Viebahn will nicht nur erbaulich und evangelistisch sprechen. Er wirbt um Kämpfer für Jesu Sache. Er kann auf halbem Wege nicht stehenbleiben. Schon in diesem programmatischen Wort wirbt er um Bekenner seines Herrn.

In einem weiteren Abschnitt behandelt Viebahn das Thema:

„Das Wort Gottes treibt zur Trennung von der Sünde und zum Bekenntnis."

Wir bringen auch aus diesem Abschnitt einige Kernsätze:
„Die Wahrheit führt in den Kampf mit der Sünde. Es unterliegt keinem Zweifel, daß in der männlichen Jugend eine bestimmte Sünde die mächtigste Gewalt Satans ist, um viele von Gottes Gnade fernzuhalten und die segnende Kraft des Wortes Gottes zu hindern."

Und nun spricht der Menschenkenner und Seelsorger mit heiligem Ernst und doch in unmißverständlicher Offenheit von der Unzucht und der Unkeuschheit auch im Leben des jungen Offiziers.

„Kein Mensch vermag diese hoffnungsreiche Jugend, welche alljährlich der Armee zugeführt wird, vor den Verstrickungen der unreinen Lust zu bewahren. Aber Gottes Wort bringt eine Macht des Widerstandes gegen die Macht der Sünde in Herz und Gewissen. Wer angefangen hat, die Bibel zu lesen, erfährt sehr bald: entweder ich muß die Bibel lassen und die ewige Hoffnung — oder ich muß die Sünde lassen. Und Gottes Wort zeigt zugleich die Siegeskräfte, die kein Mensch besitzt: in Jesus ist Gnade, Vergebung und ein neues Leben! Das ist es, was ein Christ seinem mit der Sünde ringenden Kameraden bezeugen darf. Er sagt nicht: Sieh her, ich bin ein Tugendheld! Nein, er sagt: Auch ich kenne die Macht der Sünde und die eigene Schwachheit; aber ich habe erlebt, daß in Jesus Sieg und Bewahrung ist für jeden, der dem Wort Gottes glaubt. ‚Unser Glaube ist der Sieg, der die Welt überwunden hat.' Dieser Sieg beginnt damit, daß der Mensch sich dem Wort Gottes unterwirft. Was Gott Sünde nennt, muß Sünde bleiben! Es ist ein himmelweiter Unterschied zwischen einem Mann, der das Gebot Gottes über den Haufen wirft und sagt: Es ist mein Recht zu sündigen, und ich schäme mich dessen nicht! — und einem anderen, welcher im Kampf der Versuchung erliegend vor Gott bekennt: Ich habe gesündigt, hilf mir aus den Ketten der Sünde!

In diesem ringenden Kampf erfährt jeder Sünder, daß er keine Kraft hat, aber Gott. Es handelt sich darum, sich mit Gottvertrauen in Jesu Hände zu legen. Hier ist vielen mit dem Wort gedient: ‚Wenn du könntest glauben! Alle Dinge sind möglich dem, der da glaubt.' Wer Jesus vertraut, erfährt die volle, praktische Wahrheit, daß Jesus, der das gute Werk in ihm, dem schwachen, verlorenen Sünder, anfing, es auch vollendet. Er lernt das Wort verstehen: ‚Laßt uns ablegen jede Bürde und die leicht umstrickende Sünde und mit Ausharren laufen den vor uns liegenden Wettlauf, hinschauend auf Jesus, den Anfänger und Vollender des Glaubens' (Hebr. 12, 1–2).

Ein Christ wird innerlich durch die Macht der Wahrheit zu einem Feinde der Sünde. Sollte es ihm möglich sein, im Kreise anderer zu lachen über Scherze und Erzählungen über die Sünde, um welcher willen er selbst vor Gott gefleht, geseufzt, ja geweint hat? Wer einmal in stiller Stunde im Staube lag vor seinem Gott, durch die Macht des Gewissens niedergebeugt um seiner Sünde willen, der kann das nicht mehr. Die Wahrheit in seinem Herzen, die Macht Gottes in seinem Gewissen macht ihn zum Bekenner. Er bekennt, was Sünde ist, und er gedenkt des Anfangswortes im herrlichen Psalmbuch: ,Wohl dem, der nicht wandelt im Rat der Gottlosen noch tritt auf den Weg der Sünder noch sitzt, wo die Spötter sitzen' (Ps. 1, 1).

Der Christ muß bekennen; Gottes Wort fordert es von ihm, und je mehr er Gottes Wort kennenlernt, desto mehr treibt ihn sein Gewissen. Es ist eine Scheidewand gezogen durch die Wahrheit Gottes zwischen einem solchen Mann und allen jenen unreinen Büchern, Bildern oder Schaustellungen, welche entweder unter dem Deckmantel der Kunst oder des literarischen Wertes oder in offenbarer Gemeinheit die brennende Fackel der Versuchung in die Herzen schleudern." Die gleiche Front bezieht Viebahn gegen die Trinksitten im Kameradenkreis.

„Wer täglich Gottes Stimme hört, der wächst und reift. Es kommt dann die Stunde, wo Gott ihn gebrauchen kann, seinen Kameraden zum Segen — und wie viele sind da, welche einer Retterhand bedürfen, die niemand ihnen reichen kann als nur ein Kamerad, der Gottes Wort und seinen Heiland kennt.

Das Dreigespann ,Wein, Weib und Schulden' haben wir alle oft genug im Leben sein trauriges Werk vollbringen sehen... Ist es nicht vorgekommen, daß aus dem Kameradenkreis dem noch gestern Hochgeachteten statt einer rettenden Hand der Revolver gereicht wurde? Kann ein Christ im Sinne des Selbstmordes das Wort unterschreiben: lieber tot als ehrlos? Niemals! Er kann es nur in dem Sinne, daß er sein Leben zu opfern jederzeit bereit ist um der Treue willen; denn das ist unsere Ehre: treu zu sein! Wenn sich's aber um einen Kameraden handelt, der seinen Ritterschild durch eigene Schuld zerbrach, so lehrt mich die Schrift sprechen: ,Das ist gewißlich wahr und ein teuer wertes Wort, daß Christus Jesus gekommen ist in die Welt, die Sünder selig zu machen, unter welchen ich der vornehmste bin' (1. Tim. 1, 15). Die Ewigkeit wird es beweisen, daß betende Kameraden in unserem Offizierskorps manchem Verzweifelten Trost und Aufrichtung gebracht, manchen unvermeidlich scheinenden schweren Zweikampf doch noch mit Ehren vermeiden halfen, manchen Eltern ihren Sohn und manchen Offizier dem Könige und dem Vaterland erhielten... Siegbefähigte Heere kann es auch ohne Christentum geben. Niemand wird behaupten, daß in der napoleonischen Armee von 1812 irgendwie betende Bekenner Jesu in den Vordergrund traten... Hingebende Offiziere und Soldaten kann man also auch ohne Christentum erziehen... Aber das Grab ist nicht das Ende des Lebens, sondern der Anfang der Ewigkeit, der Tod nur die Entscheidung über unser wirkliches, ewiges Geschick. Jesus, der Sohn Gottes, kam auf die Erde, um verlorene Sünder zum ewigen Leben zu erretten. Menschen, welche in Sünde empfangen und geboren sind, gebunden durch ihre ererbte Natur, durch ihr Fleisch und Blut unter die Macht und den Fluch der Sünde, sollen befreite Kinder Gottes werden, Erben des ewigen Lebens. Jesus bezahlte auf Golgatha das Lösegeld mit Seinem Blute. Wer an Ihn, den Gekreuzigten und Auferstandenen, glaubt, hat ewiges Leben gefunden und geht seinen Erdenweg unter der Gnade und Segnung seines himmlischen Vaters. Seine Glaubensgebete bewegen das Herz und die Hand des gegenwärtigen Schöpfers der Welten. Das ist *Christentum!*

Deshalb dürfen wir kühn behaupten, daß auch der als Soldat hochbegabteste Offizier durch die Bekehrung zu Jesus nie verlieren, sondern nur gewinnen kann... Gott erfüllt an Seinen Gläubigen, was er einst Abraham verheißen hat: ‚Ich will dich segnen, und du sollst ein Segen sein' (1. Mose 12, 2)."

Ein letztes Thema berührt Viebahn in seinem Vortrag, nämlich:

„Stellung und Wert der Bekenner Jesu im deutschen Offizierskorps."

„Kommt nicht ein Offizier, der es mit dem Wort Gottes so ernst nimmt, mit den Anschauungen eines großen Teiles seiner Vorgesetzten und Kameraden in Widerspruch? Die Einheitlichkeit des Offizierskorps kann gefährdet erscheinen." Offenbar ist dem General dieser Einwand öfters gemacht worden, so daß er sich mit dieser Frage auseinandersetzen mußte. Nun nimmt er mit seiner wohlerwogenen Antwort seinen Gegnern den Wind aus den Segeln. Er spricht zuerst von der „preußischen Tradition“.

„Wir verstehen darunter ein so ernstes Pflichtgefühl, daß das Privatinteresse gegenüber der Pflicht verstummt. Wir verstehen darunter jene Schule, in welcher der Offizier zu fragen lernt, nicht: Was muß ich leisten? sondern: Was darf ich leisten? Gottes Wort lehrt den Christen in selbstloser Liebe zu dienen, nicht nach Lohn zu fragen, sondern den Herrn der Herrlichkeit im irdischen Beruf dadurch zu preisen, daß Seine Bekenner in allem treu, selbstlos und wahr erfunden werden. Ich bin tief davon durchdrungen, daß zwischen dieser preußischen Tradition und der Nachfolge Jesu kein Widerstreit der Pflichten entstehen kann.“

Dagegen gehören Vergnügungen, Trinksitten und Festfeiern am Sonnabendabend bis in den Sonntag nicht zur preußischen Tradition. „Diese Dinge marschieren aber stets unter der Forderung: Kein einzelner darf sich ausschließen von dem, was die Gesamtheit tut! Dies Prinzip ist unanfechtbar in allem, was Dienst und Pflicht betrifft, jedoch unhaltbar in dem, was Vergnügen und Genuß betrifft. Es wäre eine Unwahrheit, zu sagen, ein Christ könne alles mitmachen. Das Wort Gottes sagt das Gegenteil. Wird aber dadurch die Einheitlichkeit des Offizierskorps gefährdet? Nein! Man kann Forderungen der Einheitlichkeit aufrichten, welche die Gewissen beschweren und werdende Charaktere vernichten. Die wahre Einheitlichkeit des Offizierskorps ist nicht so leicht gefährdet. Es haben in einer Berliner Gardekaserne vier Leutnants längere Zeit zusammen die Bibel gelesen, sie haben alle vier weder die Einheitlichkeit ihres Offizierskorps in Frage gestellt noch es später an der Bewährung dessen fehlen lassen, worin die preußische Tradition sich erweisen soll.

Das Wort Gottes bildet Charaktere, es arbeitet mit täglichem Meißelschlag an dem Gewissen und macht es dem, welcher ihm folgt, unmöglich, ja zu sagen, wo gegenüber der Welt, der Sünde, der Verschwendung der Herr gebietet, nein zu sagen. Wer Jesus nachfolgend den schmalen Weg erwählt, mag vor manche

Schwierigkeit gestellt werden, aber er erfährt auch, daß Jesus ihn durch jede Schwierigkeit hindurchträgt.

Gottes Geschenke werden aber nur bewahrt durch Glauben und Bekenntnis. Einem wahren Christen werden seine Ideale nicht zerbrochen, wenn er zurückgesetzt oder gekränkt wird; er wird dadurch nicht irre; er weiß, was der Mensch ist, und er weiß sich unabhängig von Menschen. Er weiß sein ganzes Leben in der allmächtigen Gotteshand; Gott hat bestimmt, wie weit sein Soldatenweg gehen soll. Ihm ist nicht entscheidend, wie hoch er steigt, sondern daß er da, wo er steht, treu erfunden werde. Wer sollte seine Ideale zerbrechen? Gott bewahre unser Offizierskorps vor solchen Christen, welche ein christliches Bekenntnis nicht zu vereinen vermögen mit hoher Berufsleistung und kameradschaftlicher Treue."

Und nun das Schlußwort jenes beachtlichen Vortrags:

„Die Bibel weiß für alle Menschen, auch für uns deutsche Offiziere, nur einen Weg der Errettung, nämlich, daß der Sünder sich bekehre. Im Bewußtsein seines verlorenen Zustandes und des kommenden Gerichtes eines heiligen Gottes muß der Sünder um Gnade rufen und zu den Füßen des Gekreuzigten und Auferstandenen Gnade und neues Leben empfangen. Wer so durch den Glauben an Jesus ein Kind Gottes geworden ist, der erfährt in seinem Leben die siegreiche Kraft des Wortes Gottes. Ein solcher ist befähigt, Jesus mit Leben und Wandel zu bekennen. Er vermag in ernster Entscheidungsstunde Herz und Hände zu dem allmächtigen Helfer zu erheben. Er kann und wird dem sterbenden Kameraden das in Christus erschienene Leben als die einzige Rettung ins Herz rufen. Wenn uns aber der Blick auf die eigene Schwachheit und Mangelhaftigkeit den Mut nehmen will, daß auch wir berufen sein könnten, Zeugen für Jesus zu sein inmitten der Wogen der Vergänglichkeit und der Macht der Sünde, so ermutigt uns das Wort Gottes. Es lehrt, nicht auf sich selbst zu blicken, sondern auf Jesus."

Es ist ein offenes Wort, das hier General von Viebahn an seine Kameraden richtet. Es ist ein zentrales Wort vom Christenglauben, von der Entscheidung für Jesus, von der Begnadigung und Erneuerung des Sünders, von der Verantwortung vor Gott und vom Mut des Bekennens. Jahrelang hatte der Redner in diesen Richtlinien gelebt und alle Hindernisse und Versuchungen selbst durchkämpft. Es war keine blasse Theorie, die er seinen Hörern vortrug. Es war alles vom „grün-goldenen Baum des Lebens", wie der Dichter sagt. Und es war alles getragen vom Geist der Wahrhaftigkeit — bevollmächtigt durch den Geist dessen, dem Viebahn sein Leben lebte.

Deshalb hatte dieses Wort so große Folgen. Man hat es einen weckenden Fanfarenstoß genannt. Von diesem Tage an war ein Einbruch in die Kreise der Offiziere geschehen. Wer später — auch lange nach dem Tode Viebahns — jenen aufrechten Männern, den Hauptleuten, Majoren, Oberstleutnants und Generalen begegnete, die aus Viebahns Schule kamen, der konnte noch nach vielen Jahrzehnten die lebendige Wirkung des Zeugnisses und der Seelsorge Viebahns im Leben dieser Männer ablesen.

Ja, er hatte sie geprägt! Man erkannte sie als aus der Schule Viebahns kommend. Klarheit, Entschiedenheit, Bekennermut, Freude an der Bibel, Treue in der Nachfolge — das waren die gemeinsamen Kennzeichen. Der Verfasser dieser Zeilen kam wenige Monate vor dem Tod Viebahns zum Glauben an den Auferstandenen. Er ist ihm leider nicht mehr persönlich begegnet. Aber als junger Christ, der seine ersten Glaubensschritte wagte, begegnete er alten Offizieren, unter deren Wort er staunend erkannte, was Jesus aus Nachfolgern machen kann, die sich ihm widerspruchslos unterwerfen.

Es ist nie schwer, andere zu kritisieren, wenn man sich selbst zum Maßstab macht. Man kann von Engigkeit, von Gesetzlichkeit reden, man kann mit theologischen Mitteln diesen unbedingten Bibelglauben bekritteln — aber man sollte einmal solche Männer erleben, die so kompromißlos an den biblischen Jesus glauben und ihr Leben in der Nachfolge Jesu leben!

Von jenem Abend im Hotel „Vier Jahreszeiten" an begann eine intensive Offiziersmission durch General von Viebahn, bald auch mit Hilfe einer Anzahl seiner Kameraden. Wir können nur beispielsweise einige nennen. Es waren meist Männer aus dem norddeutschen Adel, die ihre Gutshäuser und Schlösser zur Verfügung stellten, um Tagungen für Offiziere zu veranstalten. Allen voran Freiherr von Tiele-Winckler auf Rothenmoor in Mecklenburg. Aber auch General von Patow auf Zinnitz in der Mark. Weiter General von der Marwitz auf Rütznow in Pommern und mancher andere.

Zwei Wege beschritt Viebahn, um den Offizieren mit dem Wort Gottes zu dienen. Alljährlich im März fand die große Jahreskonferenz am gleichen Ort statt, wo er seinen programmatischen Vortrag gehalten hatte. Im Hotel „Vier Jahreszeiten" sammelte sich ein Jahr für Jahr größer werdender Kreis von Offizieren mit ihren Frauen, um auf die Bibelarbeit Viebahns und anderer Brüder zu hören. Daneben gab es hin und her im Lande — bis nach Ostpreußen — kleinere mehrtägige Freizeiten, oft am Wochenende. Der praktische Sinn des Generals wußte um die Zeitknappheit der aktiven Offiziere, um die es ihm besonders ging, da sie ihren Einfluß innerhalb des Heeres geltend machen konnten. Es wurde in kurzer Zeit intensiv über der Bibel gearbeitet. Außerhalb der Bibelarbeiten gab es viel Gelegenheit zu seelsorgerlichen Aussprachen. Wir wissen von so manchem aktiven Leutnant oder Major, der hier im kurzen Gespräch mit General von Viebahn zu voller Heilsgewißheit und Freude des Glaubens durchbrach.

So kam auf der Offizierskonferenz in Rothenmoor Hauptmann Willy Lange zum Glauben, „der noch wenige Tage zuvor zerrissen, verzweifelt, unglücklich zu einem Freunde sagte: ‚Ich habe es mir immer und immer wieder überlegt, ich kann nicht gegen alle Welt stehen — ich kann nicht, es geht nicht!‘ Das klang so bestimmt wie etwas abschließend Feststehendes, das man wohl bedauern, an dem man aber nichts mehr ändern kann. Der Freund schlug ihm vor: ‚Du siehst nur immer mich — du müßtest mal mit anderen zusammenkommen; komm doch mit nach Rothenmoor, wo ich jetzt hinfahre — da kommen mehrere andere Offiziere hin, die so stehen wie ich, mit denen kannst du dich ja aussprechen.' Willy sagte nichts. Sie galoppierten eine lange Strecke, ohne zu reden, nebeneinander her, und bis sie nach Hause kamen, wurde ,die' Frage nicht mehr berührt.

Aber dann entschloß sich Willy doch, und in den ersten Oktobertagen traf er mit seinem Freund in Rothenmoor in Mecklenburg ein. Der erste Eindruck bei Willy war der angenehmer Überraschung. Das waren ja alles äußerst nette, gewinnend herzliche und dabei ganz ungezwungene Menschen von tiefer Herzensfröhlichkeit. Er lernte zum ersten Mal ein Haus, eine Familie kennen, in der der Herr Jesus der Mittelpunkt ist.

Die hervorragendste Persönlichkeit unter den Anwesenden war der Generalleutnant Georg von Viebahn: Überragend, kristallklar, echt, ungeteilt, aufopfernd, liebevoll und treu. Er war das, was er sagte. Man kann wohl sagen, daß von ihm Ströme von Segen in viele Menschenherzen in Deutschland ausgegangen sind durch seine rastlose Tätigkeit als Redner, durch seine Schriften — aber vor allem durch das, was er war.

Es waren wunderbare Tage in Rothenmoor, als wir das Wort Gottes ,reichlich unter uns wohnen ließen', es sorgfältig und unter Gebet betrachteten.

Aber Willy wich aus. Noch am Vormittag des 5. Oktober sagte der Forstmeister von Rothkirch, der langjährige Vorsitzende des Christlichen Vereins Junger Männer in Berlin, dessen sonnige Männlichkeit Willy an sich sehr gefallen hatte: ,An Ihren Bruder ist nicht heranzukommen; er weiß so genau Bescheid, und wenn man im Gespräch auf die Hauptsache kommen will, weicht er aalglatt aus.'

Aber doch war seine Stunde gekommen. Nach einer besonders ernsten Bibelstunde, in der man Gottes Macht durch Sein Wort spürte, da — bat Willy nach noch einem kurzen Schwanken den General von Viebahn um eine Unterredung — und übergab seinen Willen, sein Leben dem auferstandenen Herrn! Am Abend

Vierteljahrsschrift zur Förderung persönlichen Christentums.

Den Offizieren der deutschen Armee und Marine dargeboten.

Schwert und Schild

XVII. Jahrgang.

Heft 2.

Herausgeber:
von Viebahn, Königl. Preuß. Generalleutnant z. D., Berlin-Dahlem.

Verlag und Expedition von Schwert und Schild:
Buchdruckerei Diesdorf bei Gäbersdorf, Kr. Striegau.

April Mai Juni 1915.

Jahres-Abonnement 2,50 Mk., Ausland 3 Mk.

dieses Tages, wir teilten das Zimmer, da kam es aus dem Dunkeln zu mir herüber: ‚Ernst — die Last ist weg!' Und nun erzählte er mir von der Last der Verzweiflung, die auf ihm gelegen. Aber nun hatte Gott auf seine Unterwerfung mit dem Frieden geantwortet, der alles Verstehen übersteigt; ein Friede, der ihn nie wieder verlassen hat ...“[9]

Schwert und Schild

Neben solchen persönlichen Begegnungen entstand schon im Jahr 1899 die Vierteljahresschrift „Schwert und Schild“. Während bei der Abfassung der „Zeugnisse eines alten Soldaten“ in ganzer Breite an alle Glieder von Heer und Marine gedacht war, vor allem eben an die Mannschaften, wandte sich „Schwert und Schild“ unmittelbar an die Offiziere. Wurden die Zeugnisse in mancher Kaserne in allen Mannschaftsstuben verteilt oder an die Schiffe der Flotte geschickt, so mußte diese Vierteljahresschrift abonniert werden.

Vor uns liegen die letzten neun Jahrgänge (1907–1915). Man liest sie mit innerer Bewegung. Welch eine Gnadenstunde hat Gott den preußischen Offizieren vor der großen Erprobung im Ersten Weltkrieg geschenkt! Viebahn erlebte ja den Zusammenbruch des Kaiserreiches nicht mehr und hat ihn wohl auch nicht geahnt. Dennoch liegt fast etwas Prophetisches in dem unnachgiebigen Ernst seiner Verkündigung. Die meisten seiner umfangreichen Aufsätze aus „Schwert und Schild“ sind später im Sonderdruck erschienen und hochgeschätzt worden. Fast jede Nummer enthält auch ein christliches Gedicht, oft aus der Feder seiner Tochter Anni. Manche aber mögen von ihm selbst stammen, obwohl er sich nie als Verfasser nennt. Von den anspruchsvollen Abhandlungen nennen wir die ausführliche Darstellung des Lebens Friedrich Nietzsches, des erbitterten Kämpfers gegen Jesus, der sich selbst den Antichristen nannte und nach jahrelanger geistiger Umnachtung zu Anfang unseres Jahrhunderts starb, nachdem er während seiner Krankheit liebevoll von seiner frommen Mutter gepflegt wurde. Der Mittelpunkt auch dieser Schriften war das nimmermüde Zeugnis von Jesus Christus und den Folgerungen eines lebendigen Glaubens im Leben seiner Nachfolger.

In den Jahrgängen 1906 und 1907 veröffentlichte Viebahn in seiner Zeitschrift das Schicksal des spanischen Offiziers Emmanuel Matamoros de Garcia, der wegen seines Übertritts zum Protestantismus von der Inquisition Spaniens jahrelang im Gefängnis gehalten wurde. Der Fall war damals eine Weltsensation. Die evangelische Welt-Allianz hatte sich neben Regierungen evangelischer Länder für den Märtyrer eingesetzt. Viebahn veröffentlichte eine Reihe von Briefen aus der Hand Matamoros’, die starke Zeugnisse von der Kraft lebendigen Glaubens sind.

Es fehlen nicht biblische Auslegungen und seelsorgerliche Briefe über praktische Fragen. Sehr wertvoll ist der Nachruf für den am 4. Dezember 1907 in Berlin verstorbenen Major Hans von Redern, den ersten Vollendeten aus diesem Kreis der gläubigen Offiziere. Kraftvoll wird seine entschlossene Nachfolge Jesu bezeugt und aus Briefen belegt. Es fehlen selbstverständlich auch nicht Zeugnisse erfahrener Gnade und erhörter Gebete aus dem Kreis der aktiven Offiziere.

Vom August 1914 an hält der Krieg seine blutige Ernte. Daher enthalten die beiden letzten Jahrgänge von „Schwert und Schild" eine große Anzahl von Nachrufen für gefallene Offiziere. Es lichteten sich die Reihen der Zeugen unter den Offizieren.

War der treue Mitkämpfer Oberstleutnant Curt von Knobelsdorff schon im Jahre 1904 nach schwerem Leiden abgerufen, so starb knapp zwei Monate vor General von Viebahn der trotz einer schweren Lähmung fleißige Mitstreiter Hans Werner Freiherr von Tiele-Winckler, der Bruder der bekannten „Mutter Eva". Er hatte ein offenes Haus für entschieden christliche Arbeit: Bibelfreizeiten für Offiziere, Jungscharlager, Schülerbibelkreise, Missionskonferenzen und ähnliches fanden bei ihm gastfreie Aufnahme. Nach kurzer schwerer Krankheit wurde er dahin gerufen, wo es keine Lähmungen und Schmerzen mehr gibt. So war einer der Treuesten dem General vorangegangen. Dieser schrieb von ihm: „Wie konnte er so strahlend glücklich die Menschen anschauen trotz der Schmerzen... Was an Werken der Liebe und des Zeugnisses in Rothenmoor geschaffen ist, weiß der Herr. Wir blicken auf dieses nun abgeschlossene Leben mit Dank zurück. Unwillkürlich kommt jener Vers in Erinnerung, welcher dort so oft gesungen worden ist:

Nichts ist hier bleibend, nichts ist hier bleibend,
alles, wie schön auch, wird einmal vergehn;
nur was getan ist aus Liebe zu Jesus,
das behält Wert und bleibt ewig bestehn.

Wir, die Zurückbleibenden, grüßen unseren heimgegangenen Bruder in Frieden. Wie liebe Freunde dem Scheidenden, dessen

Schiff die Anker lichtet, den Abschiedsgruß zuwinken, so blicken wir ihm nach, da er vorausgegangen ist nach jener Küste ewigen Friedens, wo unsere Heimat ist."

Der liebevolle Nachruf für den Freund und Bruder zeugt davon, wie Viebahn dann auch um die trauerte, die aus seinem Kreis nun Opfer des Krieges wurden, wenngleich er sie „vollendete Zeugen" nannte oder auch „Tote, welche leben".

Schon in den ersten Wochen des Krieges fallen zwei treue Glieder und Beter seines Kreises. Der erste ist Hauptmann Cäsar Heusch, gefallen am 13. August im Elsaß; der zweite Hauptmann Arnd von Lettow-Vorbeck, ein Neffe seines Freundes, der am 22. August 1914 fällt. Für den am 6. September in Epernay gefallenen Hauptmann Otto Freiherr von und zu Egloffstein brachte Viebahn in der ersten Nummer des Jahrgangs 1915 einen ausführlichen Nachruf mit Lebensbild. — Am 6. September fiel auch Oberleutnant Otto Loyke, ein stiller, verschlossener Mann, von dem Viebahn wertvolle Briefe abdruckt. Am 11. September starb Hauptmann Ditz Freiherr von Welck, ein sächsischer Offizier, der kurz vorher zum Glauben gekommen war. Hauptmann Gravenhorst fiel am 12. Oktober. Er war schon 1905 auf einer dreitägigen Freizeit in Rütznow, dem pommerschen Gut des Generals von der Marwitz, zum Glauben an Jesus gekommen und als Offizier in seinen Dienst getreten. Hauptmann Braumüller starb eine Woche später an seinen Wunden. Er war 1906 in Zinnitz, dem Gut des Generals von Patow, zur Bekehrung gekommen. Das Leben des Majors von Hochstetter, der schon als Kompaniechef seinen Soldaten Bibelstunden gehalten hatte — mit freiwilliger Beteiligung —, endete am 21. Oktober. Am 23. Oktober fiel Leutnant Götz Buch, der als Kadett den Ruf Jesu gehört hatte. Auf seiner letzten Postkarte hatte er unter anderem geschrieben: „Mein Leben, meine Glieder in den kommenden Aufgaben dem Herrn zum Dienst zu widmen, ist mein Wunsch."

Alle diese Opfer, ganz besonders der Tod seiner beiden Söhne Georg und Wilhelm, zehrten auch an der Lebenskraft Georg von Viebahns, hatte er doch von diesen Getreuen die Fortsetzung seines Dienstes erhofft. Und doch wußte er die Vorangegangenen in Jesu Hand für alle Ewigkeit. Der Tod ist durch den Auferstandenen überwunden.

Dem Ziele zu! Es naht die Stunde,
wann wir Dich sehn, dem wir geglaubt.
O selges Wort, gewisse Kunde,
daß nichts aus Deiner Hand uns raubt!
Ob Sonnenschein, ob Sturmeswehn,
bald werden wir Dich droben sehn!

Bis hin zum Ziel — Du hast's versprochen —
willst Du, o Jesus, bei uns sein.
Nie hast Du je Dein Wort gebrochen,
Du bleibst bei uns, denn wir sind Dein.
Ja, Du wirst immer mit uns gehn,
bis wir Dich, Jesus, droben sehn.

Bis hin zum Ziel! Der Erde Leiden,
sie sind nicht wert der Herrlichkeit,
die an uns wird in ewgen Freuden
dort offenbar nach kurzer Zeit.
Schnell wird die Nacht vorübergehn;
der Morgen naht, da wir Dich sehn!

Bis hin zum Ziel, die Meilen schwinden,
der Glaube siegt in Kampf und Streit.
In Dir ist Kraft zum Überwinden,
Du trägst durch jede Schwierigkeit.
So laß in Deiner Kraft uns gehn,
bis wir Dich, Jesus, droben sehn!

Georg von Viebahn d.J., gefallen 1915

Die Arbeit unter den Offizieren fand Jahrzehnte später in wesentlich veränderten Zeiten ihre gesegnete Fortsetzung in der Kornelius-Bruderschaft.

Kurz vor dem Zweiten Weltkrieg hatten sich einige gläubige Offiziere um Graf Kanitz gesammelt. Es entstand ein einfacher Verbindungsbrief, später „Sternbrief“ genannt. Graf Kanitz, der selbst seit 1930 einen Viebahn-Offizierskreis besucht hatte, tat den Dienst in der gleichen Haltung im Auftrag Jesu wie General von Viebahn. Er war ein Beter und Bekenner, der von Hitler 1944 wegen seiner Arbeit zu Haft verurteilt wurde — Celle, Lüneburg, Berlin —, aber nicht von seinem Glaubensgehorsam ließ.

Im Januar 1945 durfte ihn seine Gattin besuchen. Am 2. Februar 1945 wurde er überraschend frei. Ein Wunder! Graf Kanitz bezeugt von der Haftzeit: „Ich habe Jesu Nähe nie so deutlich gemerkt wie in der Haft!“

Heute noch, nachdem der Herr 1968 diesen seinen Knecht abgerufen hat, besteht die Kornelius-Bruderschaft — genannt nach dem Hauptmann Kornelius in Apostelgeschichte 10 —, die nach dem Krieg ihre Mitglieder zu regelmäßigen Bibelfreizeiten sammelte und die Jesusbotschaft zeugnishaft unter ihren Kameraden verbreitet.

7. Der Schriftsteller

Im Elternhaus Georg von Viebahns wurde streng darauf gesehen, daß die Kinder sich eines guten Sprachstils befleißigten. Bei Freunden der Familie war scherzweise von den „Viebahns mit der gebildeten Sprache“ die Rede. Es fiel also allgemein auf, daß hier mündlich wie schriftlich auf eine gepflegte Sprache Gewicht gelegt wurde. War das in Berlin nötig, so nicht weniger in Oberschlesien, nahe der Grenze, wo Georg von Viebahn den letzten Teil seiner Kindheit verlebte.

Später kam ihm dies sehr zugute. Wer Viebahns Traktate, Aufsätze, Broschüren usw. liest, freut sich an seinem flüssigen Stil. Und nicht nur das. Obwohl man in seiner knappen, zuchtvollen Sprache auch den Soldaten erkennt, gebrauchte er zugleich ein erstaunlich reiches Bildmaterial. So lautet zum Beispiel einer seiner lesenswerten Vorträge: „Der Quell der Kraft, der Strom des Friedens, das Meer der Gnade.“ Dieses bildhafte Denken, das hier den Weg des Wassers von der Quelle bis zur Meeresmündung verfolgt, zeigt, wie seine Sprache aus einer nüchternen Phantasie ihre Formen bekommt.

In der engeren Familie wußte man, daß Viebahn eine poetische Ader hatte. Das zeigt ihn als einen Mann, dessen Kindheit an die klassische Zeit der deutschen Literatur grenzte. Hatte nicht sein Vater, wenn er mit seinen Söhnen durch den Tiergarten zum Schwimmen ging, unterwegs Gedichte mit ihnen gelernt? Später hat Viebahn mit seinen Versen bei Gelegenheit von Familienfesten oder anderen Anlässen, bei aller Anspruchslosigkeit seiner Produkte, viel Freude gemacht. Ihm stand der Reichtum der deutschen Sprache zur Verfügung. Man denke an die herzlichen Verse zum Tauftag seiner ältesten Tochter Christa.

Christine, du bist, ehe du geboren,
mit tausendfältgem, innigheißem Flehn
dem Herrn geweiht, Er hat dich auserkoren,
ob alles bricht, Sein Friedensbund bleibt stehn.

Christine, Christi Magd und Eigentum,
gebettet in des Heilands treue Hand,
dich trägt der Hirt zu Seines Vaters Ruhm
durch diese arge Welt ins ewge Heimatland.

Christine, eine Christin sollst du sein,
demütig, gläubig, hoffend, liebend,
voll Sanftmut und Geduld, von Herzen rein,
gottselgen Wandels stilles Beispiel übend.

„Christine“ wird einst Jesus Christus rufen
an jenem großen Tage des Gerichts.
Dann eile hin zu Seines Thrones Stufen,
verwandelt und verklärt, ein Kind des Lichts.

So bildhaft war auch der Stil seiner Vorträge. Knapp, konzentriert, hie und da mit Beispielen aus dem Leben, im übrigen aber von Anfang an konsequent auf sein Ziel zugehend.

Wir möchten das an einem Beispiel zeigen, das auch inhaltlich von großem Interesse ist. Viebahn schrieb eine Abhandlung über das Duell im Offiziersleben. Der Titel lautete: „Kann ein Christ den Weg des Zweikampfes gehen?“

Die ganze Erörterung ist um so lebensnaher, als nach der Erzählung des Sohnes Friedrich Wilhelm der Vater als Brigadegeneral in Stettin in schwere Gewissenskonflikte wegen eines drohenden Duells geraten war.

„Genau erinnere ich mich noch jenes Abends, obgleich unser lieber Vater auch uns damals schon ältere Kinder von diesen Vorkommnissen nichts merken ließ. Abends, als die Eltern zu einer gesellschaftlichen Verpflichtung ausgegangen waren, schlich ich mich an Vaters Schreibtisch und fand dort im Zustellungs-Briefumschlag die Schmähschrift, in die ich mich mit rotem Kopf vertiefte. Die darin teils entstellt, teils übertrieben geschilderten früheren Vorgänge waren mir der Sache wie den daran beteiligten Persönlichkeiten nach bekannt; denn ich hatte mich von Kindheit an für den von unserem Vater ausgelebten Offiziersberuf aufs brennendste interessiert und kannte die Ehrengerichtsbestimmungen des preußischen Offizierskorps genau genug, um zu wissen, was die eiserne Konsequenz solcher Ehrenkränkung für unsern Vater sein mußte. Da konnte es menschlich nur zweierlei geben: entweder Zweikampf bis zur Vernichtung des Gegners, oder aber schlichter Abschied!

Ich ahnte wohl, daß unser Vater diese schwerste Sache seines mehr als dreißigjährigen Soldatenlebens gemeinsam mit unserer Mutter vor dem Herrn ausbreiten und im Gebet Seine über allen menschlichen Mächten stehende Entscheidung erbitten werde! Und wie prompt erfolgte von Ihm her diese Entscheidung: Die Zeitung des nächsten Tages brachte unter allerlei Nachrichten die Meldung, daß zu Freiburg am Vortage ein verabschiedeter Offizier — es war der Verfasser der Schmähschrift! — im Zweikampf von seinem eigenen Schwager, den er ebenfalls ehrenrührig beleidigt hatte, getötet worden sei. So antwortete der Herr in dieser Sache. Auch ich, der ich mir um mein geheimes Wissen nichts merken ließ, hatte handgreiflich erlebt, wie Gottes Macht denen antwortet, die sich Ihm glaubensvoll anvertrauen."

Ein Ehrengericht wies die völlig aus der Luft gegriffene Beleidigung durch jenen Unglücksmann nach, und Viebahn ging rehabilitiert aus dem Ehrengericht hervor. Aber damit war der eigentliche Konfliktstoff eines Mannes, der Gottes Gebote über alle menschlichen Sitten und Gebräuche stellte, nicht aus der Welt geschafft. Jederzeit hätten ähnliche Nöte entstehen können.

Es war also ein Thema, das der General selbst existentiell durchlitten, durchbetet und durchglaubt hatte. Nun war ihm von einem seiner christlichen Kameraden die Frage neu gestellt, und zwar mit der Bitte um eine klare Entscheidung: „Wie soll sich der christliche Offizier, der die Lehre und das Beispiel Jesu Christi unter allen Umständen für sich verbindlich achtet, zu der Frage des Zweikampfes stellen?"

Von der Schwierigkeit dieses Problems kann man sich heute kaum ein rechtes Bild machen. Unsere Zeitgenossen werden die Achseln zucken und hier gar keine Schwierigkeit sehen, weil die Sitten sich völlig geändert haben — auch der Ehrbegriff. Wenn auch die Frage des Zweikampfs für uns heute nicht aktuell ist, so zeigt doch die Antwort Viebahns, wie ein Christ in aktuellen Fragen seiner Zeit den göttlichen Weg finden kann. Man muß sich in jene Zeit des letzten deutschen Kaisers, ja in die jahrhundertlange, feststehende Tradition des Offizierskorps zurückdenken und versuchen, diese Zeit geschichtlich zu verstehen. Übrigens galt dieser Ehrbegriff nicht nur bei den Offizieren, sondern auch bei den Studenten. Seit Jahrhunderten war es für den Offizier ein zwingender Brauch, seine beleidigte Ehre mit dem Einsatz seines Lebens zu verteidigen und im geforderten Zweikampf wieder herzustellen. Ehe wir darüber urteilen, sollten wir zuerst ins Auge fassen, welch hoher Ehrbegriff aus den Zeiten mittelalterlichen Rittertums hier festgehalten wurde. Wer diesen Brauch ablehnte, stellte sich außerhalb des Ehrenkodex seines Landes. Daß sich für den Christen, der sein Gewissen an der Bibel ausrichtet, eine andere Antwort ergibt, ist für uns heute nicht schwer zu erkennen.

Es ist nun sehr interessant, wie Viebahn das Problem angreift. Es gibt zwei Wege zu einer Problemlösung. Entweder geht man den sogenannten „induktiven" Weg. Das heißt: man beobachtet, man sammelt Erfahrungen, man forscht und hört, was andere darüber sagen, man tut kleine Schritte im Nachdenken, um dann zum Schluß die Folgerung zu ziehen und das erarbeitete Resultat, das nun genügend begründet sein sollte, zu verkünden. Beim „deduktiven" Weg wird das Resultat vorausgenommen und als

These an den Anfang gestellt. Anschließend sucht man das Gesagte zu begründen und zu beweisen.

Für General von Viebahn war die Bibel die höchste Autorität. Täglich las er in ihr und forschte, so daß er eine sehr umfangreiche und gründliche Bibelkenntnis besaß. Von der Aussage der Bibel her beleuchtete Viebahn jede Frage. Er ist kein Problematiker. Von Alexander dem Großen wird erzählt, daß er zu dem sagenhaften Gordischen Knoten geführt wurde. Unzählige hatten vor ihm vergeblich versucht, diesen Knoten aufzulösen. Für Alexander war das Problem einfach: Er zog sein Schwert und hieb den Knoten mit einem Schlag entzwei. Ähnlich verhielt sich Viebahn den Problemen des Lebens gegenüber. Sein Schwert war das Wort Gottes. Und so löste er auch die Frage des Duells: „Für mich ist es nicht zweifelhaft, daß ein wahrer Jünger Jesu, sobald der Fall an ihn herantritt, jeden Zweikampf klar ablehnen muß, weil ihm die Ehre bei Gott lieber ist als die Ehre bei Menschen (Johannes 12, 43). Er muß, wenn er wirklich sein Herz unter das Wort Gottes beugen will, Gott mehr gehorchen als den Menschen (Apg. 5, 29)."

Aber nun ist Viebahn viel zu sehr Seelsorger, als daß er es damit bewenden lassen könnte, solch einen Satz auszusprechen. Sosehr sein eigenes Glaubensleben unter dem Gesetz der Treue und des soldatischen Gehorsams seinem himmlischen Herrn gegenüber steht, so kennt er doch die Gewissensnöte seiner Kameraden zu gut, um nicht in mitfühlender Weise ihnen das Für und Wider solch einer Entscheidung menschlich nahezubringen.

Nach seiner so deutlich ausgesprochenen These zeigt Viebahn zuerst in einem historischen Rückblick, wie die Herrscher Brandenburgs und Preußens die Duellnot beurteilt haben. Aus einem Zeitungsartikel bringt er eine Nachricht über den Großen Kurfürsten von Brandenburg, der untersagt haben soll, daß die im Duell Gefallenen ein ehrliches Begräbnis bekämen, und befohlen habe, sie auf dem Platz der Ehrlosen zu bestatten. Viebahn sagt: Selbst wenn dieser Befehl historisch beglaubigt wäre, so hätte er, ebensowenig wie ein drohendes Todesurteil, nicht ausgereicht, um den

Zweikampf auszurotten. So fest saß dieser Ehrbegriff in den Herzen der Offiziere!

Von Friedrich dem Großen, bei dem eine Rücksicht auf das Evangelium kaum maßgebend gewesen sein wird, zitiert Viebahn aus einem Brief an den General von Stille: „Die wahre Ehre hält eine kluge Mittelstraße, sie zeiget keine Blöße und ist niemals hitzig; ihres Herzens versichert und Herr über sich, liebet sie nicht einen leeren Namen, sondern die Tugend. Wenn aber die Ehre andere Folgen hat, wenn sie Zank, Mord und Verbrechen geliefert, so verschwindet ihre Tugend, und sie wird ein Laster. Diese Ausschweifung stürzet oft die Jugend ins Verderben. Schnell sich dem heftigsten Zorn überlassend, ist sie über ein einziges Wort bereit, sich zu ermorden. Die Ehre ist immer in ihrem Munde, voller Hochmut schmücket sie ihre Sache mit dem erhabenen Namen und weiß in ihrer Verblendung weder den Feind von dem Freunde noch den Fremden von dem Verwandten zu unterscheiden. Schnell eilet sie, sich zu erwürgen, und glaubet, durch das Verbrechen zur Ehre zu steigen...

Sind die grausamen Rächer einer hassenswürdigen Ehre etwa Unsinnige oder Rasende? Nein, es ist ein sanftes, ein menschliches, ein edles Volk, welches von einem verderblichen Vorurteil zum Verbrechen fortgerissen wird..." (Da der König keine deutschen Briefe zu schreiben verstand — er schrieb fast nur französisch —, so haben wir es hier mit einer gewiß unzulänglichen Übersetzung zu tun, die Viebahn offenbar vorfand.)

König Friedrich Wilhelm III. († 1840) sprach sich in einer seiner Kabinettsordres vom 13. Juli 1828 folgendermaßen aus:

„Das Leben des Offiziers ist der Verteidigung des Thrones und des Vaterlandes geweiht, und wer dasselbe um einen kleinlichen Zwist einsetzt, beweist, daß er sich seiner ernsten Bestimmung nicht bewußt ist und nicht die sittliche Haltung zu behaupten weiß, welche auf wahrem Ehrgefühl beruht."

Während bei der Kritik Friedrichs des Großen am Duell wohl die Sorge um den Verlust wertvoller Glieder seines Heeres im Hintergrund gestanden haben mag, kennen wir Friedrich Wilhelm III. als einen frommen König, der ein Verehrer der Bibel war und sich wohl aus Gewissensgründen ablehnend gegen das Duell äußerte.

Viebahn hätte nie gewagt, die Stellung seines obersten Kriegsherrn, also des Kaisers, zu kritisieren. Wenn er aber hier in seiner Schrift preußische Könige in ihrer Kritik am Duell zitiert, so mag indirekt der Gedanke mitgewirkt haben, daß er von Kaiser Wilhelm II. ein ähnlich klares Wort vermißte. An höchster Stelle wurde dem bestehenden Ehrenkodex nicht widersprochen. Andererseits wurden die Duellanten vom Staatsanwalt verfolgt. Diese Inkonsequenz führte zu neuen Konflikten. Jeder Zweikampf mußte in größtmöglicher Heimlichkeit vorbereitet und vollführt werden.

Alle Zitate, die Viebahn noch anführt, sind für ihn nur ein Anlauf zum eigentlichen biblischen Wahrheitsbeweis seiner Grundthese, daß der wahrhaft Glaubende das Duell ablehnen muß. Viebahn macht sich den Gang seines Beweises nicht einfach. Er stellt zuerst die Frage: „Inwieweit ist das deutsche Offizierskorps als eine weltliche Macht der Bibel unterworfen?“ Er sagt: „Wenn das ganze deutsche Offizierskorps aus lauter bibelgläubigen Christen bestände, so würde die Frage des Zweikampfs nicht bestehen.“ Einen gewissen Einfluß des Christentums auf die Offiziere kann Viebahn freilich für seine Zeit nicht bestreiten. Er wagt sogar, vom „christlichen Charakter des Offizierskorps“ zu sprechen. Dennoch herrscht in ihm der Geist der Welt. Die lebendig Glaubenden sind im Offizierskorps, wie zu erwarten und was für jeden Stand im deutschen Volk gilt, nur eine verschwindende Minderheit. „Trotz Gottesfurcht und Religiosität ist das menschliche Ich ungebrochen auf dem Plan.“ Es ist ausgeschlossen, hier etwa mit Gewalt etwas ändern zu wollen. Es gibt noch verderblichere Unsitten, als es der Zweikampf ist. Aber wir können auch in dieser Frage „einem unbekehrten Menschen“ die Ehr- und Standesbegriffe der Bibel nicht aufzwingen. Dennoch ist bei einem Duell kein Gewissen ganz ruhig.

Um den rechten Abstand in der Duellfrage zu finden, sagt Viebahn: „Die Bedeutung der Zweikampffrage wird von mancher Seite überschätzt.“ Innerhalb und außerhalb der Armee gibt es andere Gebiete des Lebens, die viel mehr Opfer fordern: Unkeuschheit, Trinksitten, Glücksspiele, leichtfertig Schulden machen usw. Wie oft ist der Ausgangspunkt für ein Duell ein Trinkgelage! Man sollte solchen Volksschäden mehr Aufmerksamkeit widmen. Das ganze unerfreuliche Gebiet der Unzucht und Unsittlichkeit fordert das Vielfache von Opfern gegenüber den Duellen. „Die Sünde ist der Leute Verderben“ (Spr. 14, 34). Darum brauchen wir auch im Offizierskorps möglichst viele entschiedene Christen, die ihren Kameraden die einzige wirkliche Hilfe gegen alle diese Nöte bezeugen: die Befreiung durch den gekreuzigten und auferstandenen Christus. Nicht Moralpredigten helfen, sondern das Evangelium der Bibel. Es muß zwar auch die Duellfrage besprochen werden, aber „für einen gläubigen Christen bildet die Sache des Zweikampfs nicht das Zentrum“. Deshalb warnt Viebahn vor Diskussionen über diese Fragen am Biertisch. „Meine Antwort an denjenigen, der mich als Christ im größeren Kameradenkreise über den Zweikampf interpelliert, würde immer sein: ‚Wenn Sie mir die Ehre Ihres Besuches schenken wollen, will ich die Frage in aller Offenheit gerne mit Ihnen besprechen — hier ist nicht der Ort.‘ “

Für Viebahn ist jede Erörterung immer nur der Anlaß, auf die wichtigste Frage zu kommen: unsere persönliche Stellung zu Christus. In der Armee sind viele Offiziere, die Gott ehren. Aber die Zahl derer, „die ihr ganzes Herz beugen unter das Wort und den Willen Gottes, ist sehr viel kleiner. Nur wenige können aufrichtig sagen: Ich bin des Herrn Eigentum; ich will lieber meine Zukunftsaussichten und meine menschliche Ehre missen, als daß ich mit Bewußtsein dem ungehorsam bin, was mein Herr in Seinem Wort mir gebietet. — Was Gott gebietet, das ist Wahrheit. Ich bin frei von den Forderungen der Welt; ich bin ein Sklave Jesu Christi, teuer erkauft mit dem Blute des Lammes Gottes. — Ein wahrer Christ hat eine Bekehrung, eine Wiedergeburt erlebt. Ohne diese kann man sehr religiös sein, gottesfürchtig, aufopfernd, betend — sowohl Paulus als der edle Soldat, der Hauptmann Kornelius, waren dies alles vor ihrer Bekehrung —, aber der Herr sagt in unzweideutiger Klarheit: ‚Es sei denn, daß jemand von neuem geboren werde, sonst kann er das Reich Gottes nicht sehen.‘ Er sagte zu dem frommen, ehrwürdigen Nikodemus, der zu den religiösen Lehrern Israels gehörte: ‚Verwundere dich nicht, daß Ich dir sagte: Ihr müsset von neuem geboren werden‘ (Joh. 3, 7). Aber fast alle Menschen, denen man dies sagt, verwundern sich außerordentlich; es ist ihnen ein ganz neuer Gedanke.

Jeder bekehrte Christ, der treu wandelt, ist inmitten der Kinder der Welt eine bemerkenswerte Erscheinung; die Bibel nennt ihn ein leuchtendes Licht und ein Salz. Aber ein bekehrter Offizier ist deshalb eine so besonders bemerkenswerte Erscheinung, weil bei dem engen Zusammenleben in und außer dem Dienst mit seinen Kameraden die Verwandlung seines Lebens fortwährend zum Bewußtsein seiner Umgebung kommt ... ein demütiges, treues, geheiligtes Leben, tiefe Wahrhaftigkeit, selbstloses Dienen, kameradschaftliche Aufopferung, treues Bekennen des gegenwärtigen Herrn, sind wirkende Kräfte, welche bezeugen: ‚Das Alte ist vergangen, siehe, alles ist neu geworden‘ (2. Kor. 5, 17). Wer diese große Lebensverwandlung der Bekehrung noch nicht erlebt hat, wer nicht mit Herzenswahrheit bezeugen kann: Ich bin für ewig errettet durch Jesu Blut, ich bin ein Kind Gottes, ein Erbe ewiger Herrlichkeit geworden, für den ist es viel dringender und wichtiger, sich mit der Errettung seiner Seele als mit der Frage des Zweikampfes zu beschäftigen. Ihm möchte ich zurufen: Laß dir von Gott die Augen öffnen, um deine Sünde und Seine Gnade zu sehen, damit du durch Glauben das wahrhaftige Leben ergreifst und Frieden für deine Seele findest.“

Damit hat Viebahn das ausgesprochen, woran ihm vor allem liegt und wofür die interessante Duellfrage den Anlaß gab. Erst jetzt beantwortet er die Frage endgültig: Was sagt das Evangelium zum Zweikampf? „Niemand kann sich vorstellen, daß ein treuer, gläubiger Pastor einen Zweikampf annehmen würde.“

Nach der Bibel ist aber zwischen dem Pastor und einem Gemeindeglied kein Unterschied. Es gibt keine besondere „Pastorenmoral". „Alle Gläubigen sind verantwortlich, in einer Welt, die Jesum nicht kennt, mit ihrem Leben den Herrn zu bezeugen." Solch ein Satz in seiner Eindeutigkeit ist typisch für Viebahn. Der gläubige Offizier hat die gleiche Bibel wie der Pastor. „Alle wahren Christen sind Boten Gottes — jeder an dem Platze, auf welchen Gott ihn hinstellte.

Es ist ja richtig, es ist göttlich wahr, daß die Flecken der Sünde und Schande nur mit Blut abgewaschen werden können, aber nicht durch das Blut eines Beleidigers, sondern mit dem Blut des Sohnes Gottes, des unschuldigen und unbefleckten Lammes.

Wir bezeugen vor aller Welt, daß es für die Ehebrecher, Betrüger, für undankbare Söhne, für Trinker und Hurer, für den verworfensten Sünder eine Herstellung gibt, eine Heilung des Gewissens, eine Abwaschung, so vollkommen gültig, daß Gott sagt: Weißer als Schnee! Bekenne deine Sündenschuld, demütige dich vor Gott und Menschen, glaube an Jesum, den alleinigen Erretter, und du wirst gerechtfertigt sein vor Gott, für ewig von aller Schuld befreit, glückselig, in Frieden. Dies ist wahres Evangelium! Diese Abwaschung hebt natürlich nicht die irdischen Folgen einer bösen Handlung auf; aber sie bringt das Gewissen zur Ruhe, das Herz findet Frieden."

Solche Abschnitte fehlen in keiner Schrift Viebahns. Es geht ihm stets um das Christuszeugnis. Viebahn verachtet nicht den Ungläubigen oder Halbgläubigen, den bloß „christlich Gesinnten". Aber er tut ihm leid. Er weiß ja: vom schlechten Baum kann keine gute Frucht kommen. Deshalb ist er ferne von allem Moralisieren, das bei uns so oft an die Stelle des großen Angebotes Gottes tritt.

„Wir werden die Welt nicht aufhalten und ihr Wesen nicht ändern, aber ein wahrer Christ, ein Bekenner Jesu, kann sich den Forderungen der Welt in betreff des Zweikampfes nicht unterwerfen. Denn nicht die Ehre bei Menschen ist sein höchstes Gut, sondern die Gnade Gottes, der Besitz des ewigen Lebens. Ihm kommt es zuerst darauf an, ob der Herr mit ihm zufrieden ist, und erst danach, ob die Menschen mit ihm zufrieden sind." Auch sein Leben und seine Gesundheit gehört Gott und nicht ihm. Er kann es keinem anderen geben, weil es Christi Eigentum ist. Er darf sein Leben nicht eigenwillig verkürzen, weil Gott mit ihm einen Plan hat. Auch ist die Gefahr groß, beim Duell einem anderen den Lebensfaden abzuschneiden und damit die Gnadenfrist zu verkürzen, die er zu seiner Bekehrung benutzen soll. Selbst der Gedanke, den Offiziersberuf zu verlieren und etwa brotlos zu werden, reicht keinesfalls aus, um in einen Zweikampf zu willigen.

Gewiß, die Zeiten haben sich seitdem wesentlich geändert. Andere Nöte und Versuchungen kommen an uns heran. Mancher mag die Erörterung über das Duell nur mit einem überlegenen Lächeln lesen. Wer aber geschichtlich denkt, weiß, welch schwere Problematik einst diese Frage für Zahllose in sich schloß. Für uns ist die Stellungnahme Viebahns ein starker Ausdruck für seine bedingungslose Treue zu seinem Herrn. Zugleich ist diese Schrift ein Beispiel dafür, wie Viebahn überall die Gelegenheit sucht, Jesus zu verkünden. Sein Schrifttum ist der Arm des Sämanns, der unermüdlich den Lebenssamen ausstreut — vor allem im eigenen Berufskreis.

Neben dieser ausführlichen Schrift über die Stellung des Christen zum Zweikampf veröffentlichte Georg von Viebahn eine große Anzahl evangelistischer, seelsorgerlicher und lehrhafter Schriften. Viele von ihnen waren Abdrucke aus der Vierteljahresschrift für Offiziere „Schwert und Schild". Andere waren Niederschriften von Vorträgen, die er in Gemeinden oder Konferenzen gehalten hatte.

Wir nennen einige Titel seiner evangelistischen Schriften: „Was ist Wahrheit?" — „Lebt Christus?" — „Paßt das Evangelium in das 20. Jahrhundert?" — „Stirb und werde!" — „Die Gnade Gottes" — „Der Quell der Kraft, der Strom des Friedens, das Meer der Gnade" — „Was heißt Glauben?" — „Welches ist der rechte Glaube?" — „Der Hörer des Gebets".

Mehr seelsorgerlichen Inhalts für Gläubige sind folgende Schriften: „Sei stark in der Gnade" — „Bruderliebe" — „Unter dem Lorbeerkranz und doch aussätzig" (Naeman) — „Sterbende Sieger" — „Die siegende Kraft des Wortes Gottes im Leben des deutschen Offiziers" — „Gibt es eine wirkliche Befreiung auf dem Gebiet der Fleischeslust?" — „Irdischer Kriegsdienst und biblisches Christentum" — „Ewigkeitsstrahlen in das Leben des deutschen Offiziers". Dazu drei sehr wichtige praktische Erörterungen für das Leben des Christen: „Verlobung und Verheiratung der Gläubigen im Lichte des Wortes Gottes" — „Die Ehe der Gläubigen im Lichte des Wortes Gottes" — „Das Haus des Christen im Licht des Wortes Gottes".

An lehrhaften Erörterungen nennen wir: „Geleitet durch den Heiligen Geist" — „Die Welt der Lüge" — „Was ist eine Sekte?" — „Was lehrt die Bibel über die Bedeutung und Feier des Abendmahls?" — „Die Wahrheit der ewigen Verdammnis". Dazu gehören noch einige praktische Hefte: „Winke und Ratschläge für Neubekehrte" — „Ratschläge für den Dienst des Helferkreises bei Evangelisationen" — „Jünger Jesu sein bedeutet erzogen werden".

Wer auch nur die Titel dieser Veröffentlichungen liest, merkt, wie praktisch und für das Alltagsleben General von Viebahn schrieb. Oft entstanden diese Hefte — wie das oben beschriebene Heft über den Zweikampf — aus konkreten Anlässen. Viebahn lebte vor allem in engem Kontakt mit seinen Offizierskameraden, deren Leben und Probleme er gut kannte. Zugleich hatte er ein an der Bibel geschultes offenes Auge. Man mag zu manch einer scharfen Formulierung Viebahns Fragen haben und zu manchen Problemen abweichende Antworten geben, aber immer wird man überrascht sein, daß der Verfasser sich stets auf Worte der Bibel berief. Viebahn schrieb nicht aus Schreiblust. Er sah die Not und wollte helfen, vor allem mit dem erwecklichen Wort des Evangeliums vom Kreuz und von der Auferstehung Jesu Christi. Das gilt auch von seiner Vierteljahresschrift „Schwert und Schild". Den gleichen Namen trug übrigens auch sein Verlag in Diesdorf in

Schlesien, in dem bis in den Zweiten Weltkrieg der von der Tochter Christa von Viebahn weitergeführte Bibellesezettel herausgegeben wurde.[10]

Das oben genannte Heft „Winke und Ratschläge für Neubekehrte“ hat viel Verbreitung gefunden, es wurde auch nach dem Zweiten Weltkrieg mehrfach nachgedruckt. Man empfindet, wie die Gedanken und Gebete des Evangelisten mit den Neubekehrten gehen, wie ihre Bewahrung und Entfaltung für Gott ihn bewegt und ihn drängt, ihnen beizustehen.

Winke und Ratschläge für Neubekehrte

„Hat jemand seine neue Stellung in Christus, dem auferstandenen und zum Himmel erhöhten Herrn, gefunden, so ist er eine neue Schöpfung. Das Alte ist vergangen; seht, alles ist neu geworden!“ (2. Kor. 5, 17)

I. Du hast die größte Verwandlung erlebt,

die ein Mensch erleben kann. Du bist aus einem Kind der Welt ein Gotteskind geworden. Du bist von dem breiten Wege umgekehrt auf den schmalen. Jesus Christus, der Sohn Gottes, ist dein Herr geworden, dein Hirt, der dich als Sein Schäflein tragen will durch die Zeit bis in die Herrlichkeit. (Lies Lukas 15, 1–7.) Er hat alles für dich gegeben, ja sich selbst dahingegeben in den Tod am Kreuze. Er hat die Schuld, die Strafe und den Fluch deiner Sünden auf sich genommen und hat dich mit Seinem Blute für Gott erkauft, dich mit Ihm versöhnt, dich gewaschen von allen deinen Sünden. Du gehörst nun Ihm, um Sein Zeuge zu sein, inmitten einer Welt, die Ihn nicht kennt! Du bist schuldig, voll Dank und Demut Jesus, deinen Herrn, zu bekennen mit Wort und Wandel. Mit Worten darfst du bezeugen, daß du Ihm dienst, und darfst den Spöttern und Verächtern der Liebe Gottes mit einem klaren Zeugnis von Jesus Christus nahetreten. Fürchte dich also vor keinem Menschen; denn der Herr geht mit dir. Je treuer du Ihn bekennst, um so glücklicher wird dein Herz sein. Und wenn du einmal um deines Zeugnisses willen für den Herrn leiden mußt, so darfst du dennoch freudig sein. (Lies in deiner Bibel 1. Petr. 3, 14–17 und Matth. 5, 11.12.)

II. Deinen früheren Freunden,

die den alten Weg weitergehen wollen, mit denen du bisher nach der Welt Art gelebt, gescherzt, geschwatzt, gesündigt hast, mußt du in herzlicher Liebe sagen, daß nun der Herr Jesus dein Freund geworden ist. Du bist schuldig, gerade diesen Menschen gegenüber Jesus zu bekennen als deinen Herrn. Schäme dich also nicht des großen Heilandes, der für dich am Kreuze hing! (Lies Mark. 8, 36–38.)

Die meisten deiner früheren Freunde werden, wenn du dich treu zu Jesus bekennst, nicht mehr deine Freunde bleiben wollen. Du mußt aber Freunde haben, die mit dir auf dem schmalen Weg dem Sohn Gottes nachfolgen. Ja, du bedarfst der Gemeinschaft mit den wahren Kindern Gottes. Eine einzelstehende Ähre, wenn sie Korn angesetzt hat, wird bald vom Winde geknickt. Dies ist das Bild eines jungbekehrten Christen, der ohne Gemeinschaft mit anderen Christen in dem Sturm und der Gefahr der Welt steht. Sieh, im Ährenfelde trägt eine Ähre die andere. Dies ist ein Bild der Christengemeinschaft. Schließe dich solchen Gläubigen an, die den Herrn wirklich lieben, die für Ihn leben und deren Herz für ihren Heiland brennt. Hüte dich vor gleichgültigen Christen, vor weltförmigen oder gar vor solchen, die dir deine Errettung und die Gnade Jesu anzweifeln wollen. Dagegen suche Gemeinschaft mit denen, die bemüht sind, das Wort von der Gnade Gottes und die Liebe Christi mit Fleiß und Aufopferung den Menschen kundzutun, die auch wirklich für den Heiland arbeiten wollen!

Suche dir solche Brüder oder Schwestern, mit denen du Gemeinschaft haben und zusammen in der Bibel lesen kannst, wenn es auch nur einmal in jeder Woche sein könnte, damit du wachsest in der Liebe zum Herrn und in der Treue der Nachfolge.

III. Es gibt nur ein Volk Gottes!

Die Zerrissenheit und Zerspaltung unter den Gläubigen ist nicht von Gott. (Lies 1. Petr. 2, 9.10.) Diese wichtige Wahrheit fasse mit deinem ganzen Herzen und denke daran, daß Christus an dem Kreuze gestorben ist, damit Er die zerstreuten Kinder Gottes in Eins zusammenbrächte. (Lies Joh. 11, 52.) Die Gläubigen sind dazu berufen, alle ihre Brüder und Schwestern zu lieben, einander zu dienen und die Tugenden Jesu zu verkündigen. Zwischen den Kindern der Welt, welche die Lust der Welt suchen oder die Ehre der Welt oder den Reichtum oder die Nichtigkeit der vergänglichen Dinge, und den Kindern Gottes ist eine ewige Kluft. Hier in dieser Zeit geht eine Brücke über die Kluft: Es ist der Weg der Buße und des Glaubens, der Weg der Hingabe an Jesus, das Lamm Gottes. Aber niemals soll ein Kind Gottes sich den Kindern der Welt gleichstellen und ihre Dinge mitmachen, in der Meinung, dadurch die Weltkinder zu gewinnen. Wer diesen Weg geht, leidet tiefen Schaden! (Lies 2. Kor. 6, 14–18.) Er wird von neuem gefangen in den Schlingen der Welt, ihrer Lust und ihrer Alltäglichkeit, denen er entronnen war. O laß dich bewahren, mache nicht mit, was die Welt dir bietet! Laß dich nicht in ihre Reihen zurücklocken. (Lies 1. Joh. 2, 15–17.) Die Welt gleicht dem Lande Ägypten. Pharao ist ein Abbild des Satans. Gottes Volk wurde durch die Macht der Gnade herausgerettet aus der Sklaverei Ägyptens; es stand auf dem Ufer der Errettung; das Rote Meer trennte es von dem Lande der Knechtschaft, dem es entflohen war. Dies ist ein Bild der Erlösten. Das Blut Jesu Christi trennt sie von dieser verlorenen Welt, aus welcher sie durch die Gnade errettet wurden.

IV. Wer den Sohn Gottes liebt, fragt täglich:
Womit kann ich Dir, o mein Herr, dienen?

Jeder Christ empfing, wie schwach er auch sein mag, irgendeine Gabe, um damit dem Herrn zu dienen und Frucht zu bringen.

(Lies Luk. 19, 11–27.) Laß dir vom Herrn zeigen, welches deine Gabe, das dir anvertraute Pfund ist, und wuchere damit! Bald ist deine Lebenszeit abgelaufen. Benutze deine Tage. Vielleicht kannst du einige gute Blätter, in welchen den Menschen die Heilsbotschaft klar verkündigt wird, verteilen. Tue es mit Gebet. Oder, wenn du Zeit hast, kannst du Arme und Kranke besuchen oder einen Brief der Liebe und des Trostes schreiben — schiebe es nicht auf! Bitte den Herrn um Leitung, laß dir zeigen, wo und wie Er dich gebrauchen will. Nur bleibe nicht fruchtleer. Fange von Anfang an an, dem Herrn deine Liebe zu erweisen, indem du deine freie Zeit und dein verfügbares Geld Ihm zu Füßen legst. Alles gehört Ihm: Zeit, Kraft, Gesundheit, Geistesgaben, Geld und Gut, alles soll Jesus verherrlichen, alles soll als Dankopfer auf den Altar Gottes gelegt werden. (Lies Römer 12, 1.)

Ein gläubiger Christ, der nichts für seinen Herrn tut, wird krank in seinem inwendigen Leben, gleichgültig. Vielleicht sammelt er viel Erkenntnis durch Lesen guter Bücher. Aber das hilft ihm nicht, weil die Liebe fehlt, die für den Herrn gerne etwas tut. Du mußt deine Stunden haben oder wenigstens deine Viertelstunden, wo du wie Maria zu Jesu Füßen sitzest, wo Er mit dir reden kann und du mit Ihm reden darfst. Aber dann mußt du auch Zeit haben, um das, was Er dir gesagt hat, durch Dienste der Liebe in andere Menschenherzen auszustreuen. Verstehe, daß der Herr dich dazu ermuntern will, ein guter Knecht zu werden, den Er an jenem Tage anerkennen und belohnen kann.

V. Erbitte dir von Gott einen erfahrenen und bewährten Christen,

einen Vater oder eine Mutter in Christo, die du um Rat fragen kannst. Wenn sie wahrhaftige Jünger Jesu sind, werden sie dir in allem aus der Bibel Rat und Antwort erteilen. Es ist gut, sich zu gewöhnen, jede wichtige Frage in das Licht des Wortes Gottes zu stellen. (Lies 2. Tim. 3, 16.17.)

Wenn du dir bewußt wirst, dem Herrn Unehre oder Schande

gemacht zu haben, so kehre sofort um. Sage in Demut dem Herrn alles, was du getan hast. Wäre es eine Sache, deren du dich auch vor Menschen schämen mußt, dann gehe zu einem solchen Vater oder einer solchen Mutter in Christo, schütte dein Herz vor ihnen aus, demütige dich mit deiner Schuld, damit du nicht heuchlerisch vor den Menschen besser erscheinst, als du bist. (Lies 1. Joh. 1, 9 und Jak. 5, 16.)

Es liegt ein großer Segen darin, unverweilt alles, was einen Sündenbann auf unser Leben zu bringen droht, mit ehrlichem Bekenntnis in das Licht Gottes zu stellen. So wird dem Satan die Macht genommen, und das Herz kommt, nachdem man zurechtgebracht wurde, wieder zum Frieden und zur Freude in Gott! (Lies 1. Joh. 1, 6–8.) Hast du aber gegen Menschen oder an Menschen gesündigt durch Zorn, Untreue, Verleumdung, Lüge oder was es sei, so gehe zu diesen Menschen und bitte sie um Vergebung. Auf diese Art werden Ungläubige überzeugt, daß der Glaube an den Herrn Jesus ein lauteres Leben der Wahrheit, der Kraft, der Liebe ist, dann kann sogar durch die Gnade Gottes das Bekenntnis deines Fehltritts das Mittel werden, um Unbekehrten den Weg zum Herrn zu weisen.

VI. Lies nicht alle Bücher,

die man dir nennt oder gibt; es gibt unter christlichem Schein viele gefährliche Schriften, die unerfahrene Christen um ihren Glauben betrügen. Frage erfahrene Christen um gute Bücher, die dich erfreuen und in der Erkenntnis des Wortes Gottes fördern. Diese lies dann mit Gebet. Aber vor allen Dingen lies täglich mit Gebet die Bibel und den Bibellesezettel, und zwar im Zusammenhang. (Lies Jos. 1, 3–9 und Ps. 1, 1–3.) Nimm dir Zeit dazu, wenn es auch nur eine halbe Stunde des Morgens sein kann. Was du noch nicht verstehst, wirst du später verstehen. Lies wenn möglich nebenher die Evangelien, die Briefe der Apostel, dann die Psalmen und dann von Anfang an die ganze Bibel. Täglich nimm dir aus dem gelesenen Abschnitt einen Satz als Tageslosung, den du dir fest einprägst. Er wird dir viel Licht geben im Laufe des Tages, um dir den rechten Weg zu weisen. (Lies Ps. 119, 105–112.)

VII. Beginne jeden Tag mit Gebet.

Bete auf den Knien, nicht im Bett, solange du gesund bist. Bete mit hörbarer Stimme, wenn du mit deinem Herrn allein sein darfst, natürlich nicht so laut, daß man es im Nebenraum hört und versteht. Bete also nicht nur in Gedanken, sondern wende dich mit klaren Worten an deinen stets gegenwärtigen Heiland. Er kennt dein Herz. Er liebt dich, versteht und erhört dich. Bringe deine Bitten bestimmt vor den Herrn, genauso, wie ein hungriges Kind zu seiner Mutter sagt: „Mutter, bitte, gib mir Brot." Bringe dem Herrn alles bis ins kleinste, was dich drückt, was dir fehlt, um das du sorgst. (Lies Luk. 11, 5–13.) Beginne aber deine Gebete nicht mit deinen Bitten, sondern mit dem Danken für die unaussprechliche Liebe deines Heilandes, mit der Er dich geliebt und gesucht hat. Senke dich tief hinein in das Wort, in die Liebe und die Gnade deines Heilandes. Er sagt zu dir: „Ja, mit ewiger Liebe habe Ich dich geliebt, darum lasse Ich dir fortdauern Meine Gnade" (Jer. 31, 3). Ja, es ist ein Meer von Liebe und Gnade und Treue in dem Herzen Jesu; du kannst dir nicht vorstellen, wie göttlich Er dich liebt. Je mehr du das erfassest, um so glücklicher wirst du, und um so mehr liebst du den Herrn; dann kommt von selbst das Bedürfnis hervor, alles mit Ihm zu besprechen, alles vor Ihm auszubreiten, alles Ihm anzuvertrauen, Ihm, deinem besten Freunde. Jesus begleitet dich vom Himmel aus Tag und Nacht, wo du auch sein magst, du kannst zu Ihm reden auf der Straße, bei der Arbeit, wenn du aufstehst, wenn du zu Bett gehst, wenn du dich ankleidest oder auskleidest. Solches Leben in der nahen Gemeinschaft mit deinem Herrn ist ein Leben des Friedens, der Kraft und der Freude. (Lies Joh. 16, 33.)

VIII. Ich nehme an, daß du alles, was hinter dir liegt, geordnet hast,

um Verzeihung gebeten, wo du hart, bitter, verleumderisch oder undankbar warst, vor allem bei den Eltern. Ich nehme an, daß du Versöhnung gesucht hast bei allen, mit denen du entzweit warst, daß du gegen keinen Menschen Bitterkeit, Rache, Unversöhnlichkeit im Herzen trägst, daß du alles Veruntreute erstattet hast. Wenn dein Leben so vor Gott geordnet ist, so wird deine Liebe und deine Freude groß sein. Du wirst erleben, welches unaussprechliche Glück darin liegt, daß ein gläubiger Christ sagen darf: Mich scheidet nichts von meinem Gott, alles ist in Sein Licht gebracht, alles ist geordnet! (Lies Matth. 5, 23–26 und Matth. 18, 21–35.)

IX. Halte deine Gedanken unter göttlicher Zucht!

Gedankensünden durch Begierden, Haß, Bitterkeit, unreine Phantasie sind ernste Sünden, durch welche ein Gläubiger dem Satan die Türe des Herzens auftut. Der Feind zögert nicht einzutreten, und er bringt dich zu Dingen, von denen du dachtest, du wärest dessen nicht fähig. Du wolltest es anfangs nicht, aber als du das Herz den bösen Gedankenbildern öffnetest, wurde dein Wille vom Satan gebunden. Alle Sünden, auch die bösesten Taten bis zu Ehebruch und Mord, beginnen mit Gedanken, mit Bildern, die der Feind vor dein Auge stellt. (Lies Spr. 4, 23.) Der furchtbaren Gefahr der Unkeuschheit wirst du nur entfliehen, wenn du in deiner Gedankenwelt wachsam und treu bist. (Lies Matth. 15, 19.)

X. Das Auge Jesu ruht auf dir!

Der Herr fordert von dir weder große Taten noch Kraft. Er fordert von dir nur einen aufrichtigen, Ihm hingegebenen Willen. Gehorsam und Treue im Kleinen. (Lies Luk. 16, 10.) Ja, sei treu in deiner irdischen Arbeit bis ins kleinste. Treu im Bekennen! Treu in Verwendung deiner Viertelstunden und fünf Minuten. Treu in der Verwendung deines Geldes. Du bist nicht mehr Besitzer, weder deines Geldes noch deiner Zeit noch deiner Gesundheit — alles gehört dem Herrn, du bist nur Haushalter über diese dir anvertrauten Güter und sollst sie im Sinne deines Herrn verwenden. Das Leben besteht aus lauter kleinen Dingen. Viele Minuten machen ein Leben aus, viele Tropfen das Meer. Sei treu in den kleinen Dingen, aus denen jeder Tag besteht. Es reihen sich aneinander Gespräche, Gedanken, Arbeit; man kleidet sich an oder aus, man geht oder kommt. Das Auge Jesu ruht auf dir, und Er freut sich an dir, wenn du innerlich nahe bei Ihm bleibst und Seine Kraft in Anspruch nimmst. In allen Dingen darfst du dich ja jetzt nach der Bibel richten. Vor Gott gibt es nichts Gleichgültiges, weder in deinem Anzug noch in deinen Gedanken noch in deinen Blicken und Mienen. Wandle treu für Jesus! (Lies 1. Kor. 4, 2.)

XI. Lobe viel den Herrn!

Singe Ihm Lieder in deinem Herzen und mit deinen Lippen. Lobe und preise Ihn bei der Arbeit und im Gebet. Wahre Loblieder verscheuchen die Geister der Finsternis und erfreuen das Herz Gottes. (Lies Kol. 3, 16 und Ps. 148, 12–14.)

□

Christus spricht: „Ihr habt nicht Mich auserwählt, sondern Ich habe euch auserwählt und euch gesetzt, daß ihr hingeht und Frucht bringt, und eure Frucht soll eine bleibende sein. Was irgend ihr den Vater bitten werdet in Meinem Namen, das will Er euch geben“ (Joh. 15, 16).

8. „Zeugnisse eines alten Soldaten“

Lebte Georg von Viebahn heute, so hätte er vielleicht seiner segensreichen Traktatreihe einen anderen Namen gegeben. Aber damals in der Bismarckzeit oder, wie sie später auch genannt wurde, in der Wilhelminischen Ära, war der Soldat eine wichtige und hochgeachtete Persönlichkeit im Volk. Noch waren die Erinnerungen wach an die Einigungskriege 1864, 1866 und 1870/71, ja sogar an die Freiheitskriege gegen Napoleon I. Daß Viebahn mit Freude und Überzeugung Soldat war, ist schon betont worden. Er wollte sein Glaubenszeugnis als Soldat aussprechen, zumal er in erster Linie an seine Kameraden in Heer und Marine, an Offiziere und Mannschaft dachte. Doch sind seine Zeugnisse weit über diese Grenze hinaus wirksam gewesen.

Schon daß er sie „Zeugnisse“ nannte, war für ihn charakteristisch. Übrigens hieß der erste Jahrgang dieser Traktatreihe „Soldatenpredigten eines Soldaten“. Aber er fühlte sich weder als theologischer Lehrer noch als Kanzelredner, obwohl er über eine große Redegabe verfügte. Doch wußte er, daß Jesus seinen Jüngern zum Abschied gesagt hatte: „Ihr werdet meine Zeugen sein.“ Und diesem Worte wollte er gehorchen, zumal es ihm klar war, daß es keine logischen Beweismittel für den Christenglauben gibt und daß wir niemand überreden oder bekehren können. Das behält sich unser Herr vor. Aber der glaubende Christ hat durch

Traktat des ersten Jahrgangs

sein Leben, Leiden, Tun und Reden die Wirklichkeit seines Herrn und die Wahrheit seiner Botschaft zu bezeugen, und zwar ohne Unterschied des Berufs. Viebahn war tief überzeugt von der reformatorischen Erkenntnis, daß es ein allgemeines Priestertum der Gläubigen gebe. Glaube entzündet sich an Glauben. Die Zeugnisse sollten Feuerfunken sein, die irgendwo in den Herzen zünden. Wir haben der ungläubigen Welt unermüdlich zu bezeugen, daß Jesus lebt und es sich im wahrsten Sinne des Wortes lohnt, seinem Ruf zu folgen. Mag der Unglaube die Mehrheit in dieser Weltzeit haben — dennoch soll die stolze Welt wissen, daß es viele gibt, die Jesu Gnade erfahren haben und von der Wahrheit der Christusbotschaft tief überzeugt sind.

Viebahn nannte seine Blätter „Zeugnisse“, weil sein Herz übervoll war von der Freude im Herrn und von der Gewißheit seines Glaubens, so daß er nicht schweigen konnte. Schon als aktiver Offizier hatte er mit der Herausgabe dieser Traktate begonnen. Im Jahre 1895 schrieb er das erste „Zeugnis“, und bis zu seinem Tode hat er zwanzig Jahre lang unermüdlich diese Reihe vierseitiger Traktate fortgesetzt. Es waren am Ende elfhundert. Sie erreichten schließlich eine Auflage von hundertsiebzigtausend — ein Zeichen, wie gerne sie gelesen und verbreitet wurden. Sie erschienen für jeden Sonntag. Der General sorgte dafür, daß das neue Blatt wöchentlich in den Mannschaftsstuben auflag. Die Hauptstelle für die Verbreitung der Zeugnisse übernahm Hedwig von Redern, bis dies später von den Dienststellen direkt besorgt wurde.

Diese „Zeugnisse“ verraten Viebahns schriftstellerische Begabung. Im Blick auf seinen Dienst kommt ihnen wachsende Bedeutung zu. Solche kurzen vierseitigen Blätter lesen sich schneller als ein Buch. Viebahn schrieb eine zugkräftige Überschrift. Ihr folgte ein passendes Bibelwort. Und dann begann er meist mit einem kurzen Erlebnis, einem Zeitungsbericht, einer Anekdote, einer Nachricht, die irgendwie Neugierde weckte und eine gewisse Spannung hervorrief. Schon die Überschriften sind charakteristisch und beweisen, wieviel Menschenkenntnis dieser Offizier hatte. Er wußte seine Leser zu fesseln.

Hier einige Beispiele seiner Überschriften:
„Stehst du auf Gottes Seite?“ — „Der Fels im Sturm der Zeiten“ — „Die Jagd nach dem Glück“ — „Sein oder nicht sein?“ — „Der Selbstmörder“ — „Der ungelesene Brief“ — „Das große Los“ — „Verraten und verlassen“ — „Die Erbsensuppe in der Vorstadt von Orléans“.

Auf die Kriegszeit nahm Viebahn bei seinen Überschriften Rücksicht: „Wie wird die Heimkehr sein?“ — „Verwundet“ — „Vermißt“ — „Heimweh im Feindesland“ — „Wie deutsche Männer beten lernen“ — „Wie ein Gottloser im Felde Frieden fand“ und ähnliche. Im Text der Zeugnisse fällt der gute Stil und das gepflegte Deutsch auf. Noch heute lesen sich diese Traktate gut.

Viebahn liebte den Dienst der „Zeugnisse“. Das ist auch daran zu erkennen, daß er sich jeden Jahrgang der „Zeugnisse eines alten Soldaten“ mit Goldprägung einbinden ließ. In einigen dieser erhaltenen Bändchen stehen Dankeswidmungen an seine Frau als seiner „Mitarbeiterin“.

Auch zum Traktatschreiben gehört eine geistliche Gabe. Wer sich je darin versuchte, weiß, wie schwer diese Aufgabe ist. Steht zuviel darin und in einer zu frommen Sprache, so wird das Blatt von jenen, die gemeint sind, nicht gelesen und fortgeworfen. Steht dagegen zu wenig darin, so daß der Leser den Ruf nicht vernimmt und nicht versteht, worum es geht, so ist das Blatt erst recht wertlos und verfehlt seinen Zweck. Der General sprach aus dem Leben und in das Leben. Man war zuerst interessiert, dann betroffen und wurde das Gelesene nicht so schnell los. Viebahn war ein guter Psychologe. Er kannte sein Gegenüber und wußte ihn zu nehmen, er hielt ihn an der Hand und steuerte klar auf sein Ziel zu.

Wir versuchen, das an einem Beispiel zu zeigen. Eine Überschrift lautet: „Napoleon auf St. Helena“. Viebahn schildert die Verbannung des einst so mächtigen Kaisers. Er erwähnt einige seiner Aussprüche und beschreibt sein schweres Sterben infolge von Magenkrebs.

„Er hatte eine Krone verloren, und er wußte, daß er sie niemals wiedergewinnen würde. Kein Weg, kein Schiff führte ihn dahin zurück. Er verzehrte das ‚Heute‘, das ihm blieb, mit den Erinnerungen an das verlorene Glück und mit dem Klagen über die Härte des englischen Gouverneurs, welcher ihm den Kaisertitel versagte und alle Anmaßungen des gefangenen Generals Bonaparte zurückwies. Und doch hatte in Wahrheit nur noch das ‚Heute‘ für ihn Wert; denn mit jeder neu aufgehenden Sonne — und sie ging über ihm noch zweitausend Mal auf — war auch über seinem schwerverschuldeten Leben die Gnade Gottes neu. Aber er

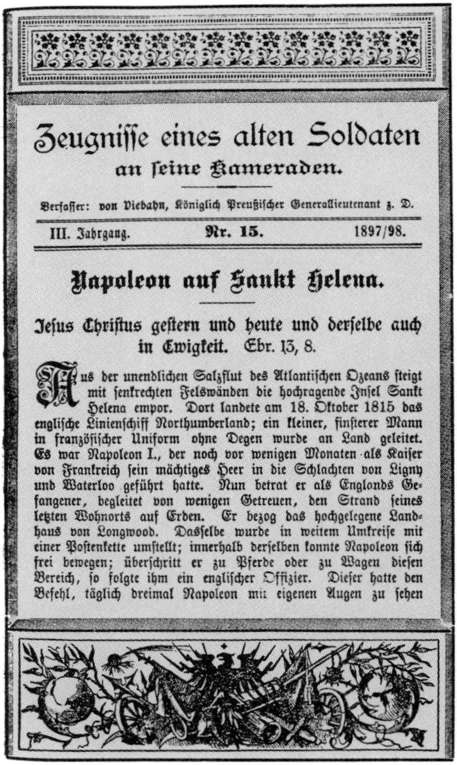

Zeugnisse eines alten Soldaten

an seine Kameraden.

Verfasser: von Viebahn, Königlich Preußischer Generalleutenant z. D.

III. Jahrgang. Nr. 15. 1897/98.

Napoleon auf Sankt Helena.

Jesus Christus gestern und heute und derselbe auch in Ewigkeit. Ebr. 13, 8.

Aus der unendlichen Salzflut des Atlantischen Ozeans steigt mit senkrechten Felswänden die hochragende Insel Sankt Helena empor. Dort landete am 18. Oktober 1815 das englische Linienschiff Northumberland; ein kleiner, finsterer Mann in französischer Uniform ohne Degen wurde an Land geleitet. Es war Napoleon I., der noch vor wenigen Monaten als Kaiser von Frankreich sein mächtiges Heer in die Schlachten von Ligny und Waterloo geführt hatte. Nun betrat er als Englands Gefangener, begleitet von wenigen Getreuen, den Strand seines letzten Wohnorts auf Erden. Er bezog das hochgelegene Landhaus von Longwood. Dasselbe wurde in weitem Umkreise mit einer Postenkette umstellt; innerhalb derselben konnte Napoleon sich frei bewegen; überschritt er zu Pferde oder zu Wagen diesen Bereich, so folgte ihm ein englischer Offizier. Dieser hatte den Befehl, täglich dreimal Napoleon mit eigenen Augen zu sehen

Auf jedes der 1100 „Zeugnisse“ wurde viel Sorgfalt verwendet

hat über die Ströme von Blut, die er vergossen, kein Leid getragen, nur über sein Unglück hat er geklagt.

Man muß nach Napoleons eigenen Worten bezweifeln, daß er Buße getan hat. Doch sieht Gott allein in das Herz. Folgende Worte aber hat Napoleon doch auf Helena gesprochen: ‚Männer wie Alexander der Große, Karl der Große und ich haben große Reiche geschaffen. Aber wir haben sie auf die Gewalt gestellt, darum mußten sie wieder der Gewalt weichen. Jesus Christus hat ein weitaus größeres Reich gegründet als wir alle, aber Er hat es auch gegründet auf die Liebe. Darum besteht es fort, und heute noch würden Millionen mit Freuden für Ihn sterben.‘

Am 15. Mai 1821 starb Napoleon nach längerem Leiden. Er

ward an dem von ihm bestimmten Platze in der Nähe einer Quelle begraben. Später wurde sein Leichnam nach Frankreich gebracht.

Auch hinter jedem von uns liegt eine Vergangenheit, die niemals wiederkommt. Es mögen ähnliche Ereignisse wiederkehren, aber der gestrige Tag kommt nicht wieder. Wieviel auch der Mensch vermag und wie sehr er sich bemüht, in Bildern, Büchern, Denkmälern und Schauspielen die Erinnerung der Vergangenheit festzustellen, er vermag nicht einen Tag, nicht eine Stunde der Vergangenheit zurückzuholen. Von allem, was ein Mensch an dem vergangenen ‚Gestern' tat, hat nur das ewigen Wert, was für den Herrn getan ist, zu Seiner Ehre, in der Liebe zu Ihm.

Was enthielt bisher dein Leben? Was enthielt dein gestriger Tag? Das Böse, was du gestern tatest, ist geschehen; viel Gutes, was du hättest tun können, ist nicht geschehen. Sollte dich das nicht nachdenklich machen für den heutigen Tag? Denn obwohl der gestrige Tag nicht wiederkehrt, so ist doch nichts vergessen von dem, was du gestern getan, gesagt und gedacht hast. Du zwar magst manches vergessen haben. Vieles von dem, was du durchlebt hast, erscheint dir wie ein Traum. Begebenheiten, die zu ihrer Zeit erschütternden Eindruck auf dich machten, haben sich verwischt, deine Worte sind verflogen wie der Wind. Dennoch ist alles aufbewahrt. An dem ‚Gestern' kannst du nichts ändern, du kannst es auch nicht auslöschen.

Dort, wo es weder gestern noch heute gibt, sondern nur die ewige Ewigkeit, die Zeit ohne Zeit, werden die Menschen nicht eine trügerische Darstellung ihres Lebens niederschreiben wie Napoleon auf St. Helena, sondern sie werden eine vollkommen genaue, zutreffende Geschichte ihres Lebens aufgeschrieben finden in den Büchern des Gerichts. Nach dieser Schrift werden sie gerichtet werden und ihr ewiges Urteil empfangen.

Dann kann nichts mehr ausgelöscht werden von dem, was da aufgezeichnet ist. Aber heute kann alles noch ausgelöscht werden! Gott will aus dem ‚Heute' für alle Menschen, die es erleben, einen

Tag der Gnade machen! ‚Seine Barmherzigkeit hat noch kein Ende, sondern sie ist alle Morgen neu.' *Du* kannst nicht eine einzige Sünde deines vergangenen Lebens ungeschehen machen, *aber Jesus* ist heute bereit, alle deine Sünde ins Meer der unendlichen Gnade Gottes zu werfen. Deshalb ist das ‚Heute' der wichtigste Tag des Lebens, weil Jesus heute die verlorenen Sünder sucht. Morgen kann der Tag des Sterbens sein, und der Tod führt den unbekehrten Menschen ins Gericht. Dann wird derselbe Jesus, der den Sünder gestern und heute in nie ermüdender Liebe suchte, als sein heiliger und gerechter Richter ihm begegnen.

Alle Sünder werden dann zu ihrem ewigen Schmerz erkennen, daß der Herr und Richter der Welten derselbe Jesus ist, den sie hier für nichts geachtet haben. Wer aber heute Gnade findet, der findet ewige Gnade. Für ihn ist auch morgen und in Ewigkeit Gnadentag. Er findet jenseits des Todes nicht den Thron des Richters, sondern den Thron der Gnade. Er findet dort dieselbe Liebe, die ihn hier gesucht, gefunden, getragen und errettet hat. Jesus Christus gestern und heute und derselbe auch in Ewigkeit! Er bleibt unveränderlich derselbe in Seiner Macht als der allmächtige Schöpfer, durch dessen Wort alle Dinge sind. Er bleibt unveränderlich derselbe in Seiner Liebe, in welcher Er Seine Erretteten, die Er mit Seinem eigenen Blut erkaufte, trägt, bewahrt und segnet. Bei Ihm ist kein Wechsel des Lichts und der Finsternis. Menschliche Herrlichkeit vergeht. Jesu Königreich, Macht und Ehre ist unvergänglich.

Napoleon hatte Könige abgesetzt und eingesetzt, er hatte seine Brüder und seinen Schwager zu Königen von Holland, Westfalen, Neapel gemacht; er hatte seine Marschälle zu Fürsten und Herzögen ernannt; er hatte Reichtümer, Ehren, Güter seinen Generälen und Ministern ausgeteilt. Jetzt war das alles vorbei; seine Verwandten hatten mit ihm ihre Kronen verloren, er selbst war ein ohnmächtiger Gefangener, er hatte nichts mehr auszuteilen. Sein Wort und Wille hatte Europa regiert, vor ihm hatten Völker gezittert, jetzt galten sein Wort und Wille nichts. Aber Jesu Wort und Wille bleibt unerschütterlich, allmächtig in die Zeitalter der

Zeitalter. Er spricht: ‚Himmel und Erde werden vergehen, Meine Worte werden nicht vergehen.‘ Die Kronen, die Er den Seinen gibt, sind unvergänglich. Darum singt Gottes Volk in der Ewigkeit den großen Lobgesang: ‚Dem, der uns liebt und gewaschen von den Sünden mit Seinem Blut und hat uns zu Königen und Priestern gemacht vor Gott und Seinem Vater, demselben sei Ehre und Gewalt von Ewigkeit zu Ewigkeit! Amen‘ (Offenbarung 1, 5.6).“

Das ist nur ein Beispiel aus den vielen hundert „Zeugnissen“, die General von Viebahn als alter Soldat seinen Kameraden zugehen ließ.

Im Chinafeldzug 1900 gelang es, allen Feldzugsteilnehmern regelmäßig die „Zeugnisse“ zukommen zu lassen. Ihr Oberstkommandierender war der Generalfeldmarschall von Waldersee, der den gleichen Glaubensweg ging wie General von Viebahn. Im Ersten Weltkrieg wurden durch Viebahns Beziehungen ganze Regimenter Mann für Mann mit den „Zeugnissen“ versorgt. Erst in der Ewigkeit werden wir erkennen, wieviel von dieser guten Saat auf guten Herzensboden fiel und Frucht brachte zu Gottes Ehre.

Im übrigen sei vermerkt, daß der General großes Gewicht darauf legte, daß seine Beispielgeschichten historische Wahrheiten erzählten.

9. Der Bruder unter Brüdern

Georg von Viebahn lebte Bruderschaft seit seiner Übergabe an Jesus an allen Orten seines Lebensweges. Die Freunde im Garderegiment in Berlin, die Freunde unter den Offizieren! Vor allem die Brüder in der „Versammlung"! Über seine kirchlichen Verbindungen ist schon geredet worden, auch über seine Verwurzelung in der modernen Gemeinschaftsbewegung. Um der Bedeutung der Bruderschaft in seinem Leben nachzugehen, wollen wir versuchen, ein zusammenhängendes Bild der Vorgänge in jener Zeit zu geben.

Dank der großen Erweckung, die Gott in der ersten Hälfte des vergangenen Jahrhunderts in fast ganz Europa schenkte, gab es auch in England neue Lebens- und Glaubensbewegungen. In Plymouth, in London, in Bristol entstanden neue Brennpunkte. Viele junge Männer fanden sich zusammen, man nannte diese Bewegung die „Brüderbewegung". Sie hatte ihr Kennzeichen in einer gewissen Emanzipation von der amtlichen Kirche. Diese jungen Männer wollten nicht von kirchlichen Klerikern bevormundet sein, wie es in der anglikanischen Kirche leicht geschah. Sie sammelten sich in Privathäusern. Ein Zeichen ihrer Selbständigkeit war auch, daß sie begannen, das Abendmahl ohne kirchliche Amtsträger zu feiern. Die Bewegung spaltete sich bald in eine Gruppe der „Offenen Brüder" und eine Gruppe der „Geschlossenen Brüder". Die letzteren standen unter der Führung des ehemaligen anglikanischen Pfarrers Darby. Er prägte eine besondere Auffassung des Abendmahls als „Darstellung“ der Gemeinde Jesu und feierte es alle Sonntage. Er verlangte die Trennung von allen Konfessionen.

Zu dem Zweig der „Offenen Brüder“ gehörte der bekannte Georg Müller in Bristol mit seinem Freund Dr. Baedecker.

Bei uns in Deutschland hatte diese Brüderbewegung umfangreiche Folgen im industriellen Rheinland. Hier entstand unter der Führung von Carl Brockhaus, der sich eng an Darby anschloß, eine Gruppe der „Geschlossenen Brüder“, der sogenannten „Versammlung“. Auch die „Offenen Brüder“ fanden hier Freunde. Sie haben sich nach dem Ersten Weltkrieg in Wiedenest im Oberbergischen ein wichtiges Zentrum geschaffen. Ein dritter Zweig konstituierte sich unter der Führung des Seidenfabrikanten Hermann Grafe als „Freie evangelische Gemeinde“. Heute besteht ein Bund der „Freien evangelischen Gemeinden“ mit dem Zentrum in Witten an der Ruhr.

Alle drei Zweige haben sich über ganz Deutschland und darüber hinaus verbreitet. Es war kein Zufall, daß ihr Quellort für alle im rheinischen Industriegebiet war, wo sich ein Menschentyp von großer Selbständigkeit entwickelt hatte, der sich der Bewegung in England verwandt fühlte.

Zu solch selbständigen Charakteren gehörte auch Georg von Viebahn. Er stammte ja aus einer konservativen, kirchlichen Familie, wie sie besonders zu Anfang des 19. Jahrhunderts in Preußen zahlreich waren.

Für den jungen Offizier war es selbstverständlich, den kirchlichen Segen für seine Ehe zu suchen. Auch seine Kinder hat er alle in der Landeskirche taufen lassen. In Wiesbaden wurde diese Haltung durch die Freundschaft mit Pfarrer Theodor Ziemendorf bestärkt, der als landeskirchlicher Pfarrer zugleich ein Vertreter der Gemeinschaftsbewegung war; er gehörte zu den Begründern der Sudan-Pionier-Mission — heute Evangelische Mission in Oberägypten — und wirkte auch mit auf den Blankenburger Konferenzen.

Es wurde schon erwähnt, daß Christine, Viebahns erste Gattin, bei ihrem Englandaufenthalt als junges Mädchen die „Versammlung“ kennengelernt hatte. Hier hatte sie reichen Segen empfangen und darum auch ihren Gatten auf diese Gemeinschaft der Brüder hingewiesen.

In Wiesbaden entstand die lebenslange Freundschaft mit Dr. Dönges, einem führenden Mann der deutschen „Versammlung“. Es war im Sommer 1876, als diese beiden Männer sich kennen und schätzen lernten. Wohin Viebahns seitdem versetzt wurden — überall suchten sie die Brüder der „Versammlung“ auf. Die oft kleinen Kreise trafen sich meist in Privatwohnungen.

Trotzdem blieb Viebahn ein Glied der Landeskirche. Dazu mag beigetragen haben, daß er viele gläubige Brüder unter den Pfarrern der Landeskirche zu Freunden hatte. Hier muß auch Pfarrer Walter Michaelis in Bielefeld genannt werden, mit dem er ein enges brüderliches Verhältnis hatte. Freundschaft verband ihn auch mit Friedrich von Bodelschwingh, der ihn als „Freund und Seelsorger der Soldaten“ kannte. Auf den Konferenzen der Deutschen Christlichen Studentenbewegung kam es oft vor, daß die Theologen Schlatter und Kähler mit Viebahn zum selben Thema sprachen.

In notvolle Konflikte mit der Kirche geriet Viebahn, wie schon erwähnt, als Brigadegeneral in Stettin. Hat er dann auch der Landeskirche wegen ihrer Inkonsequenz den Rücken gekehrt, so hat er sie doch nie bekämpft und weiter herzliche Bruderschaft mit den Gläubigen der Landeskirche gehalten.

Sein jüngster Sohn Bernd meint, der Vater habe mit dem Kirchenaustritt so lange gewartet, bis seine Kinder als Mündige selbst über ihre Kirchenangehörigkeit entscheiden konnten. Er wollte keines seiner Kinder vor vollendete Tatsachen stellen. Vor dem Standesamt galten Viebahn und seine Gattin von nun an als „Dissidenten“ (zu deutsch: Abgetrennte). Diese Bezeichnung stammt offenbar aus Polen, wo die herrschende katholische Kirche jeden Nichtkatholiken, ob orthodox oder reformiert oder lutherisch, als Abgetrennten, das heißt „Dissidenten“ bezeichnete.

In Preußen aber waren die sogenannten Dissidenten zum größten Teil die Freidenker und atheistischen Kirchenfeinde. Mit ihnen hatte Viebahn auch nicht entfernt zu tun.

Georg von Viebahn fand dann seine geistliche Heimat auf der Allianzkonferenz in Blankenburg/Thüringen. Im Jahre 1886 hatte Fräulein Anna von Weling zum ersten Mal eine Einladung hinausgeschickt zu einer Begegnung von Christen verschiedener Denominationen des In- und Auslandes. Traf sich zunächst ein kleiner Kreis, so wuchs doch diese Konferenz in Blankenburg zu einem Treffpunkt von Tausenden. Neben Deutschen waren viele Engländer, aber auch Holländer, Amerikaner, Skandinavier und Schweizer anwesend. Hier fühlte sich Viebahn zu Hause. Hier wußte er sich verstanden. Hier fand er eine Bruderschaft, die sich nicht durch konfessionelle Zäune trennen ließ.

Gewiß hatte auch „Blankenburg" seine Grenzen. Es gab sogar theologische Differenzen, die zu Kämpfen und Ausschlüssen führten. Man ließ keine Kritik an der Bibel zu. Aber das waren ja Grenzen, die auch Viebahn kannte und bestätigte. Es erschien damals eine „Erklärung" gegen die Bibelkritik, die von führenden Brüdern Blankenburgs — Rappard, Stockmayer, von Viebahn, Ernst Lohmann — unterschrieben war.

„Die Unterzeichneten fühlen sich gedrungen, folgendes Zeugnis abzulegen:

1. Wir stehen zu der göttlichen Inspiration und Autorität sämtlicher von Gott gegebenen Schriften Alten und Neuen Testaments. ‚Suchet nun in dem Buch des Herrn und leset, es wird nicht an einem derselben fehlen, man vermißt nicht dies noch das. Denn Er ist es, der durch meinen Mund gebietet, und Sein Geist ist es, der zusammenbringt' (Jesaja 34, 16).

2. Obwohl wir dem Herrn dankbar sind für jede Arbeit, welche tatsächlich dazu dient, den ursprünglichen Bibeltext durch Handschriftenvergleichung festzustellen, verwerfen wir jeden wissenschaftlichen Versuch auf diesem Gebiet, durch welchen

P. Holzapfel. Holzschuher.
P. Frank Prediger Hempel. Fräul. v. Blücher. Frl. v. Weling. Ischebeck. L. L. Anderson. P. Lohmann. P. Blazejewsky.
Prediger Wiesenauer. P. Schaveled. Gräfin v. d. Gröben. Mandel. R. Schultz. Frau Dr. Bädecker. Scholder-Develay. P. Girkon. v. Viebahn.
Polnick. Dir. Bickel. Pred. Dittrich. Rev. Hudson Taylor. Rev. Graves Walker. Dr. Bädecker. Rev. C. G. Moore. v. Knobelsdorff. P. Jellinghaus.

Allianzkonferenz in Blankenburg um die Jahrhundertwende

das göttliche Ansehen irgendeines Teiles der gottgegebenen Schriften Alten oder Neuen Testamentes geschwächt oder untergraben wird, als einen Eingriff in die unantastbare Zusammengehörigkeit, in die organische Einheit der gesamten Schriftoffenbarung. Denn: ‚Die heiligen Menschen Gottes haben geredet, getrieben vom Heiligen Geist' (2. Petrus 1, 21).

3. Wir wollen dem geschriebenen Worte gegenüber keine andere Stellung einnehmen als die, welche Jesus Christus, unser Herr, eingenommen hat, und sprechen demgemäß unsere Überzeugung dahin aus, daß in der Gemeinde des Herrn nur solche als Lehrer und Führer angesehen werden können, die sich unter das Wort des Meisters beugen: ‚Die Schrift kann nicht gebrochen werden' (Johannes 10, 35)."

Wer in Jesus seines Lebens Erlöser und Herrn hatte, wie die Bibel ihn bezeugt, war auch Viebahns Bruder. Die Treue zu Jesus hatte als irdisches Gegenbild seine Treue zu seinem kaiserlichen Herrn. Treue war das Kennzeichen seines Charakters. Darum suchte er die, die Jesus die Treue hielten. Sie liebte er allesamt. Er fand sie in der „Versammlung" und auch in der Landeskirche, bei den Baptisten und bei den Methodisten, in den Freien Gemeinden wie in den Brüderkreisen oder bei den Herrnhutern. Er konnte sich gegen seine Brüder nicht abgrenzen, indem er ein Zäunchen oder einen Graben zog. Seine „Kirchenfreiheit" war ein stiller Protest gegen allen Konfessionalismus. Er kannte nur eine Kirche — das war die Kirche aus dem apostolischen Glaubensbekenntnis: „Ich glaube an den Heiligen Geist, eine heilige christliche Kirche, die Gemeinde der Glaubenden."

Vielleicht könnte man diese so stark betonte Haltung Viebahns sogar prophetisch nennen. Johann Hinrich Wichern, der Begründer der Inneren Mission, hatte mit seinem liebenden Herzen die Entstehung der Evangelischen Allianz in der Mitte des vergangenen Jahrhunderts lebhaft begrüßt. Er folgte sogar der Einladung zu ihrer Gründungsversammlung in London im Jahre 1846. Damals kam er etwas enttäuscht zurück. Die englischen Formen der

Georg von Viebahn etwa 1908

Glaubensversammlungen waren ihm ungewohnt. Er suchte nicht eine Allianz zur gegenseitigen Erbauung, sondern zum Dienst der Liebe. Aber immerhin hat er die Allianzbewegung begrüßt und in London gesagt: „Wir stehen an der Schwelle einer neuen Epoche der Weltgeschichte, die eine Epoche des Heils nur werden wird, wenn Christus und seine menschen- und völkerrettende Herrlichkeit auf unseren Bannern steht.“[11]

Es kam zwar nicht so, wie der optimistische Wichern erwartet hatte, der viele Enttäuschungen in seinem Leben erfuhr. Das 19. Jahrhundert wurde ein Jahrhundert des Konfessionalismus und der Abgrenzung der Kirchen.

Die Haltung Viebahns wies über seine Zeit hinaus. Das 20.

Jahrhundert sollte die Sehnsucht vieler Christen nach der Einheit der Christenheit im Sinne des Hohenpriesterlichen Gebets Jesu einen Schritt vorwärts führen. Gewisse Ansätze gab es schon im 19. Jahrhundert. Neben der erwähnten Allianz war fast zehn Jahre später im Jahre 1855 der Weltbund der „Christlichen Vereine junger Männer" entstanden. Vierzig Jahre später (1895) folgte der „Christliche Studentenweltbund". Die Freundschaftsarbeit unter den Kirchen führte im Jahr 1914 auch zu einem Weltbund, der freilich durch den entstehenden Ersten Weltkrieg fast zerbrochen wurde.

Zu einem Durchbruch dieser Einigungsbewegungen in der Evangelischen Christenheit kam es erst 1925 auf der „Weltkirchenkonferenz für praktisches Christentum" in Stockholm. Ihr Initiator war der Erzbischof von Upsala, Dr. Nathan Söderblom. Infolge dieser Weltkonferenz, die außer den evangelischen Zweigkirchen auch die orthodoxen Kirchen des Ostens umfaßte, entstand nach dem Zweiten Weltkrieg der Weltkirchenrat. Dieser wurde nach einigen vorbereitenden Konferenzen 1948 in Amsterdam gegründet. Seitdem tagt der Weltkirchenrat in regelmäßigen Abständen an verschiedenen Orten der Welt.

Es ist hier nicht der Raum, Kritik an dem Weg der Genfer Zentrale des Weltkirchenrates zu üben. Die bibelgläubige Gemeinde ist auf der ganzen Linie enttäuscht, weil sie den Weg einer einseitigen Politik Genfs nicht mitmachen kann.

Viebahn hätte dieser Entwicklung, die zur Einebnung der konfessionellen Grenzen führt, nie sein Ja gegeben. Ihm wäre es zu deutlich gewesen, daß hier nicht die Gemeinde der Gläubigen am Handeln war, sondern ein Bund menschlicher Organisationen sich ein Dach schuf. Er sah die Fehlerquellen, die hier mitwirkten. Er suchte darum nicht eine Brücke zwischen historisch gewordenen Kirchengebilden, sondern die Bruderschaft der durch Jesu Geist Wiedergeborenen über alle menschlichen Grenzen hinweg. Die Evangelische Allianz ist im Unterschied zu dem Weltkirchenrat kein Bund der Kirchen, sondern ein Brüderbund aus vielen Kirchen.

Viebahn trug das Erbe des Pietismus in sich. Dem Pietismus ging es nie um Massenorganisationen, sondern um die sehr persönliche Begegnung der Jünger Jesu untereinander zu gemeinsamem Gebet, zu gegenseitiger Stärkung aus dem Wort Gottes, zum Lob und zur Anbetung.

Das fand Viebahn auf den Blankenburger Konferenzen, wo er jahrelang der erwartete und geschätzte Redner war. Und nicht nur das: lange Jahre hindurch hat Viebahn anschließend an die August-Konferenz in Blankenburg Bibelkurse für einen kleinen Teil der Konferenzbesucher gehalten. Als er 1915 aus Gesundheitsgründen zum ersten Mal fernblieb, ging ein großes Bedauern durch die Versammlung.

Man sprach in Blankenburg von dem „eigengeprägten" General von Viebahn, der im Jahr 1897 zum ersten Mal zur Konferenz kam, aber bald zum Leitungsgremium gehörte. Hier trafen sich ja nicht nur Vertreter aus den Freikirchen, sondern auch viele Glieder landeskirchlicher Gemeinschaften. In den ersten Jahrzehnten herrschten die Engländer vor, nach deren Keswick-Konferenzen Blankenburg sich weithin richtete. Zu den regelmäßigen Gästen gehörte auch Dr. E. F. Karl Müller, der reformierte Professor der Theologie aus Erlangen, der oft zu Wort kam.

Wir bringen einige Zeugnisse von bekannten Teilnehmern der Blankenburger Konferenz und anderen führenden Kirchenmännern, die den Eindruck wiedergeben, den Viebahn auf sie machte.

Ernst Modersohn, der bekannte Evangelist, hatte seinen Wohnsitz in Blankenburg und fehlte darum nie auf der Konferenz. Er schreibt in seinem Buch „Menschen, durch die ich gesegnet wurde":

„Einer der Hauptredner der Blankenburger Konferenz war der Generalleutnant Georg von Viebahn. Er war fürwahr ein Großer im Reich Gottes. Nicht um seiner hohen sozialen Stellung willen. Gewiß ist es nichts Alltägliches, wenn ein Generalleutnant das Evangelium verkündigt... Er war ein Mann voll Heiligen Geistes und von hohen Gaben. Er war ein Redner von Gottes Gnaden. Ja, schlicht, verständlich und dabei formvollendet und durch Bilder und Erlebnisse erläutert und geschmückt war seine Rede, so daß man ihm mit Wohlgefallen zuhörte und gefesselt an seinem Munde hing. Die Hauptsache war, daß hinter seiner schönen Redegabe die Kraft und Vollmacht des Heiligen Geistes stand, der sein Wort beglaubigte, so daß viele Seelen durch sein Zeugnis den Anstoß zu einer ewigen Bewegung empfingen.

Wenn ich mich frage, was der besondere Auftrag war, den Gott ihm gegeben hat und wodurch auch ich gesegnet worden bin, so scheint es mir ein vierfacher zu sein:

General von Viebahn betonte in Wort und Schrift klar und bestimmt

die Trennung von der Welt, vielleicht klarer und bestimmter, als es vor ihm geschehen war. Wie klar wußte er die biblischen Linien für eine christliche Verlobung und Ehe zu zeigen! Wie manches Christenleben ist nur darum nicht voll zur Entfaltung gekommen, weil es die innerliche Trennung von der Welt nicht klar vollzog, weil es auch da ja sagte und mittat, wo ein entschiedenes Nein am Platz gewesen wäre. ‚In der Welt, aber nicht von der Welt!', dies Wort aus dem Hohenpriesterlichen Gebet Jesu bezeichnet die rechte Stellung eines Kindes Gottes. Ich meine noch immer das Wort zu hören, das er einst auf einer Blankenburger Konferenz aussprach: ‚Der Weg der Kompromisse ist immer der Weg der Untreue!'

Das zweite, das er immer wieder hervorhob, war

die Einheit des Volkes Gottes. Am Kreuz auf Golgatha hat Jesus diese wunderbare Einheit geschaffen, seine Gemeinde. Lange hatte man die Ansicht, und sie ist noch nicht ganz ausgerottet, es gäbe zwei Lager in der Welt, ‚Kirche' und ‚Sekten'. Eine Zweiteilung besteht in der Tat, aber die Namen müssen heißen: ‚Gemeinde Jesu' auf der einen und ‚Welt' auf der andern Seite. Auf der einen Seite die Kinder Gottes, durch das Blut Jesu erkauft und durch einen Geist zu einem Leibe getauft; auf der anderen Seite die Kinder der Welt, und zwar sowohl fromme wie gottlose Welt. Wer noch nicht sich errettet weiß durch das Opfer Christi, der gehört noch zur Welt.

Weil General von Viebahn von diesem Gegensatz tief überzeugt war, darum wurde er Evangelist. Darum vertauschte er die ehrenvolle Ruhe eines Generals mit dem unruhigen und arbeitsreichen Leben des reisenden Evangelisten. Viebahn konnte nicht anders, er mußte den heilandlosen und friedelosen Menschen die frohe Botschaft verkündigen, daß in keinem andern Heil sei als in Christus Jesus, aber in ihm auch ein volles und ganzes Heil.

Das dritte, das General von Viebahn immer besonders unterstrich, war
die Unantastbarkeit des Wortes Gottes. Er stand fest auf der Überzeugung, daß wir zwischen den beiden Buchdeckeln der Bibel das ganze Wort Gottes haben, wovon wir uns nichts nehmen lassen. Wir brauchen ein ungebrochenes und unzersplittertes Schwert des Geistes für den Kampf, den wir zu führen haben. So freundlich General von Viebahn sonst war, in diesem Punkte war er scharf und unnachgiebig. Es war ihm heiligste Gewissenssache: ‚Das Wort sie sollen lassen stahn!'

Die vierte große Wahrheit, die General von Viebahn betonte, war *das Warten auf den kommenden Herrn.* Was hat der Gedanke an den kommenden Herrn für eine heiligende Kraft! Und wie sehr war dieser Gedanke aus der Verkündigung des Wortes Gottes und aus dem Leben der Gläubigen entschwunden! Da war es General von Viebahn ein Herzensanliegen, die Hoffnung auf den kommenden Herrn zu beleben und die Kinder Gottes in die rechte wartende Bereitschaft zu bringen. Man darf wohl sagen, daß diese vier großen wichtigen Schritte angefangen haben, Allgemeingut der Gläubigen zu werden. General von Viebahn hat seinen Auftrag treu ausgeführt."

Dekan Friedrich Hauß, der Förderer der Volksmission in der Badischen Landeskirche, schreibt in seinem Buch „Väter der Christenheit" über Viebahn:

„Ein Soldat Jesu Christi, ein wirkungskräftiger Evangelist des deutschen Offizierstandes und des deutschen Heeres in Schrift und Rede, ein Christ mit großer geistlicher Vollmacht, ein Mann des allgemeinen Priestertums und in seiner kompromißlosen Art ein evangelischer Christ ohne Konfession, für sich selbst ganz eng, für andere weitherzig."

Pfarrer Karl Leonhard berichtet in dem Buch „Diakonie und Seelsorge", wie General von Viebahn Johannes 13, 14 auslegte: „So sollt ihr euch untereinander die Füße waschen.
Dreierlei ist notwendig:

1. Nur die Füße, nicht den Kopf waschen, d.h. nicht von oben herunter abkanzeln, sondern sich in demütiger Selbsterkenntnis auf den gleichen Boden stellen.

2. Kein zu heißes Wasser nehmen, d.h. die rechte Stunde abwarten, nicht übertreiben, nicht hitzig, sondern mit sanftmütigem Geist einander zurechthelfen.

3. Selber reine Hände haben!"

Studiendirektor Jordy äußert sich in dem Buch „Die Brüderbewegung": „Trotz seiner hohen sozialen Stellung blieb er Bruder unter Brüdern und wies jede Ehrung im Blick auf seine Position zurück: Lassen Sie den ‚General' beiseite und den ‚Bruder' voranmarschieren!"

Viebahn bewährte seine Allianz-Gesinnung nicht nur in Blankenburg auf den Konferenzen. Eine Großnichte des bekannten Generals von Blücher aus den Freiheitskriegen, Toni von Blücher, war durch den Dienst des deutschstämmigen Engländers Dr. Baedecker zu lebendigem Glauben gekommen. Sie begann, in Berlin in ihren Kreisen und darüber hinaus das Zeugnis vom Auferstandenen kräftig weiterzusagen. Teeversammlungen für Fernstehende, Traktatmission auf den Straßen, Sonntagsschulen für Proletarierkinder, Mütterversammlungen — alles sollte dem Evangelium von Jesus Christus dienen. Zu ihren Kinderstunden kamen bis zu vierhundert Kinder. Durch Elternabende wurde versucht, diese offene Tür zu nutzen. Bald entstand eine großstädtische Gemeinde, meist aus Menschen, die bisher der Kirche völlig fernstanden. Nach der Konfession oder der Kirchenzugehörigkeit wurde nicht gefragt. In der Hohenstaufenstraße in Schöneberg entstand ein Gemeindesaal. „Hohenstaufenstraße 65“ war bald in Berlin ein bekanntes Programm.

Das war so recht „Kirche“ nach Viebahns Geschmack. Im Jahre 1894 wurde der Gemeindesaal eröffnet, und schon bald wurde General von Viebahn der regelmäßige Gast und Evangelist in dieser originellen Großstadtgemeinde. Später hat Viebahn im Mai jedes Jahres seine bekannten „Maiwochen in der Hohenstaufenstraße“ gehalten, wohin viele Freunde seiner Verkündigung kamen.

Als im Jahre 1905 in diesen Räumen eine Bibelschule eröffnet wurde, die zum großen Teil Prediger für die in Rußland entstandene Stundistenbewegung ausbildete, hat sich Viebahn aktiv und lebendig an der Ausgestaltung dieser Bibelschule eingesetzt. Sie stand unter der Leitung der Brüder Köhler und Warns und ist nach dem Ersten Weltkrieg nach Wiedenest im Oberbergischen verlegt worden. Heute erfüllt sie eine wichtige Aufgabe für die Mission und Evangelisation in aller Welt. Hier bezeichnet man Georg von Viebahn nicht nur als einen der Hauptbegründer des Bibelschulwerkes, sondern, wie das neben uns liegende handschriftliche Protokoll jener Tage zeigt, auch als einen regelmäßigen Mitarbeiter an den Beratungen und Bibelschulsitzungen der folgenden Jahre.[12]

Und schließlich noch ein objektives Urteil aus der Feder eines heutigen Kirchenhistorikers. Professor Dr. Karl Kupisch schreibt im „Sonntagsblatt“ von Bischof Lilje am 19. Dezember 1965 zum 50. Todestag Georg von Viebahns:

„Der Generalmajor von Viebahn war nicht nur ein hervorragender Offizier von streng konservativer Gesinnung, er war auch ein überzeugter gläubiger Christ, und dies nicht im Sinne eines stillen Pflichteiferers, sondern eines unerschrockenen Bekenners. Viebahn stand vor der Frage:
Aufgabe der evangelistischen Volksmissionsarbeit oder Abschied vom Heeresdienst? Er nahm Abschied und begann als General-

leutnant z.D. seine bald wachsende Arbeit für die Ausbreitung des Evangeliums unter den Soldaten, wobei sein besonderes Augenmerk den Kameraden im Offiziersstand galt... Als Viebahn den Militärdienst aufgab, trat er auch aus der Landeskirche aus. Seit langem war es seine Überzeugung, daß die Großkirche in der Gegenwart nicht den Boden biete, auf dem er eine Arbeit, wie sie ihm vor Augen stand, treiben könnte. Von einigen wenigen Pfarrern abgesehen, stand der überwiegende Teil der Geistlichkeit, vor allem die Kirchenbehörde, einer Evangelisationsarbeit, die unter Verlassen der traditionellen Formen des Predigtdienstes auf persönliche Bekehrung gerichtet war, ablehnend gegenüber. ...Viebahn hatte sich der ‚Versammlung' der sogenannten Darbysten angeschlossen. Doch betrachtete er diesen Schritt nicht als einen Wechsel der Denomination. Ihm stand als höheres Ziel das Reich Gottes vor Augen und die Gemeinschaft mit gläubigen Christen jeglicher Herkunft. So hat er auch in den kommenden Jahren im brüderlichen Verkehr mit manchen Pfarrern und Theologen gestanden.

Jene Jahre brachten Deutschland ja noch einmal eine Zeit der Erweckung, die in verschiedenen Formen freier, interparochialer und interkonfessioneller Laienmissionsarbeit ihren Ausdruck fand. Damals hatte die offizielle Kirche für diese Bewegung wenig Verständnis, heute hat sie viele der aus ihr kommenden Anregungen in ihre eigene Arbeit aufgenommen." So sieht ein Vertreter der theologischen Wissenschaft die Verdienste Georg von Viebahns und seiner Brüder. Sein Kampf und Zeugnis sind nicht vergeblich geblieben.

10. Der General und seine Bibel

Nach allem, was hier aus dem Leben Georg von Viebahns erzählt ist, wird deutlich, daß er in seinem Weg, in seinen Entscheidungen und Äußerungen nicht verstanden werden kann, ohne daß wir auf sein Verhältnis zur Bibel achten. Viebahn war ein Original, nicht immer bequem. Manch einer mag sogar unter ihm geseufzt haben. Nicht nur unter den Soldaten, denen er die gleiche Selbstzucht und Selbstverleugnung zumutete, wie er sie an sich selbst übte. Es werden auch die Seinen je und je unter seiner Unerbittlichkeit geseufzt haben, weil er jeden Kompromiß aufs schärfste verwarf. Was andere über ihn dachten und redeten, berührte ihn nicht. In unbestechlicher Geradheit ging er den Weg des Gewissens, wie er ihn erkannt hatte. Daß er sich selbst nie für fehlerfrei hielt und vor seinem Gott und Heiland nur als ein begnadigter Sünder wußte, hat er oft genug vor Gott und vor Menschen bekannt. Er wußte sich unter dem Befehl seines Herrn, dem er sein Leben dankte. Jede Abweichung vom erkannten Willen Jesu Christi schien ihm Verrat zu sein. Und die tägliche Befehlsausgabe erlebte er beim Lesen seiner Bibel.

Viebahn schreibt einmal: „Das Gebet treibt den Christen in Gottes Wort, um den Willen seines Herrn, die Gedanken seines Vaters zu erfragen.“ Das Wort Gottes ist für diesen Soldaten, der er vom Scheitel bis zur Sohle bleibt, voller Tagesbefehle. Er sagt:

„Das Wort Gottes fordert Unterwerfung. Es muß als Ganzes verstanden werden, und Gottes Willen und konkrete Befehle gilt es zu hören." Wir haben täglich in die Stille vor Gott zu gehen, „um vor dem ewigen Gott stille zu stehen". Wer hört aus solch einem Satz nicht das ungezählte Male ausgerufene „Stillgestanden"!

Seine Seelsorge an Offizieren ist sehr wesentlich Hinführung zur Bibel. Das „Zeugnis eines alten Soldaten an seine Kameraden" wäre ihm eine Papierverschwendung gewesen, wenn er seine oft so spannenden Beispiel-Erzählungen nicht immer in ein Bibelwort hätte münden lassen.

Schon in seinem grundlegenden Vortrag vor den Offizieren kommt er auf die Notwendigkeit, aber auch auf die Möglichkeit des täglichen Bibellesens im Leben eines aktiven Offiziers zu sprechen. Seine Freizeiten waren Bibelfreizeiten. Mit seiner Frau und seinen Kindern las er gemeinsam die Bibel. Mit welcher Feierlichkeit übergab er seiner ältesten Tochter zum achten Geburtstag die ihr einst zur Taufe von ihrer Patin geschenkte Bibel: „Von heute an darfst du in deiner eigenen Bibel lesen, jeden Tag!" Auf welch fruchtbaren Acker dieses Vermächtnis als Samenkorn fiel, wissen alle, die Christa von Viebahn im Leben kannten oder doch ihr Lebensbild lasen: „Mein Hunger und Durst nach dem Worte Gottes war immer wieder da... Wie habe ich mich jeden Morgen gefreut! Und wenn ich auch zuerst die Bibel kennenlernen mußte, so wurde sie mir dadurch doch ganz vertraut." Wir erkennen aus diesem Wort Christas, daß ihr das Bibellesen nicht ein drückendes Gesetz war, das der Vater dem Kind auferlegte, sondern ein frohmachendes Evangelium. So hat Schwester Christa von Viebahn es später Unzähligen weitergeben können.

Den Offizieren, von denen er wußte, daß sie für die Bibel an dem Tag ihres Dienstes nicht viel Zeit haben würden, schreibt er seinen „Bibellesezettel", in dem für jeden Tag des Jahres ein kurzer Bibelabschnitt praktisch besprochen wird. Er hatte ja genug Erfahrung, wieviel bei gutem Willen geschafft werden konnte. Wie glücklich war er, als er merkte, daß dieser Bibellesezettel um ein Vielfaches mehr bestellt wurde als die Vierteljahresschrift

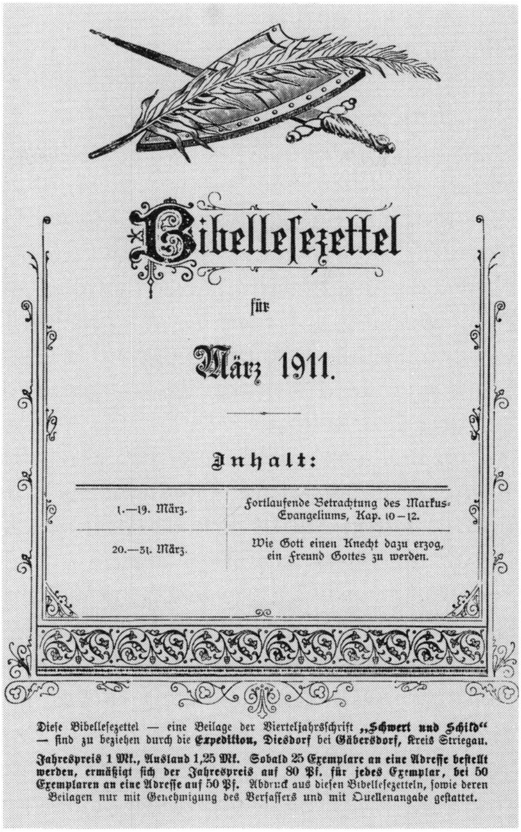

Bibellesezettel

für

März 1911.

Inhalt:

1.—19. März.	Fortlaufende Betrachtung des Markus-Evangeliums, Kap. 10–12.
20.—31. März.	Wie Gott einen Knecht dazu erzog, ein Freund Gottes zu werden.

Diese Bibellesezettel — eine Beilage der Vierteljahrsschrift **„Schwert und Schild“** — sind zu beziehen durch die **Expedition, Diesdorf** bei **Gäbersdorf, Kreis Striegau.**

Jahrespreis 1 Mk., Ausland 1,25 Mk. Sobald 25 Exemplare an eine Adresse bestellt werden, ermäßigt sich der Jahrespreis auf 80 Pf. für jedes Exemplar, bei 50 Exemplaren an eine Adresse auf 50 Pf. Abdruck aus diesen Bibellesezetteln, sowie deren Beilagen nur mit Genehmigung des Verfassers und mit Quellenangabe gestattet.

Eine Hilfe zum täglichen Bibellesen

„Schwert und Schild“, für die er als Beilage gedacht war. Im Jahre 1903 hatte „Schwert und Schild“ nach fünf Jahren 860 Abonnenten, der Bibellesezettel aber 3200.

Vor uns liegt eine sehr genaue Liste mit all den Bibeltexten, die Viebahn im Lauf der langen Jahre in seinem Dienst bei Bibelkursen, Konferenzen, Vorträgen und Evangelisationen zugrunde gelegt hatte. Daran ist zu erkennen, welch eine umfangreiche Bibelkenntnis er sich erworben hatte. Wir bringen eine kleine Übersicht, aus der das deutlich werden soll:

Aus dem 1. Buch Mose behandelte Viebahn dreizehn Abschnitte, zum Teil ganze Kapitel. 1. Mose 3, den Sündenfall, hat er etwa zehnmal zugrunde gelegt.

Aus dem 2. Buch Mose behandelte er acht Abschnitte, aus dem 3. Buch Mose fünf, aus dem 4. Buch Mose acht, aus dem 5. Buch Mose fünf Abschnitte. Aus dem Josuabuch nahm er siebzehn Stellen, aus dem Richterbuch drei, aus 1. Samuel vier. Auch Stellen aus dem 1. Königebuch, aus 2. Könige, 1. und 2. Chronika, Nehemia, Esther, Hiob, Sprüche, Prediger, Hoheslied. Siebenundzwanzig Psalmen. Etwa fünfzehn Abschnitte aus dem Propheten Jesaja. Weiter: Jeremia, Klagelieder, Hesekiel, Daniel und fast alle Kleinen Propheten. Im Neuen Testament behandelte er von den Evangelien am meisten das Lukasevangelium, aber auch Matthäus, Markus und Johannes. Fünfzehn Stellen aus der Apostelgeschichte, fast alle Briefe des Paulus und ebenso die sogenannten Katholischen Briefe (Jakobus, 1. Petrusbrief, 1. Johannesbrief). Aus der Offenbarung Johannes legte er das 22. Kapitel in neun Diensten aus.

Diese Aufstellung ist gewiß nicht genau, weil eine Anzahl Stellen ihm vielleicht nur bei privater Lesung wichtig wurden. Im ganzen sind es siebenhundertzehn Eintragungen mit Datum in seiner Bibel. Die erste Eintragung stammt vom November 1896, die letzte vom 28. Februar 1915, als er in Kiel evangelisierte. Es war sein Todesjahr. Im ganzen gibt er einhundertdrei Ortsbezeichnungen an, das heißt, daß er an diesen Orten gedient hat. Das ist im Verhältnis nicht viel, aber es gilt zu beachten, daß Viebahn in Berlin alljährlich mehrfach sprach, auch jedes Jahr nach Barmen fuhr. Sehr oft sprach er in Düsseldorf, Solingen, Brieg (Schlesien) und in Basel, wo Gott reich gesegnete Wochen schenkte. Mehrmals sprach Viebahn in Nürnberg, Breslau, Liegnitz, Duisburg, Elberfeld, Rostock, Gotha, Schwerin, Darmstadt, Königsberg und in den schlesischen Orten Ohlau, Hanau, Reichenbach, Kattowitz, Niesky, Oppeln. Zweimal diente er in Kassel, Köln, Halle/S., Augsburg, Dresden, Görlitz, Stuttgart, Ruhrort, Frankfurt am Main, Essen, Stettin.

Mehrfach wurde Viebahn nach Schweden gerufen, meist, um

vor Offizieren zu sprechen. In der Schweiz diente er außer in Basel auch in St. Gallen und in Herisau.

Aus der Aufstellung wird deutlich, daß er sowohl aus dem Rheinland als auch aus Schlesien immer wieder um einen Dienst gebeten wurde.

Es war eine ungeheure Leistung, die Viebahn vollbrachte. Noch in seinem Todesjahr sprach er in Kiel und Darmstadt, wenn er auch auf Blankenburg verzichten mußte. Denken wir dazu an die über hunderttausend Traktate und zahlreichen Druckschriften, die alle irgendwie Bibelworte zugrunde hatten, so ist es eine kaum übersehbare Sämannsarbeit, die dieser tapfere Soldat Jesu Christi in unserem Volk getan hat. Der Herr allein weiß, welche Ernte daraus erwuchs.

Doch nun müssen wir zu der Frage kommen, wie er selbst seine Bibel für sich las. Denn das ist ja die Voraussetzung für solch einen großen Missions- und Zeugendienst, daß der Redende viel und aufmerksam sein Ohr für Gottes Anrede öffnet und still wird zum Hören des Wortes. Weil diese intime Seite des Umgangs mit der Bibel jedoch kaum ausgesprochen wird, müssen wir versuchen, aus der vielbenutzten Bibel Viebahns die kurzen Andeutungen zu verstehen, die er selbst in der Bibel notierte.

Es ist für den Glaubenden selbstverständlich, daß er seine Bibel betend liest und vor dem Aufschlagen der Bibel wie auch nachher seine Hände faltet. Es ist ja heiliges Land, das wir hier betreten.

Für Viebahn gilt noch etwas Besonderes. Man bekommt aus den ganz kurzen Randbemerkungen in seiner Bibel den Eindruck: hier redet jemand mit dem unsichtbaren Gott! Es geht wahrhaftig um eine „sacra conversazione", wie die Italiener sagen, um eine heilige Unterredung, die sich zwischen dem begnadigten Sünder Georg von Viebahn und seinem Erlöser über der aufgeschlagenen Bibel vollzieht. Da heißt es etwa an einer Stelle: „Ich hatte ein Wort erbeten zum Trost und zur Stärkung in der Sache meines Briefes an R.B." Lesen wir die angestrichene Bibelstelle, so sind wir vielleicht enttäuscht. Wir finden als Antwort keinen „Orakelspruch"! Die Antwort vollzog sich vielmehr durch Gedankenbrücken und Assoziationen im Herzen, worüber für andere nichts zu sagen ist.

Oder an anderer Stelle: „Gottes Antwort auf H.L." — sonst nichts. Hier hat ein Fragender vor Gott gestanden, und Gott redete mit ihm wie einst mit Abraham oder mit Mose. Ein andermal fragt Viebahn, ob seine Töchter in der Schweiz etwa die Pension wechseln sollten. Oder er fühlt sich widerlegt und korrigiert, als er seinen Sohn irgendwo hinschicken wollte.

Offenbar hat Viebahn auch vor der Frage gestanden, ob er den Generalfeldmarschall Graf Waldersee nach China zum Feldzug begleiten sollte. Gott lehnte ab.

Mit schwerem Herzen verließ Viebahn einst das Haus zu einer Dienstreise, obwohl seine Frau inzwischen schwer erkrankt war. Er erfuhr, „wie Sein Auge auf mein Haus schaue".

Oder wir lesen: „Ich bat den Herrn, mir zu sagen, was Er über mein Gehen nach Blankenburg denkt." Oder ein andermal: „Ob ich zur Zeltmission gehen soll?"

Sein Herr hat gewiß nicht geschwiegen.

Viebahn pflegte offenbar vor jedem Reiseplan fragend vor seinem Gott zu verweilen. Solche Fragen lesen wir in seiner Bibel oft.

Der alte Kämpfer blieb nicht ohne ernste Anfechtungen. Wir lesen (ohne Datum): „Hier bat ich zum ersten Mal den Herrn um Antwort. Ich war angefochten über die Frage, ob ich in Wahrheit des Herrn Eigentum sei." Wir können nur ehrfurchtsvoll bei solch einer Frage stillstehen und uns selber prüfen, ob wir nicht je und je auch so fragen sollten.

Ganz ähnlich lesen wir nochmals: „In Tagen tiefer Prüfung und innerer Bedrängnis bat ich den Herrn um ein Wort darüber, wie Er über mein Leben urteilt und denkt."

Immer wieder auch befragt Viebahn seinen Gott über die Zukunft seiner Kinder. Ein andermal soll der Herr Bescheid geben, ob „die Zeugnisse eines alten Soldaten" auch in Sachsen und Hannover eingeführt werden sollten. „Nach drei Monaten war es erfüllt", fügt Viebahn hinzu. Daß ein Umzug nicht ohne Fragen vor Gott geschieht, dürfte einem Kind Gottes naheliegend sein. Hier heißt es: „Ich hatte den Herrn um ein Wort gebeten bei meinem Scheiden aus Stettin, was Er über meinen kommenden Weg denkt."

Da Viebahn seine ganze große Familie, samt den Schwiegersöhnen, auf dem Herzen trägt, überrascht folgende Notiz nicht: „Ich hatte den Herrn angefleht wegen der Schwierigkeiten bei B., die unentwirrbar schienen. Am 19. 7. half der Herr wunderbar aus allem."

Eine andere Randbemerkung zeigt, wie Viebahn immer wieder fragend vor dem Herrn stand in der ihn so tief bewegenden Stellung zur Kirche: „Ich hatte den Herrn gebeten um ein Wort darüber, was Er mir über die Erfolge der Kirchlichen zu sagen hat." Viebahn weiß sich offenbar nicht für alle Zeit festgeprägt, sondern bleibt offen für neue Urteile.

Zu Kapitel 42 im Propheten Jeremia schreibt Viebahn an den Rand seiner Bibel: „Ich hatte einen bestimmten Befehl erfleht über Gehen oder Nichtgehen", nämlich zu einer Konferenz im Osten. Öfters steht auch nur: „Gottes Gedanken über mich." Wer traute diesem so streng wirkenden Christen zu, daß er selbst immer wieder in Buße und Selbstprüfung und in der Bereitschaft stand, sich von seinem Herrn sagen und korrigieren zu lassen! So steht zu Matthäus 5, 4: „Selig sind, die da Leid tragen, denn sie sollen getröstet werden" am Rande: „Auf mein Flehen, mir ein Wort Seiner Liebe zu schenken, gab mir der Herr dies Wort."

Oft ist es auch nur ein Datum, ein Orts- oder Personenname, der angemerkt ist — offenbar als Zeichen der Fürbitte.

Wir wären im Irrtum, wenn wir meinten, der General hätte „gedäumelt", wie es manche machen. Man treibt eine Art Orakelspiel mit der Bibel, indem man etwa mit dem Daumen bei geschlossenen Augen auf eine Bibelstelle drückt und erwartet, daß Gott durch das bedeckte Wort eine Antwort gebe. Das entspricht in keinem Fall der Art Viebahns und seines Umgangs mit der Bibel! Er las vielmehr seine Bibel in einer bestimmten Ordnung — etwa nach seinem Bibellesezettel oder einfach fortlaufend. Aber dieser gewohnheitsmäßige treue Umgang mit dem Wort blieb nicht ein Umgang mit dem Buchstaben, sondern war ein Verkehr mit dem Lebendigen, der das Wort zum Mittel seiner Offenbarung macht. Dabei erwartete Viebahn allerdings, daß es sich auch um eine spezielle Mitteilung an den Leser handelt. Für den Unbeteiligten ist es oft nicht zu erkennen, wieso gerade dieses Wort auf die bezeichnete Frage antworten soll. Aber das ist ganz in Ordnung: Zwiegespräche des Beters mit seinem Herrn bleiben immer ein Geheimnis und gehören nicht in die Öffentlichkeit, wo persönliche Voraussetzungen fehlen.

Gewiß: die Bibel war für Georg von Viebahn so etwas wie ein heimliches Exerzier-Reglement. Er hatte sich als Soldat an den Gehorsam seinem irdischen Kriegsherrn gegenüber gewöhnt. Jetzt lernte er, seinem himmlischen Herrn zu gehorchen. Deshalb war die Bibel ihm unantastbar als Wort des ewigen Gottes.

Täglich stellte er sich zum Befehlsempfang vor den Thron seines Herrn!

11. Hinauf zur Herrlichkeit

Wir haben über das Ende Georg von Viebahns eine wertvolle Niederschrift seines ältesten Sohnes Friedrich Wilhelm. Es war dem General ein Schmerz, daß er im Ersten Weltkrieg nicht mehr mitkämpfen durfte wie einst in den deutschen Einigungskriegen 1864, 1866 und 1870/71. Er hoffte zuerst, er würde doch noch einberufen werden, und hat sich gezwungen, das Reitpferd wieder zu besteigen. Er ist durch den Berliner Tiergarten geritten, wie er es einst als Knabe oft beobachtet hatte, als die Familie von Viebahn ihre Wohnung an den schönen Berliner Anlagen hatte. Mag sein, daß er sich dabei zuviel zugemutet hat, wie er sich auch sonst keine Ruhe gönnte und seine in Aussicht genommenen Evangelisationsdienste und Bibelwochen zu halten suchte. Aber die Kraft wollte nicht mehr reichen.

Sein Freund und Bruder im Glauben, Dr. Dönges, erzählt, wie Viebahn noch vor seiner schweren Nierenerkrankung einen Dienst in Darmstadt tun wollte. Doch schlief er im Zug ein, fuhr an Darmstadt vorüber und erwachte erst in Heidelberg. Wir können uns denken, wie peinlich es diesem soldatisch pünktlichen Mann war, erst am nächsten Morgen in Darmstadt anzukommen, empfangen von den besorgten Freunden.

Kurz vor Weihnachten 1914 kam die Botschaft, daß der Sohn Wilhelm in Rußland vermißt sei. Am letzten Tage des Jahres erreichte ihn die Nachricht, er sei gefallen. Und — am selben Tage ging der Vater, wie er versprochen hatte, in die Gemeinschaft in der Hohenstaufenstraße in Berlin, um dort die Bibelstunde zu halten. Ein Zeichen dafür, was die Gnade vermag.

Dr. Friedrich Wilhelm von Viebahn schreibt: „Nach einer längeren Reise im Frühjahr 1915 krank zurückkehrend, war unser Vater bettlägerig bei schwankendem Allgemeinbefinden. Der Arzt führte den sichtlichen Kräfteverfall auf eine allgemeine Erschöpfung nach dem jahrelangen rastlosen Arbeiten zurück, war unser Vater doch ein unermüdlicher Arbeiter von jeher, nicht nur während seiner langen Dienstzeit, sondern bis zuletzt, sowohl im Werke des Herrn als in irdischen Aufgaben. Das Wort ‚müde' kannte er nicht für sich und wollte es nicht kennen, bis die Erkrankung seinem Wirken Einhalt gebot. So gingen die Sommermonate dahin, bis wir im Herbst glaubten, eine merkliche Besserung und ein langsames Zunehmen der Kräfte zu beobachten. Wir hatten die schöne Hoffnung, daß unser Vater uns noch erhalten bleiben würde, und auch er selbst hegte die Erwartung auf Wiederherstellung bis in den November hinein, machte doch gerade damals seine Genesung merkliche Fortschritte, so daß er mehrfach die kleine Flurtreppe herauf nach oben kam. Meistens zwar straften sich solche Kraftproben durch folgende Schwäche oder wieder auftretendes Fieber. Mit einem plötzlichen und heftigen Witterungsumschlag gegen den 18. November trat ein merklicher Rückschlag in seinem Befinden ein.

In diesem Zustand ernsteren Leidens traf ihn am Mittwoch, den 8. Dezember, die Nachricht, daß unser Bruder Georg, der als kriegsfreiwilliger Leutnant der Reserve seit Juli 1915 die Stellung eines Abteilungsadjutanten innehatte, am Dienstag, den 7. Dezember, bei Somme Py Champagne gefallen sei; ein Granatschuß brachte ihm, einem Unteroffizier und einem Kanonier vom Abteilungsstabe den Tod. Alle, die wissen, mit welch inniger Liebe unser Vater an jedem seiner Kinder hing, werden ermessen können, wie schwer diese Trauerkunde sein Herz treffen mußte, war es doch das zweite Opfer, welches dieser gewaltige Krieg von unseren Eltern aus unserem Geschwisterkreis forderte. Noch kurz zuvor in der zweiten Novemberhälfte hatte Georg auf Urlaub mit seiner jungen Frau bei den Eltern in Dahlem geweilt, und durch des Herrn Güte war dieser Besuch meinem Vater ein besonderer Anlaß dankbarster Freude! So traf ihn diese Botschaft zwar nicht vernichtend, da er durch Glauben auch hierbei still war in dem Herrn, seinem Gott, dessen unfehlbarer und liebevoller Weisheit er aufs völligste vertraute, aber sie erschütterte sein Vaterherz tief; und daß sie ihn bei seinen schwindenden Kräften auch körperlich schwer mitnahm, war nur zu erklärlich.

Ich selbst kehrte erst am Sonnabend, den 11. Dezember, von einer Auslandsreise zurück und fand nachmittags meinen Vater zwar geistig rege und ganz klar, jedoch körperlich sehr schwach vor. Ich fragte ihn, ob er denn nicht dächte, daß der Herr ihn noch aufrichten könne, da erwiderte er: ‚Ach, heute morgen dachte ich es noch einmal, aber jetzt glaube ich es nicht mehr — meine Kraft ist verbraucht.‘

Mir waren noch zwei kostbare Stunden ruhiger Besprechung mit ihm beschert, in deren Verlauf Vater mir noch besonders seine Wünsche über die Zukunft der ihm anvertrauten Reichsgottesarbeiten ans Herz legte.“

Wie Georg von Viebahn in gesunden Tagen an den Abschied zur Ewigkeit dachte, erzählt uns die Freundin des Hauses, Dora Rappard, die bekannte Dichterin und langjährige Mutter von St. Chrischona:

„Von Herrn General Georg von Viebahn erhielt ich kurz vor seinem Heimgang ein kostbares schriftliches Zeugnis des Verbundenseins im Glauben. — Wieviel geheiligte Erinnerung erweckt der Name dieses Streiters Jesu Christi! Einige Tage nach dem Heimgang meines teuren Mannes besuchte er mich und sagte: ‚Ich bin gekommen, Ihnen meine Freude auszusprechen darüber, daß Ihr Gatte seinen Lauf vollendet hat, ohne zu straucheln. Das ist immer ein Wunder der Gnade und bei einem Prediger des Evangeliums ein doppeltes Wunder. Es ist mein tägliches Gebet‘, fügte er hinzu, ‚daß Gott mich bewahre ohne Straucheln und mich vor das Angesicht seiner Herrlichkeit darstelle mit Frohlocken.'"

Dem Evangelisten Elias Schrenk, mit dem er auf der Blankenburger Konferenz gemeinsam gewirkt hatte, schrieb er kurz vor dessen Tod im Jahre 1913, er grüße ihn mit dem Empfinden, „daß der Herr uns beiden sagt: Dein Dienst geht dem Ende zu ... Wie schön ist da das Wort: Nur, was getan ist aus Liebe zu Jesus, das behält Wert und wird ewig bestehn! Da beuge ich Haupt und Herz und Knie und sage meinem Herrn: O gib, daß Du in meinem Leben etwas findest, was nur aus Liebe zu Dir getan ist! Wir wollen Ihm, dem wiederkommenden Herrn, entgegenschauen. Er ist unser Ziel und unsere Hoffnung".

Dr. F. W. von Viebahn schreibt weiter: „Ein Sterben, wie er es sich früher oft gewünscht, bei vollem Bewußtsein in dem Triumph todesüberwindenden Glaubens, ein Heimgehen unter den Lobliedern der Gnade — dieser Wunsch sollte ihm nicht in Erfüllung gehen.

Als meine Frau und ich ihm auf seinen Wunsch am Sonntagnachmittag noch unsere drei Kinder an sein Bett bringen durften, fanden wir ihn sehr verändert; unsere Kleinen sangen ihm das schöne Lied ‚Gott ist die Liebe', und er segnete sie, wenn ihm auch das Sprechen schon schwer fiel.

Wehmütig und bitter war uns der Entschluß, auf den Rat der Ärzte unseren sterbenden Vater in ein Krankenhaus zu bringen in der Hoffnung, ihm durch einen Eingriff seine Leiden zu mildern. Besonders für unsere Mutter war es sehr schwer, ihn aus dem Hause zu geben, wußten wir doch alle, daß er nie mehr zurückkehren würde zu uns. Mama befragte Vater, ob er dem Rat des Arztes zu einer Operation folgen wolle, und er antwortete, daß er ganz in Frieden darüber sei. Wir sind im Rückblick dankbar, daß wir dem ärztlichen Rat gefolgt sind, wir hätten unserem Vater in den letzten Tagen seines Leidens manche Linderung und Hilfe nicht bieten können. War Vater schwach, so suchte sein Auge uns, die wir an seinem Bett weilten, liebevoll fragend; sprechen konnte er nur noch wenige Worte, da es ihm sichtlich schwer fiel.

Am Montag sangen einige von uns ihm noch die beiden letzten Strophen aus seinem Lieblingslied ‚Kämpfe des Glaubens Siegsgefecht':

Auf den Geliebten lehne dich,
des Treue unerschütterlich,
des Liebe deines Herzens Glück,
du fandst Ihn treu in jedem Stück.

Sein ewger Arm ist immer da,
du bist Ihm wert, Er ist dir nah!
So glaube nur, Sein Nahesein
wird völlige Genüge sein!

Er wiederholte dann noch die Worte ‚Sein ewger Arm ist immer da!' und sagte ein andermal: ‚Gepriesen sei der Herr!' — für uns wertvolle Beweise, daß trotz aller körperlicher Leiden und großer Schwäche sein Herz im bewußten Genuß des Friedens Gottes ruhte und er sich in Ihm geborgen wußte.

Bis auf meine jüngste Schwester, die durch Krankheit in Flensburg festgehalten war, durften wir Geschwister alle um ihn sein, und meiner ältesten Schwester Christa war es vergönnt, ihm den Liebesdienst der letzten Nachtwache an seinem Bett zu erweisen. Als wir uns am Abend spät von unserem Kranken trennten, dachten wir nicht, daß das Ende nun so schnell kommen würde.

Aber kurz nach Mitternacht, am Mittwoch, den 15. Dezember 1915 morgens ½1 Uhr, tat unser Vater den letzten Atemzug.

Er hatte ausgelitten!"

Seinen Kindern hatte Georg von Viebahn ein geistliches Testament hinterlassen, das wir um seiner Bedeutsamkeit willen hier wörtlich abdrucken:

Berlin-Dahlem, den 1. Oktober 1913

Mein letzter Wille für meine Kinder und mein Haus.

Von allen Bitten und Wünschen, die ich in meinem Leben dem Herrn ausgesprochen habe, ist dies das Höchste, daß alle meine Kinder und Enkel als Jesu errettetes Eigentum das Erdenleben durchschreiten und ihr Erbteil finden möchten im Hause des Vaters.

Von allem, was ich meinen Kindern hinterlasse, falls der Herr verziehen sollte zu kommen und ich sterben würde, ist das Wort Gottes der kostbarste Schatz.

Ich bezeuge allen meinen Nachkommen, denen, die heute leben, und denen, die vielleicht noch geboren werden, daß Jesus Christus, der Sohn Gottes, ein lebendiger, persönlich gegenwärtiger, allmächtiger, hörender, rettender Freund, Hirt und Herr ist.

Er hat mich durch die Jahre meiner Erdenpilgerschaft mit nie ermüdender, täglich neuer Liebe, Geduld und Treue getragen. Ihm das Leben, den Willen, die Zukunft mit völligem Vertrauen in die Hände zu legen, ist Frieden und Glück, Ihm zu gehorchen in allen kleinen und großen Fragen, ist Weisheit, Segnung und Bewahrung.

Das Wort Gottes, die Bibel, habe ich erfunden als die vollkommene, unantastbare Wahrheit.

Daß der Sohn Gottes als unser Bürge auf dem Kreuze von Golgatha litt und starb, daß jeder Glaubende durch Sein Blut fleckenlos gewaschen, für ewig völlig mit Gott versöhnt ist, Kind und Erbe geworden im Reiche des Lichtes, ist die größte, seligste Wahrheit, welche jemals kundgeworden ist.

Dies ist mein letzter Wille: *daß alle meine Nachkommen dies wahre Christentum der Bibel festhalten, verteidigen, bezeugen sollen in einem vom Wesen der Welt getrennten, Gott geweihten Leben und Wandel, indem sie den wiederkommenden Herrn erwarten.*

Friedrich Karl Hermann Georg von Viebahn

„Seinem Wunsche entsprechend, hüllten wir unseren Vater in seinen alten Kriegsmantel, als wir ihn in den Sarg betteten“, so schreibt Dr. F. W. von Viebahn weiter.

„Über eine Feier an seinem Sarge hatte mein Vater genaue schriftliche Bestimmungen hinterlassen, die in seinem Sinne auszuführen mir ein wehmütiges Vorrecht war. So luden wir den großen Kreis teilnehmender Verwandter und Freunde nach dem bereitwilligst zur Verfügung gestellten schönen Saal des Christlichen Vereins Junger Männer in der Wilhelmstraße 34, einer Stelle, von wo aus er in früheren Jahren manchmal gesprochen. In großer Zahl versammelten sich dort am Sonnabend, den 18. Dezember 1915 nachmittags 3 Uhr, viele Bekannte und zahlreiche Glieder aus den christlichen deutschen Kreisen. Auch viele liebe Geschwister aus unserem engeren Freundeskreis waren — teils von weither kommend — erschienen.

Das Offizierskorps des Kaiser Alexander-Gardegrenadierregiments Nr. 1, in das mein Vater im Jahre 1859 eingetreten war, bezeugte seine treue kameradschaftliche Teilnahme durch die Anwesenheit einer starken Abordnung, deren Führer einen kostbaren Kranz am Sarge niederlegte.

Nachdem mein einziger noch überlebender jüngster Bruder Bernd, der eines Herzleidens wegen aus dem Felde zur Ersatzschwadron zurückkehren mußte, auf der Orgel präludierte, sang der Chor der Gemeinschaft aus der Hohenstaufenstraße das von meinem Vater bestimmte herrliche Lied:

Jesus lebt! Er hat gesiegt.
Wer kann Seinen Ruhm verkünden!
Meine Sünd im Grabe liegt,
keine Schuld ist mehr zu finden.
Ja, Er lebt — ich sterbe nicht,
denn Sein Tod war mein Gericht.

Jesus lebt! Er lebt für mich,
nie kann ich verlassen stehen;
Er, der mich erwarb für sich,

läßt nur Lieb und Gnad mich sehen.
Ob der Feind sein Haupt erhebt —
dieses bleibt: Mein Jesus lebt!

Ja, Du lebst, Du bist gekrönt,
hast den Himmel eingenommen;
und nach Dir mein Herz sich sehnt,
bis ich werde zu Dir kommen,
bis ich schau Dein Angesicht —
o welch selge Zuversicht!

Mir hatte unser Vater die wohl erhebende, aber auch schwere Aufgabe übertragen, eine letzte Botschaft von ihm, die er handschriftlich hinterlassen hatte, an die Versammelten auszurichten. Was ich als Eingangsworte glaubte voranstellen zu dürfen, sei nachstehend wiedergegeben.

Wenn ein Schriftwort kennzeichnend gewesen ist für dies im Dienste Gottes verzehrte Leben unseres Vaters, so war es die Losung des großen Apostels: ‚Vergessend, was dahinten, und mich ausstreckend nach dem, was vorne ist, jage ich, das Ziel anschauend, hin zu dem Kampfpreis der Berufung Gottes nach oben in Christo Jesu!‘ Der Name Jesu, seines Herrn und Heilandes, war über diesem Leben in voller Klarheit geschrieben; Ihm zu dienen, war seine höchste Berufung, Ihn zu verherrlichen und Seine Gnadenbotschaft zu verkündigen, wurde Zweck und Ziel seines Lebens.

Christ und Soldat zu sein, darin erkannte er die besondere Berufung seines irdischen Lebens, je mehr er durch das Wort Gottes innerlich befestigt wurde und je länger er seines Königs Rock trug. Er hat es oft ausgesprochen, daß, je höher seine Dienststellung, um so enger für ihn der schmale Glaubensweg innerer Überzeugungstreue, um so schwerer die Proben wurden, durch die der Herr prüfte, ob es ihm ernst sei mit der Nachfolge seines Heilandes.

Überzeugt davon, daß Christ und Soldat nicht Gegensätze seien, sondern einander ergänzende Berufungen, wirkte er im deutschen Offizierkorps, um zu werben für eine persönliche, an die Grundlinien der Heiligen Schrift gebundene Nachfolge seines Herrn in und außer Dienst. Ein großer, stets wachsender Kreis älterer und jüngerer Kameraden scharte sich im Lauf der Jahre um ihn, der ihnen Führer, Vater und Freund wurde.

Es war sein höchster Wunsch, in dieser glaubensarmen, hoffnungslosen Welt allen Menschen, denen er nähertreten durfte, ein Wegweiser zu Jesus, seinem Heilande, zu sein. Das war der reiche Inhalt seines Lebens geworden, die Gnade Gottes zu bezeugen und suchenden Menschen den Weg zu weisen zum Frieden mit Gott.

Auch jetzt noch in dieser feierlichen Stunde, da seine lieben Lippen verstummt sind, diese treuen Augen sich für immer geschlossen haben, war es ihm innerstes Herzensanliegen, zu denen zu reden, die sich hier heute mit uns versammelt haben, und er hat mir die schöne Pflicht aufgetragen, Ihnen allen, die so freundlich gekommen sind, folgende Botschaft auszurichten:

Dahlem, den 8. 1. 1912

Wenn diese Worte verlesen werden, so bin ich bei dem Herrn. Mein Auge schaut den, der mich geliebt hat von Ewigkeit her und der für mich das Gericht und den Fluch meiner Sünde trug.

Sein Blut hat mich in Sünden geborenen Menschen fleckenlos gewaschen, weißer als Schnee; als Kind und Erbe Gottes gehe ich in die ewige Herrlichkeit. Ich preise die Gnade und Liebe meines Heilandes, Er hat alles gut gemacht. Er hat mich gesucht, bis Er mich fand. Er trug mich durch mein langes Leben; Er hat sich nie verändert in Seiner zarten, wunderbaren Liebe.

Ich bezeuge, daß der Herr mir alles, was die Schrift den Kindern Gottes verheißt, buchstäblich und treulich lebenslang erfüllt hat. Nie ist Jesus, mein Herr, über meine viele Untreue und mein mannigfaltiges Fehlen und Versäumen ungeduldig gewesen. Er hat mich mit göttlicher Treue und unerschöpflicher Liebe getragen, Seine Macht und Gnade hat mich auf dem Wege des Glaubens bewahrt. Er beschützte mich gegen meine Feinde, Er erhörte meine Gebete, Er krönte meinen Weg mit göttlichem Segen. Ihm sei Preis und Ehre jetzt und in Ewigkeit!

Allen denen, die Ihn noch nicht als ihren Herrn und Erretter kennen, rufe ich zu: Kommt zu Jesus, da findet ihr, wonach eure Seele dürstet: Friede, Freude und Kraft für diese Zeit, ewige Errettung und Herrlichkeit droben.

Georg von Viebahn

Den Schluß der Dankesworte an diesem Tag — nach General von der Marwitz-Rütznow und Major Fritz von Jena — machte Kammerherr Freiherr von Thuemmler-Selka, der unserem Vater, namentlich in der für weite evangelische Kreise Deutschlands so wertvollen Arbeit der alljährlichen Konferenzen in Blankenburg, als Mitarbeiter nahestand:

‚Es ist in keinem anderen das Heil, denn es ist auch kein anderer Name unter dem Himmel den Menschen gegeben, in welchem wir errettet werden müssen‘ (Apg. 4, 12).

‚Es ist der Wunsch des Entschlafenen gewesen, daß an seinem Sarge seine Person möglichst zurücktrete, damit der Herr allein erhoben werde, der Herr, der seines Lebens Licht und Kraft gewesen. Wir verstehen diesen Wunsch unseres heimgegangenen Bruders, denn das Lamm, das geschlachtet worden ist, ist würdig, zu nehmen Ehre und Herrlichkeit. Es wäre ja genug zu sagen von der tiefen Bruderliebe, von dem nie ermüdenden Rettersinn, von der Kraft und Klarheit des Zeugnisses unseres Bruders und im besonderen, was er dem Blankenburger Komitee und dem Werk von Blankenburg durch lange Jahre hindurch gewesen ist; aber wir wollen das alles dem Herrn zu Füßen legen und Ihm den Dank dafür darbringen.‘

Dann sprach — einem letztwilligen Wunsche meines Vaters gemäß — Dr. Dönges, Darmstadt; er wählte das Schriftwort: ‚Gedenket eurer Führer, die euch das Wort Gottes verkündigt haben, und, den Ausgang ihres Wandels anschauend, ahmet ihren Glauben nach. Jesus Christus ist derselbe gestern und heute und in Ewigkeit‘ (Hebr. 13, 7.8).

Der Sarg wurde von sechs Unteroffizieren des Alexander-Garderegiments hinausgetragen. Unten empfing ihn die Musik des Ersatzbataillons dieses Regiments mit dem herrlichen Choral:

Jerusalem, du hochgebaute Stadt,
wollt Gott, ich wär in dir!
Mein sehnend Herz so groß Verlangen hat
und ist nicht mehr bei mir.
Weit über Berg und Tale,
weit über blaches Feld
schwingt es sich über alle
und eilt aus dieser Welt!

In großer Anzahl schlossen sich uns Verwandte, Freunde und Kameraden an, um den Sarg zum Anhalter Bahnhof zu geleiten, von wo er nach Engers am Rhein überführt wurde. Dort, wo mein Vater vom Winter 1883–88 Kommandeur der Kriegsschule gewesen, liegen auf herrlichem, stillem Platz am Rheinufer meine Mutter und meines Vaters Mutter begraben.

Am Montag, den 20. Dezember, nachmittags 2 Uhr, geleiteten wir mit einer großen Anzahl lieber Freunde aus dem Westen Deutschlands und alter Kameraden meines Vaters aus jenen Kriegsschuldienstjahren die sterbliche Hülle unseres Entschlafenen zur letzten irdischen Ruhe. Am offenen Grabe sprach ein langjähriger, treuer Freund unseres Vaters, Herr Rudolf Brockhaus, Elberfeld, dessen Worte, der Erinnerung nach, hier wiedergegeben seien:

Johannes 14, 27–29: ‚Nicht wie die Welt gibt, gebe Ich euch. Euer Herz werde nicht bestürzt, sei auch nicht furchtsam. Ihr habt gehört, daß Ich euch gesagt habe: Wenn ihr Mich liebtet, so würdet ihr euch freuen, daß Ich zum Vater gehe, denn Mein Vater ist größer als Ich. Und jetzt habe Ich es euch gesagt, ehe es geschieht, auf daß, wenn es geschieht, ihr glaubet.‘

Die eben verlesenen Worte sind einfach und herzlich, aber zugleich von wunderbarer Tiefe und Kraft, voll göttlicher Herrlichkeit.

Wer war es, der sie sprach? Wer allein konnte so reden? Er, der nicht von der Welt war, der demütige Jesus von Nazareth, der Sohn Gottes. Er, der im Begriff stand, für die Seinigen in den Tod zu gehen, und der doch sagen konnte: ‚Ich bin die Auferstehung und das Leben... Wer an Mich glaubt, wird leben, auch wenn er gestorben ist‘ (Joh. 11, 25).

Verehrte Freunde! Jesus von Nazareth ist dieser Sieger über Tod und Grab. Glücklich der Mensch, der Ihn als seinen Herrn und Heiland kennt! Ein solch glücklicher Mensch war der Entschlafene. Jesus hat seinem Leben sein Gepräge, seinen reichen Wert gegeben. Schon früh bekehrt, gehörte sein Herz, seine Kraft, sein alles dem, der für ihn litt und starb. Ihm hat er gedient in vorbildlicher Treue, indem er die Ehre bei Gott bedingungslos der Ehre bei den Menschen voranstellte. Von Ihm hat er gezeugt durch Wort und Schrift, Tausenden und Abertausenden zum Segen. Nun ist er eingegangen in die Freude seines Herrn. Wir haben viel in ihm verloren, und die Lücke, die sein Hingang geschaffen hat, ist schmerzlich groß. Doch wollen wir klagen? Nein, seinem letzten Wunsche folgend, wollen wir nicht von ihm und seinem Werke reden, nicht von dem, was wir in ihm besessen und nun verloren haben, sondern wir wollen danken, danken für das Große, das der Herr an ihm getan hat, für all den Segen, den wir durch ihn empfangen durften; wir wollen danken und uns freuen!

Uns freuen? Hier an der Stätte des Todes und der Verwesung? Ja, es lautet ungereimt, an der Bahre eines treuen Freundes und gesegneten Dieners Gottes von Freude zu reden. Und doch, was sagte der Herr zu Seinen Jüngern? ‚Wenn ihr Mich liebtet, so würdet ihr euch freuen, daß Ich zum Vater gehe, denn Mein Vater ist größer als Ich.‘

‚Wenn ihr Mich liebtet!‘ Haben wir den Entschlafenen geliebt? Wenn ich hier im Namen seiner Freunde reden darf, so möchte ich antworten: Ja, innig, herzlich geliebt! Nun, dann wollen wir uns auch freuen, daß er zu einem Größeren, zu Jesus, seinem Herrn, gehen durfte, um da auszuruhen von Kampf und Leid, von Mühe und Arbeit, um bei Ihm zu sein, an den er geglaubt und den er hienieden über alles geliebt hat.

Er ist hingegangen, um bei Jesus zu sein, und das ist, wie der Apostel sagt, weitaus das Beste, er ist im Paradiese Gottes. Er hört und genießt jetzt, wie er nie zuvor gehört und genossen hat — ‚Dinge, die kein Auge gesehen und kein Ohr gehört hat, die in keines Menschen Herz gekommen sind, die Gott bereitet hat denen, die Ihn lieben‘.

Im Blick darauf können und wollen wir uns freuen, denn wir werden ihn wiedersehen. Er ist uns nur ein wenig vorangegangen. Der Leib, den wir heute in ‚Schwachheit und Unehre‘ in die Gruft senken, wird wieder auferweckt werden ‚in Kraft und Herrlichkeit‘... ‚Wir werden allezeit bei dem Herrn sein. So ermuntert nun einander mit diesen Worten!‘ (1. Thess. 4, 16–18).

Das wollen wir tun und uns nicht betrüben wie ‚die übrigen, die keine Hoffnung haben‘. Keine Hoffnung! Welch ein erschütterndes Wort! Die Gläubigen haben eine lebendige Hoffnung; die übrigen aber, die Jesum nicht als ihren Heiland kennen, haben keine Hoffnung. O meine Lieben, darf ich, gleichsam im Namen des Entschlafenen, an jeden einzeln der hier Stehenden die ernste Frage richten: Zu welcher der beiden Klassen gehörst du? Glaubst du an den Sohn Gottes?

‚Wer an Ihn glaubt, hat ewiges Leben und kommt nicht ins Gericht. Wer aber nicht glaubt, ist schon gerichtet, weil er nicht geglaubt hat an den Namen des eingeborenen Sohnes Gottes‘ (Joh. 3, 18). Er steht in dieser Welt ohne Hoffnung, ohne Gott, ohne Trost.

Wie ganz anders ist es mit dem Menschen, der an Jesum glaubt und mit Ihm wandelt! Sein Weg ist ein Weg des Friedens. Sein Leben ist gesegnet, fruchtbringend für die Ewigkeit, sein Ende ist

Herrlichkeit und Freude. Für einen solchen Menschen hat der Tod keinen Schrecken mehr, denn der Stachel des Todes, die Sünde, ist gewichen. Still und glücklich, seinem Herrn dienend und auf Ihn wartend, geht er seinen Weg. Ja, triumphierend darf er einstimmen in den Ruf des Apostels, mit dem ich auch jetzt schließen möchte:

‚Gott aber sei Dank, der uns den Sieg gibt durch unseren Herrn Jesum Christum!'"

Georg von Viebahn war am Ziel, dem wir alle zustreben!

Zeittafel

1840	Sonntag, 15. November — Georg von Viebahn in Arnsberg/Westfalen geboren.
1855	Konfirmation durch Hofprediger Snethlage in Berlin. Hingabegebet, Freundschaft mit Walther von Prittwitz.
1859	Abitur in Oppeln — Eintritt in das Alexander-Gardegrenadierregiment 1 in Berlin.
1864	Teilnahme am Dänischen Feldzug als Leutnant im Infanterieregiment 15.
1866	Teilnahme am Österreichischen Feldzug in der Armee Kronprinz Friedrich. Schlacht bei Königgrätz. Premierleutnant. Schwere Typhuserkrankung. Versetzung nach Frankfurt/Main als Brigadeadjutant.
1870	Teilnahme am Feldzug gegen Frankreich in der 3. Armee Kronprinz Friedrich; Schlacht bei Wörth. Hauptmann. Lettow-Vorbeck gefallen.
1871	18. Januar — Anwesenheit bei der Kaiserkrönung im Schloß Versailles.

	10. August — Verlobung mit Christine Ankersmit (*13.1.1847) im Pfarrhaus zu Breungeshain — Pfarrer Schüler.
	28. August — Tod des Vaters in Oppeln.
1872	14. Mai — Hochzeit in Amsterdam.
	Erste Wohnung in Wiesbaden.
1873	25. November — Geburt der ältesten Tochter Christa. Getauft durch Pfarrer Conrad von Gerlach.
1875	16. September — Geburt der zweiten Tochter Elisabeth.
1877	22. März — Geburt der dritten Tochter Maria.
1878	10. August — Geburt des ältesten Sohnes Friedrich Wilhelm.
	August — Versetzung nach Hannover. Bataillonskommandeur (Infanterieregiment 74).
1879	Major im Füsilierregiment 73.
	„Die schönen Jahre“ in Hannover.
1882	14. April — Geburt der Tochter Pauline.
1883	Versetzung nach Engers bei Neuwied.
	17. Dezember — Umzug nach Engers.
1884	26. Januar — Geburt der Tochter Anni.
	3. Februar — Tod von Frau Christine von Viebahn, geb. Ankersmit.
1887	29. März — Zweite Heirat Georg von Viebahns mit Marie, geb. Ankersmit (*15.2.1848).
1888	10. März — Geburt des zweiten Sohnes Georg.
	15. Juni — Tod Kaiser Friedrichs.
1888/1889	Das kurze Jahr in Frankfurt/Main.
	Oberstleutnant, Stabsoffizier im Infanterieregiment 81.
	Begegnung mit Elias Schrenk.
1889	September — Versetzung nach Trier.
	Oberst, Kommandeur des Infanterieregiments 29.
	Gründung eines evangelischen Soldatenheimes.

	15. September — Geburt des dritten Sohnes Wilhelm.
1890	11. November — Geburt des vierten Sohnes Bernd.
1893	April — Versetzung nach Stettin.
	Generalmajor, Kommandeur der 5. Infanteriebrigade.
1895	18. Oktober — Enthüllung des Denkmals Kaiser Friedrichs in Wörth/Elsaß.
	Beginn der Herausgabe der „Zeugnisse eines alten Soldaten an seine Kameraden".
1896	12. Januar — Tod der Mutter Auguste von Viebahn, geb. Bitter.
	18. April — Abschied als Generalleutnant zur Disposition.
1897–1913	Redner auf der Blankenburger Allianzkonferenz.
1898	4. März — Erste Offizierskonferenz im Hotel „Vier Jahreszeiten".
	Vortrag „Die siegreiche Kraft des Wortes Gottes im Leben des deutschen Offiziers".
ab 1898	Viele Evangelisationsreisen Georg von Viebahns.
1898/1899	Der Sohn Friedrich Wilhelm in Amerika.
1899	Beginn der Vierteljahresschrift „Schwert und Schild" mit Bibellesezettel.
	Hauskauf in der Grabower Straße in Stettin.
	25. September — Heirat der Tochter Maria mit Hermann von Loeper.
	Vortrag vor Offizieren in Stockholm (Ingenieur-Akademie).
	Begegnung mit Prinz Bernadotte und Major von Holst.
1900/1901	Verbreitung der „Zeugnisse" unter den Soldaten des China-Feldzuges (Graf Waldersee).
1901	Tod des Freundes Walther von Prittwitz und Gaffron.

	Vortrag Universität Greifswald.
	Studentenkonferenzen.
1902	7. Februar — Heirat der Tochter Pauline mit Leutnant a.D. Gustav von Herff.
1905	Brief an die Brüder der „Versammlung“.
	Austritt aus der Landeskirche.
	Evangelischer Christ ohne Konfession.
1907	4. September — Die Tochter Christa zieht nach Stuttgart.
1908	7. Januar — Heirat des Sohnes Friedrich Wilhelm mit Hertha von Schultzendorff.
	Im August Heirat der Tochter Anni mit Dr. med. Eberhard von Werthern.
1910	Verkauf des Hauses Grabower Straße.
	Umzug nach Berlin-Dahlem, Werderstraße 24.
1914	August — Beginn des Ersten Weltkrieges.
	19. Dezember — Soldatentod des Sohnes Wilhelm in Ostpreußen.
1915	7. Dezember — Soldatentod des Sohnes Georg in Frankreich.
	15. Dezember — Tod des Generals Georg von Viebahn.
1926	27. Dezember — Tod von Frau Marie von Viebahn, geb. Ankersmit.

Anmerkungen

1 Jahreszahlen in Klammern bedeuten jeweils die Regierungsjahre.

2 Ausführlich in: Hans Brandenburg, „Ich hatte Durst nach Gott — Aus dem Leben und Dienen von Christa von Viebahn".

3 Die Zitate und Angaben über das soldatische Leben Viebahns sind entnommen dem Buch: Kurt von Priesdorff, Soldatisches Führertum. Band 10.

4 Epheser 5, 22–25

5 Christine hatte sechs Brüder und drei Schwestern

6 Einmal war er ins Tiefe gesprungen, ohne schwimmen zu können, und der Vater mußte ihn retten.

7 „Die Botschaft", 92. Jahrgang, April 1951, Seite 114 ff.

8 Dieses bekannte Hotel hieß später „Zum Prinzen Albrecht". Der Prinz hatte in der Nachbarschaft sein Palais mit einem größeren Park. Zur Hitlerzeit war das Hotel das Hauptquartier der berüchtigten Gestapo.

9 Ernst Lange: Hauptmann Willy Lange

10 Dieser Verlag fand seine Fortsetzung durch „Schriftenmission und Verlag des Diakonissenmutterhauses Aidlingen" in Grafenau-Döffingen.

11 Erich Beyreuther, Der Weg der Evangelischen Allianz in Deutschland. R. Brockhaus-Verlag.

12 „1905–1955 Missionshaus und Bibelschule Wiedenest. Ein Zeugnis von dem gnädigen Gott" von Erich Sauer.

In der Wiedergabe aus Briefen und Schriften ist die Schreibweise jener Zeit erhalten.

Personenverzeichnis

Ankersmit, Henriette
geb. Scheerder 74
Ankersmit, Jacob 30. 73. 75. 123
Auguste Viktoria, Kaiserin 12

Baedecker, Dr. 240. 250
Below, von 10
Bernadotte, Prinz von Schweden 152
Bernstorff, Graf 179
Bismarck, Otto von 180
Bitter, Anna 95
Blomberg, von 26
Blücher, Toni von 250
Bodelschwingh, Friedrich von 241
Braumüller, Hauptmann 208
Brockhaus, Carl 240
Brockhaus, Rudolf 167. 176. 271
Buch, Leutnant Götz 208
Burt, Henry von 46. 47. 72
Bülow, Gertrud von 180

Claudius, Matthias 163
Clausewitz, Oberst von 23

Darby, John Nelson 173. 240
Dönges, Dr. Emil 168. 174. 176. 241. 261. 270

Egloffstein, Otto Freiherr von und zu 208

Francke, August Hermann 10
Friedrich I., König von Preußen 9
Friedrich III., Kaiser 23. 24. 116. 131. 189
Friedrich der Große 10. 216
Friedrich Wilhelm, Kurfürst von Brandenburg 9. 215
Friedrich Wilhelm I., König von Preußen 9. 15
Friedrich Wilhelm II., König von Preußen 10
Friedrich Wilhelm III., König von Preußen 10. 216
Friedrich Wilhelm IV., König von Preußen 12. 19

Gerhardt, Paul 60
Gerlach, von 10. 182
Gerlach, Conrad von 116
Gogenbin, Pastor 120
Goltz, General von der 46
Goßner, Johannes Evangelista 10
Grafe, Hermann 240
Gravenhorst, Hauptmann 208

Haeckel, Ernst 12
Hauß, Friedrich 249
Herff, Gustav von 155
Herff, Pauline von, geb. von Viebahn 122. 130. 132. 135 ff
Hochstetter, Major von 208
Holst, Major von 152

Jänicke, Johann 10
Jena, Fritz von 270
Jordy, Gerhard 250

Kähler, Martin 241
Kanitz, Graf 210
Keil, Helene geb. von Viebahn 35 ff
Kietzell, Fritz von 115. 118
Knak, Gustav 10
Knobelsdorff, Curt von 179. 190. 207
Köhler, Christoph 251
Korff, Gräfin 147
Kottwitz, Baron von 10
Krummacher, Friedrich 182
Kupisch, Prof. Dr. Karl 250

Lange, Willy 203. 204
Leonhard, Karl 250
Le Seur, Pastor 160
Lettow-Vorbeck, Arnd von 208
Lettow-Vorbeck, Bernd von 22. 23. 27. 46
Lilje, Bischof Hanns 251
Lieven, Fürstin 157
Loê, Freiherr von 25
Loeper, Hermann von 149. 150. 160
Loeper, Maria von, geb. von Viebahn 116. 150
Lohmann, Ernst 242
Loyke, Otto 208

Marwitz-Rütznow, General von der 203. 208. 270
Matamoros de Garcia, Emmanuel 206
Michaelis, Walter 163. 182. 241
Modersohn, Ernst 247
Moltke, General Graf 152
Moody, Dwight L. 173
Müller, Dr. E. F. Karl 247
Müller, Georg 240

Napoleon I., Bonaparte 182. 231. 234 ff
Neufville, Carl de 131
Nietzsche, Friedrich 206

Oertzen, Hauptmann von 152
Oliphant (Ehepaar) 157

Patow, General von 203. 208
Prittwitz, Walther von 18. 19. 45. 46. 72. 154. 164

Rappard, Dora 263
Rappard, Karl Heinrich 242
Redern, Hans von 207
Redern, Hedwig von 158. 233
Rothkirch, Eberhard von 179. 204
Rubanowitsch, ein Judenchrist 148. 149. 156. 180

Schade, Johann Kaspar 93
Schimmelmann, Gräfin 142
Schlatter, Adolf 241
Schrenk, Elias 131. 264
Schüler, August 27
Schüler, Henriette geb. Ankersmit 27 ff
Schultzendorf, Hertha von 160
Snethlage, Hofprediger 19. 164
Söderblom, Dr. Nathan 246
Spener, Philipp Jakob 9. 182
Spitta, Philipp 63
Stille, General von 218
Stockmayer, Otto 157. 180. 242
Strumbberg, General von 25

Tersteegen, Gerhard 173
Thadden-Trieglaff, von 10. 182
Thuemmler-Selka, Freiherr von 270
Tiele-Winckler, Eva von 157. 207
Tiele-Winckler, Hans Werner Freiherr von 157. 179. 203. 207

Verschuer, Freiherr von 115
Verschuer, Julie von 115. 149
Viktoria, Kaiserin 131
Viebahn, Johann Georg von 15. 16
Viebahn, Auguste von geb. Bitter 17
Viebahn, Eduard von 80
Viebahn, Gustav von 80
Viebahn, Hermann von 22. 80
Viebahn, Rudolf von 21. 80
Viebahn, Christine von geb. Ankersmit 27 ff. 115 ff. 126. 241
Viebahn, Christa von 116. 159. 160. 254. 265
Viebahn, Elisabeth von 116. 149. 179
Viebahn, Friedrich Wilhelm von 116. 160. 177. 212. 261 ff
Viebahn, Marie von geb. Ankersmit 124. 128. 129. 131. 134 ff
Viebahn, Bernd von 133. 144. 153. 179. 241. 267
Viebahn, Georg d.J. von 131. 144. 153. 209. 262
Viebahn, Wilhelm von 131. 144. 153. 261

Waldersee, Generalfeldmarschall 238. 258
Warns, Johannes 251
Welck, Freiherr Ditz von 208
Weling, Anna von 242
Wera, Herzogin von Württemberg 160
Werthern, Freiherr Eberhard von 161
Wichern, Johann Hinrich 244
Wilhelm I., Kaiser 180
Wilhelm II., Kaiser 135. 217

Ziemendorf, Theodor 240

Hans Brandenburg

ist im Jahre 1895 als Sohn des Tuchhändlers Richard Brandenburg in Riga geboren.

Er hoffte, seine Lebensaufgabe in der baltischen Heimat zu finden. Bei Ausbruch des Ersten Weltkrieges war er auf der Reise von Kopenhagen in die Schweiz in Berlin aufgehalten. Damit entschied sich für ihn seine Zukunft. Er ist nie mehr in die alte Heimat zurückgekehrt.

Studierte in Berlin, Tübingen und Rostock, wurde Vikar in der Tecklenburger Heide/Westfalen und nach dem ersten theologischen Examen Sekretär der Deutschen Christlichen Studentenvereinigung in Tübingen. Sein erstes kirchliches Amt hatte er als Repetent in der Theologischen Schule in Bethel. Anschließend wurde er Gemeindepfarrer an der Matthäi-Gemeinde in Lübeck (1922–1930). Nach drei Jahren als Missionsinspektor im Dienst der Berliner Stadtmission wurde er Pfarrer am Diakonissenhaus Salem in Berlin-Lichtenrade. Die Soldatenzeit endete im Zweiten Weltkrieg mit der Kriegsgefangenschaft bei den Amerikanern (Pfalz und Lothringen). Nachdem er einige Jahre von Holzminden aus das Diakonissenwerk Salem-Lichtenrade in Westdeutschland geleitet hatte, folgte er dem Ruf des Missionsbundes Licht im Osten nach Stuttgart. 1965 trat er in den Ruhestand und war weiterhin von Korntal bei Stuttgart aus schriftstellerisch und als Evangelist tätig.
Seinen Lebensabend verlebt er bei den Aidlinger Schwestern in Villingen im Schwarzwald.

Hans Brandenburg

Ich hatte Durst nach Gott

Aus dem Leben und Dienen von Christa von Viebahn

4. Auflage, 253 Seiten, Paperback

Christa von Viebahn, die älteste Tochter von General von Viebahn, beginnt am Anfang des Ersten Weltkriegs in Stuttgart eine missionarische Arbeit unter Frauen und Mädchen und gründet 1927 das Diakonissenmutterhaus Aidlingen.

„Es war Christa von Viebahn geschenkt, schon in früher Jugend den Ruf Jesu zu hören, und sie folgte ihm. Obwohl sie aus einem entschieden christlichen Hause stammte, mußte sie — nicht ohne innere Kämpfe — sich den Weg zum persönlichen Glauben erringen.
Von Anfang an ging es nicht nur um die persönliche Seligkeit und Heilsfreude — sie wußte sich gleichzeitig mit der Gewißheit der eigenen Errettung in den unmittelbaren Dienst Jesu gestellt. So wurde sie früh eine echte Seelengewinnerin. Ob es um die eigenen Hausangestellten ging oder um die Arbeiterfamilien Stettins, ob sie die Mädchen und Frauen Stuttgarts und seiner Umgebung für Jesus warb und ihr Bibellesezettel Tausende zum Wort Gottes rief — sie war allezeit von der Jesusliebe getrieben."
Lic. Hans Brandenburg

Bibellesezettel

85. Jahrgang, 48 Seiten, erscheint vierteljährlich im Verlag des Diakonissenmutterhauses Aidlingen 7031 Grafenau-Döffingen.

Der Bibellesezettel, eine Hilfe zum täglichen Bibellesen, zum ersten Mal im Jahr 1899 von General von Viebahn geschrieben, dann von seiner Tochter Christa von Viebahn über vierzig Jahre weitergeführt, wird seit 1955 von Schwester Berta Kempf, ihrer Nachfolgerin im Diakonissenmutterhaus Aidlingen, geschrieben.

„Wer täglich Gottes Stimme hört, der wächst und reift. Es kommt dann die Stunde, wo Gott ihn gebrauchen kann."
Georg von Viebahn

Aus dem Bibellesezettel zum 27. Februar 1984:

Psalm 65, 8.9; Matthäus 8, 23–27.

„Du stillst das Brausen der Wogen!" An manchen Tagen gehen die Wogen sehr hoch. Können sie uns verschlingen? Es sieht so aus. David verrät uns sein Geheimnis: am Tag der brausenden Wogen sieht er auf Gott und sagt: „Du stillst das Meer!" (Lies Ps. 89, 9.10; 93, 3.4.) David hat Einen, der die brausenden Wogen stillt. Darf ich nicht in aller Einfalt sagen: Ich habe diesen Einen auch, der das Meer stillt? Jesus ließ die Jünger den Sturm erleben, damit wir wirklich wissen: Er vermag den Sturm zu stillen, von welcher Seite er auch kommt. Er sagte zu ihnen: „Ihr Kleingläubigen, warum seid ihr so furchtsam? Und stand auf und bedrohte den Wind und das Meer. Da ward es ganz still." — Statt uns der Realität der Wellen hinzugeben mit Angst und Zittern, dürfen wir zu ihm sagen: „Du stillst das brausende Meer — Du!"
(Lies Matth. 14, 22–33; Hiob 26, 12; 38, 8–11.)

Verlag des Diakonissenmutterhauses Aidlingen